초판 발행 2013년 7월 30일

편저 윤영관 펴낸곳 (주)늘품 플러스 펴낸이 전미정 기획·교정 이동익 손시한 디자인·편집 남지현 조선희
출판등록 2008년 1월 18일 제2-4350호 주소 서울 중구 필동 1가 39-1 국제빌딩 607호
전화 070-7090-1177 팩스 02-2275-5327 이메일 go5326@naver.com 홈페이지 www.npplus.co.kr

ISBN 978-89-93324-56-3 04340 정가 15,000원
       978-89-93324-54-9 04340(세트 전 2권)
ⓒ 윤영관, 2013

 늘품은 항상 발전한다는 순수한 우리말입니다.

한국외교 2020 어디로 가야하나?

II

윤영관 편저

Contents

한국외교 2020
어디로
가야하나?

Ⅲ. 외교 영역의 확대와 역량 강화

Ⅳ. 신 대북정책의 추진

외교 영역의

확대와

역량 강화

UN외교를 통한 외교 공간 확대

이근관, 조정현

문제의 인식

* UN은 한국외교 전반에 걸쳐 특히 "한국문제"의 해결과 관련하여 중요한 의미를 지니고 있음.
  - UN은 대한민국의 탄생 및 발전과 밀접한 연관을 맺고 있으며 통일을 포함한 한국문제의 종국적 해결을 UN 자신의 미완의 과제로 제시하였음.
  - 북한급변사태 시 UN의 역할이 크게 부각될 것이며, 특히 UN군사령부의 기능에 대해서도 면밀한 검토가 필요할 것임.
  - 북한 핵실험, 천안함 사건 등에서 볼 수 있듯이 UN은 북한문제를 관리·통제하는 기제로서도 일정한 역할을 수행하고 있음.
  - UN은 국제사회를 대상으로 한국외교의 신인도를 제고할 수 있는 공공외교(public diplomacy)의 장으로서도 활용할 수 있음.
  - 결론적으로 UN을 한국문제의 해결, 한반도 위기상황의 관리, 다자적 공공외교의 장으로서 활용함으로써 한국의 외교적 공간의 확대를 이룩할 수 있음.

* 그 중요성에도 불구하고 한국 내 대UN외교에 대한 인식은 높지 않음.
  - 장기적이고 종합적인 차원에서 대UN외교를 어떻게 설계·운영할 것인지에 대한 비전이 체계적으로 제시되지 못하고 있음.
  - 한국민의 통일에의 의지를 가장 효과적으로 표명할 수 있는 장소와 수단이 UN 내에서 "한국문제"의 해결이 UN이 스스로 설정한 미완의 과제이자 책임임을 상기시키는 것임. 그럼에도 불구하고 현재 UN 내에서 "한국문제"는 일종의 "수면상태"(dormancy)에 빠져 있으며 점차 그 실정성을 잃어가고 있음.
  - UN외교에 대한 종합적·유기적 전망 하에서 UN으로의 전문 인력의 전략적 진출이 시급함.
  ※ 대UN외교가 주변강국과의 양자적 외교의 단순한 합(sum)보다 크다는 인식이 결여된 상태에서 UN외교에 대해 독자적이고 적극적인 자리매김을 하지 못하고 있다는 총체적 평가가 가능함.

미래 도전 요인

• UN의 장에서 "한국문제"에 대한 망각의 지속화
  - "한국문제"는 1975년 이후, 특히 1991년 남북한 UN 동시가입 이후 잊혀진 존재가 되었음.
  - UN이 1947년부터 1975년까지 "한국문제"에 관해 일관되게 견지한 입장 (한반도의 분단이라는 부정적 사태를 극복하여 남북한이 평화적으로 통일되어야 하고 이를 위해 노력·협조하는 것이 UN으로 대변되는 국제사회의 과제이자 책무임)을 지속적으로 상기시키고 UN의 각종 문서와 정책에 반영시켜야 할 것임.
  - 이러한 노력이 전개되지 않을 경우, 1991년 남북한 동시 가입으로 인해 한반도 상에 두 개의 국가, 즉 UN회원국이 존재하게 되었다는 점이 강조되면서 남북한의 분단이 더 이상이 잠정적·부정적이 아니라 항구적·정상적 상태로 수용될 위험성이 증대됨.

• 북한급변사태
  - 북한에 급변사태가 발생할 경우, 원하던 원하지 않던 간에 안보적, 인도적, 통일의 관점에서 개입해야 할 필요성이 제기될 수 있음.
  - 주변강국인 중국의 존재를 고려할 때, 중국과의 사전 협의 없는 일방적 개입은 외교적·군사적 문제를 야기할 수 있음. 따라서 다자적 기제인 UN을 통한 개입을 고려하고 미리 준비할 필요가 있음.
  - 이와 관련하여 한국전쟁 당시 북한지역에 대한 통치 실행을 면밀히 검토하고 이로부터 교훈을 도출하고 대비책을 마련해야 함.

• UN군사령부의 장래
  - 1950년 한국전쟁 시 창설된 UN군사령부는 1953년 7월 27일 체결된 정전협정의 관리 주체로서의 핵심적 역할을 수행하고 있음. 또한 일본 내 유엔사 후방기지와의 연결을 통해 전시에는 일본 내 유엔사령부 작전을 지원하고 유엔사 회원국의 기지 사용 및 한반도 전개를 지원하는 역할도 맡고 있음.
  - UN군사령부는 한국전쟁 당시 관련 UN결의에 기초하여 북한지역에 대한

통치권을 행사하였는데, 북한급변사태 시 UN군사령부의 역할과 권리주
장에 대해 대비가 필요할 것임.
- 근래 자주 논의되는 한반도 평화협정이 체결될 경우, UN군사령부를 해체
할 것인지 존속시킨 채 새로운 기능을 부여할 것인지 또한 이러한 변경은
어떠한 방식과 절차를 거쳐 달성해야 하는지에 대해서도 심층적 검토가
필요함.

• UN 개혁논의
- 2003년을 전후한 시기에 UN개혁, 특히 안보리 개혁에 대한 논의가 활발
하였음.
- 한국은 특히 일본의 상임이사국 진출에 반대하였으며, 여타 동아시아국
가들도 대체로 일본에 대해 소극적인 태도를 취하였음.
- 한국이 안보리의 상임이사국을 현상대로 유지하는 안을 지지하는 이유
가 단지 일본을 견제하기 위한 것이라는 인상을 준다면 국제사회에서 설
득력을 얻기 어려울 것임. 단기간에 민주화와 산업발전을 이룩한 '매력국
가', '모범국가'로서의 적극적인 이미지를 바탕으로 우리의 안을 마련하여
대외적으로 발신해야 할 것임.

대UN외교 발전 방향

• 대UN외교의 중요성 재인식 및 위상 강화
- 1991년 남북한 UN동시가입 이래 한국의 대UN외교는 일정한 성과를 거
둔 것은 사실이지만, 대UN외교와 관련하여 체계적·장기적 비전 하에
"한국문제" 등을 비롯한 핵심적 과제를 UN의 틀 안에서 지속적으로 제
기하면서 한국의 공공외교적 이미지를 개선하고 한국에 대한 지지와 이
해를 확보했다고 평가하기는 쉽지 않을 것임.
- 이러한 인식의 기초 위에서 대UN외교가 주변강국들과의 양자간 외교의
단순한 합을 월등히 상회하는 독자적 중요성을 가지고 있음을 자각하고
대UN외교에 상당한 비중과 위상을 부여해야 함.

- 대UN외교의 적극적 전개를 통한 한국의 외교적 공간의 확대
  - 대UN외교는 한국외교의 숙원인 '한국 문제'의 평화적 해결과 밀접히 관련되어 있을 뿐만 아니라, 또한 미중 관계라는 구조적 질곡 하에서 한국외교가 자율성을 확보할 수 있는 다자외교의 장을 제공하기도 함.
  - 대UN외교에 대한 장기적인 비전의 제시, 대UN외교에서 추진할 구체적인 어젠다의 개발, 이를 뒷받침할 조직의 정비, 대UN외교를 담당할 인력의 양성 등을 통해 매력적이고 선진적인 국가로서의 한국의 외교적 공간을 확대해야 함.

핵심과제 (정책과제)

- UN의 틀 내에서 적극적인 외교활동을 전개함으로써 "한국문제"의 해결을 앞당기고, 국제사회의 "책임 있는 중견국가"로서의 입지를 확보해야 할 것임.
  - 첫째, UN의 장에서 "한국문제"의 지속적인 어젠다화를 통해 "동북아시아의 평화와 안정"이라는 관점뿐만 아니라 "한민족의 자결권의 행사"라는 시각에서 이 문제가 해결될 수 있도록 해야 할 것임. 이와 관련하여 1990년 독일통일이 결국은 "독일문제의 해결"이라는 법적·정치적 틀을 통해 달성되었던 사례를 적극적으로 참고해야 할 것임.
  - 둘째, 안보리개혁을 비롯한 UN개혁과 관련해서도 선진국과 개도국의 교량으로서의 한국의 입장은 무엇이며, 개혁작업과 관련하여 한국의 적극적인 기여방안은 무엇인지를 밝혀야 함. 달리 말하면 UN개혁 논의에 주도적으로 참여하고 적극적인 기여를 함으로써 UN을 다자적 공공외교의 장으로 활용해야 함.
  - 셋째, 현재 한국의 대UN외교와 관련하여 인력 부족, 국제기구 업무 수행 부서 간의 업무 중복 및 원활한 소통 체계의 미비, 실무 현안의 처리에 급급하고 전략적 비전의 수립에 소홀한 점 등이 지적되고 있음. 대UN외교를 총괄·조정하는 부서를 선정하고 UN 업무를 담당하는 기관들 간에 효율적인 업무협조가 가능한 체계를 마련해야 할 것임.
  - 넷째, PKO 등에 적극적으로 참여하고 특히 한국과 유사한 지위에 있는 중견국가(middling power)들과의 협력체계 구축을 통해 우리의 외교정책

에 대한 이해도를 높이고 특히 남북통일, 북한급변사태 시 이들의 이해와
지지를 확보해야 할 것임.

- 다섯째, UN 내 정무담당 부서, 국제법률 담당 부서 등 한국 관련 문제의
해결에 핵심적 중요성을 가지는 부서에의 한국 인력의 진출은 부진한 실
정임. UN외교에 대한 종합적·유기적 전망 하에서 UN으로의 전문 인력의
전략적 진출이 시급하다고 할 것임.

I. 서론

대한민국의 탄생과 발전 과정은 UN과 밀접한 연관을 지니고 있고, 한반도 정전체제의 안정적 관리, 종국적으로 민족적 과제라 할 통일의 달성과 관련해서도 UN은 매우 중요한 의미를 지니고 있다. 1948년 12월 12일 파리에서 개최된 UN 특별총회에서 채택된 결의 제195호가 오랜 기간 대한민국 정통성legitimacy의 근거로 활용되었고, 1950년 6월 25일 공산군이 남침하자 UN군이 파견되어 한반도의 전면적 공산화를 저지하였다. 1953년 7월 27일 한국정전협정에도 UN군 사령관이 서명하였으며 또한 정전체제의 관리에 대한 책임도 UN사령부에 부여되었다. 민족적 염원인 통일을 달성하기 위해서도 UN의 각종 결의 및 실행을 활용할 여지가 적지 않고 근래 많이 논의되고 있는 북한 급변사태와 관련해서도 UN 및 UN사령부의 역할에 대한 상세한 검토가 필요하다.

한국외교에 있어 UN의 역할은 다양하고도 중요하다. 첫째, 이른바 '한국문제Korean question'와 관련하여 UN은 1947년 이래 한국의 통일을 목표로 제시하였다. 민족적 과제로서 헌법상의 의무로까지 등장하고 있는 통일을 추진함에 있어 한국문제의 종국적 해결을 UN 미완의 과제로 제시할 필요가 크다. 둘째, 근래 활발하게 논의된 바 있는 북한 급변사태North Korean contingency와 관련하여 UN의 역할이 부각된다. 북한 급변사태가 북한 지역의 권력공백상태로 연결될 경우, 한국의 북한 지역 개입과 관련하여 UN의 지지·찬성blessing은 중요한 정당화 사유로 활용될 수 있을 것이다. 이 문제와 관련하여 1950년 이래 존재·기능하고 있는 UN사령부의 역할에 대해서도 면밀한 검토가 필요하다. 셋째, 북한의 핵실험 후 채택된 각종 UN 안전보장이사회의 결의, 천안함 사건 후 채택된 의장성명의 사례 등에서 알 수 있듯이, UN은 북한문제를 관리·통제하는 기제로서 일정한 역할을 수행한다. 남북 양자적 관계에서의 관리·통제 시도가 갖는 한계와 부담에 비해 UN을 통한 다자적 관리가 효과와 부담 분산 면에서 큰 장점을 가질 것이다. 넷째, 통일을 비롯한 외교적 목표를 추구함에 있어 한국의 외교적 능력과 신뢰성에 대한 국제사회의 인식 제고가 필수적이다. 한국전쟁을 전후한 시기 이승만 정부의 외교적 신인도가 실추되어 각종 현안의 해결에 있어 큰 곤란을 겪었던 사실을 상기하면 이 점은 명확해진다. 그런 차원에서 국제사회를 대상으로 한 공공외교public diplomacy의 체계적·지속적 전개가 중요한 과제로 등장하는데 UN은 이러한 공공외교의 장으로서 기능한다. 결국 대UN외교는 한국외교의 숙원인 '한국 문제'의 평화적 해결과 밀접히 관련되어 있을 뿐만 아니라, 또한 미중관계라는 구조적 질곡 하에서 한국외교가 자율성을 확보할 수 있는 다자외교의 장을 제공하기도 한다.

이와 같이 UN이 한국외교와 관련하여 다양하고도 중대한 의의를 갖는 데 비해 그 중요성에 대한 한국 내 인식은 그리 높다고 보기 어렵다. 1991년 9월 17일 남북한 UN 동시가입 이래 20여 년 동안 나름대로 일정한 성과를 거둔 것은 사실이지만, 대UN외교와 관련하여 체계적·장기적 비전 하에 '한국문제' 등을 비롯한 핵심적 과제를 UN의 틀 안에서 지속적으로 제기하면서 한국의 공공외교적 이미지를 개선하고 한국에 대한 지지와 이해를 확보했다고 평가하기는 쉽지 않을 것이다. 개별적인 문제가 발생할 때마다 UN을 해결의 장으로 활용하였지만 천안함 사태에서 볼 수 있듯이 상당한 좌절을 겪기도 하였다. 좀 더 근본적으로는 대UN외교에 대한 큰 그림이 결여된 상태에서 '한국문제'에 대한 우리의 일관된 메시지의 발신發信 및 논의의 장으로서 UN을 활용하지 못했다는 문제점이 부각된다. 결국 UN외교가 주변 강국과의 양자적 외교의 단순한 합sum보다 크다는 인식이 결여된 상태에서 UN외교에 대해 독자적이고 적극적인 자리매김을 하지 못하고 있다는 총체적 평가가 가능하다.

이 장에서는 먼저 지난 10여 년간 한반도 평화 및 안보 관련 대UN외교에 대한 평가를 행하고, 대UN외교에서 발생하는 개별적 이슈를 고찰한 다음, 현안 과제라고 할 수 있는 북한 급변사태 시 UN의 역할에 대한 논의를 행한 후, 향후 과제에 대해 살펴보기로 한다.

II. 한반도 평화 및 안보 관련 대UN외교의 평가
(2001-2011)

본 연구는 UN의 기능과 역할을 한반도 평화 및 안보 문제에 한정하여 검토함으로써 향후 한국의 관련 외교정책의 방향을 설정하는 데 출발점을 확보하고자 한다. 최근 10년간 남북 간에는 크고 작은 일련의 사건·사태들이 있었다. 특히 김대중 정부에서는 서해교전이, 노무현 정부에서는 북한의 제1차 핵실험이, 그리고 이명박 정부에서는 북한의 제2차 핵실험, 천안함 폭침 및 연평도 포격 사건 등 다소 굵직한 남북 간 충돌 및 관련 UN외교가 작동하였다. 우리 정부의 UN외교는 나름 성과를 거두기도 하였으나, 동시에 일정한 한계를 노출하여 보다 정교한 외교전략의 수립 및 이의 적극적이고 일관된 수행이 요구되고 있다.

1991년 북한과 함께 UN에 가입한 한국은 환경, 인권, 개발 등 냉전 종식 후 새롭게 부각되던 다양한 문제에 대해 적극적인 UN외교를 추구함은 물론, 한반도문제에 있어서도 통일에 대한 사전 정지작업을 이룬다는 장기적 목표를 가지고 UN외교를 추진하였다.

그중에서도, 1996~1997년에는 2년 임기의 안전보장이사회 비상임이
사국으로 활동하기도 하였으며,[1] 2013~2014년 임기의 안보리 비상임
이사국에 선출되었다.

김대중 정부의 대UN외교는, 2001년 9월 한승수 외교부 장관이
제56차 UN 총회 의장직을 1년 동안 수임하여 초유의 9·11 사태로
어수선하던 당시 상황에서도 테러리즘에 대한 UN 차원의 의견 결
집을 주도하는 등 일정한 성과를 거두었다. 그러나 2002년 6월 29
일 한일월드컵 도중 우리 측에 4명의 사망자 및 1명의 실종자를 발
생시킨 서해교전 시에는 보다 적극적인 조치가 필요했음에도 다소
미온적으로 대처하고 UN외교 차원에서도 구체적인 모습을 보여주
지 못하였다.[2] 분쟁의 근본원인이라 할 수 있는 북방한계선NLL문제
에 대해서도, 남북 간에 구체적인 관련 합의가 이루어지기 전까지는
NLL이 어떤 근거에서 사실상의 해상경계선으로서 한반도 평화 유
지 차원의 역할을 수행하고 있는지에 대해 우리 정부의 입장을 더
욱 적극적이고 효과적으로 국제사회에 알리고 설득할 필요가 있었
던 것으로 판단된다.

좀 더 근본적인 문제는 '한국문제'와 관련하여 UN이 어떠한 미
해결의 과제를 가지고 있고, 이 과제의 해결을 위해 UN을 어떻게
활용할지에 대한 체계적·장기적인 계획이 결여된 상태에서 임기응
변적ad hoc 정책을 전개한 것이라고 할 수 있다. 이를 상징적으로 보
여 주는 사례가 2000년 10월 31일 UN 총회가 채택한 총회결의 제
9800호이다. 김대중 대통령의 방북 시 채택된 6·15 공동선언에 대한

....

[1] 외교부, 『한국외교 60년: 1948-2008』(2009), pp.183-185.

[2] 같은 글, p.151.

지지를 담고 있는 이 문서는 김 대통령의 방북회담과 공동선언에 대한 언급을 담고 있을 뿐, 장기간에 걸쳐 UN 내에 축적된 '한국 문제'에 대한 논의, 특히 민주적이고 통일된 정부의 수립이라는 기본원칙에 대해 아무런 지적도 이루어지지 않고 있다.

노무현 정부의 대 UN외교는, 무엇보다도 2006년 하반기 북한의 미사일 발사, 핵실험 등 북한의 도발적 행위에 대해 UN 안보리의 대북제재 결의 1718 채택을 유도하는 등 소기의 성과를 거둔 것으로 보인다. 우리 정부도 UN 총회 등 각종 다자회의에서 한국의 대북정책과 남북경협사업 진행상황 등을 설명하면서, 우리 정부의 대북정책에 대한 국제사회의 이해와 지지를 요청하는 등 적극적인 대 UN 외교를 펼쳤음을 강조하고 있다.[3] 또한 2006년 반기문 외교부 장관이 UN 사무총장으로 선출된 것은 우리의 UN외교가 더욱 강화될 수 있는 전기를 마련한 것으로도 평가된다. 그러나 다른 한편 안보리 결의 1718에서 규정한 사치품 금수조치 등에 중국이 비협조적이고 UN 대북제재위원회의 활동도 위축시키는 상황에서, 한국도 남북경색 완화를 이유로 2차 핵실험 전까지 구체적인 국내 이행조치를 취하지 않은 점 등은 UN외교 측면에서 보다 일관되고 전략적인 접근의 필요성을 제기한다.[4]

이명박 정부 들어서는 PKO와 ODA를 대폭 확대하는 등 적극적 기여외교의 시동을 걸어 대 UN외교 차원에서도 탄력을 받은 것이 사실이다. 한국은 PKO 분담금 10대 기여국이면서 인적 참여는 119개 파견국 중 38위 수준에 이르는 등 UN 내에서의 입지 강화를

....

[3] 같은 글, p.152.
[4] "유엔제재 무기력해진 건 北특수성·中비협조 탓," 국민일보, 2011년 5월 24일.

위한 인프라를 나름 구축하고 있으며, 상비부대 등 PKO의 상시적 준비를 위한 PKO 관련 국내 법률도 제정하였다. 2011년 반기문 사무총장의 재선 또한 우리에게는 좋은 UN외교 환경을 제공한다고 볼 수 있을 것이다. 북한과 관련해서는 2009년 북한의 2차 핵실험에 대응하여 UN 안보리 결의 1874를 채택하며 더욱 강화된 대북제재를 취하였다. 그럼에도 천안함 폭침 및 연평도 포격 사건에서 UN 안보리 결의 채택에 실패한 경험은 우리의 대UN외교가 한 단계 업그레이드될 필요가 있음을 일깨워 주었다.[5] 물론 중국, 러시아 등 거부권이 있는 안보리 상임이사국이자 지역 강대국인 국가들과의 양자외교도 강화해야겠지만, 이와는 별개로 전혀 다른 차원에서 다자외교인 UN외교를 접근하고 동시에 이에 대한 전문성 및 활용 기술을 적극 개발해 나가야 할 필요성이 제기된다.

지난 10년간의 대 UN외교는 반기문 UN 사무총장의 선출, 대북한제재 결의안의 채택, PKO 관련 법제의 정비 등 일정한 성과를 거둔 것도 사실이지만 다음과 같은 비판이 가능할 것이다. 첫째, 장기적이고 종합적인 차원에서 UN외교를 어떻게 설계·운영할 것인지에 대한 전망이 마련되지 않은 상태에서 UN외교에 주변 강국과의 양자외교의 단순한 합을 넘어서는 위상과 역할이 부여되지 못하였다. 이런 상황 하에서 북한 핵실험, 천안함 폭침 등 구체적 사건이 터졌을 때 임시적ad hoc으로 UN의 장을 활용하는 양상을 보이고 있는데, 그나마 천안함 사건에서 볼 수 있듯이 사전환경 조성의 미비와 평소 축적된 UN외교 역량의 부족으로 인해 참담한 실패를 맛보기도 하였다. 그리하여 연평도 포격사건과 같이 명백한 도발·위법

....
5   외교부, 『2011 외교백서』(2011), pp. 48-61 참조.

행위가 발생했을 때에는 아예 UN의 활용을 포기하는 사태가 빚어지기도 하였다.

둘째, UN은 해방 이후 대한민국의 건국에 깊이 관여했으며 "한국의 민주적이고 평화적인 통일"을 미완의 과제로 남겨 두고 있다. 1991년 남북기본합의서에서 합의된 "남과 북이 나라와 나라 사이의 관계가 아니라 통일을 지향하는 과정에서 잠정적으로 형성된 특수관계"라는 '하나의 한국one Korea' 정책은 특히 1991년 남북한 UN 동시가입을 계기로 도전 받고 있는 형국이다(한-미 FTA 체결 시 개성공단 생산품의 협정 범위 포함 여부를 둘러싼 논쟁이 대표적인 예이다). 이러한 상황 하에서 한국민의 통일에의 의지를 가장 효과적으로 표명할 수 있는 장소와 수단은 UN 내에서 '한국문제'의 해결을 UN이 스스로 설정한 미완의 과제이자 책임임을 상기시키는 것이다. 이렇게 볼 때 현재 UN 내에서 '한국문제'는 일종의 '수면상태dormancy'에 빠져 있으며 점차 그 실정성을 잃어가고 있다고 평가할 수 있다. 지난 10년간의 UN외교에서도 '한국문제'의 UN 내 복원 및 지속적 제기를 위한 노력은 매우 미약했다고 평가할 수 있다.

셋째, 전문 인력의 문제로서 UN을 담당하는 국내부서의 체계성·정합성 강화와 UN 전문부서에의 전략적 진출이 필요하다. 국제기구 문제를 면밀히 검토한 연구자의 견해에 따르면[6], 현재 한국의 경우 UN을 비롯한 국제기구를 담당하는 부서의 문제점으로서 인력 부족, 국제기구 업무수행부서 간의 업무 중복 및 원활한 소통체계의 미비, 실무 현안의 처리에 급급하고 전략적 비전의 수립에 소홀한 점 등이 지적되고 있다. 또한 UN 사무총장의 배출이라는 획기적

....

[6] 이신화, "국제기구정책현황과 과제" (아산정책연구원 정책보고서, 2011.5.4), p.4.

성과를 올렸지만 UN 내 정무담당부서, 국제법률담당부서 등 한국 관련 문제의 해결에 핵심적 중요성을 가지는 부서에의 한국 인력의 진출은 부진한 실정이다. UN외교에 대한 종합적·유기적 전망 하에서 UN으로의 전문 인력의 전략적 진출이 시급하다고 할 것이다.

Ⅲ 한반도 평화 및 안보 관련 대UN외교의 주요 이슈

1. UN 틀 내에서 '한국문제Korean Question'의 현황[7]

대UN외교에서 기억해야 할 점은 이른바 '한국문제'가 UN이 설정한 자신의 과제임에도 불구하고 아직 미해결의 상태로 남아 있다는 사실이다. 이러한 사실의 부각을 통해 한반도 통일이 한국의 헌법상 또는 남북한 양자 간의 과제에 그치는 것이 아니라, 국제사회가 스스로에게 부과하고도 아직 달성하지 못하고 있는 과제라는 점을 상기시킬 필요가 있다. 달리 말하면 통일을 남북한의 대내적 관계에 있어서 문제가 아니라 국제사회의 다자적 차원의 이슈로 자리매김하는 것이다. 이러한 접근방법, 즉 국제사회의 미해결과제로서의 '한국문제'는 UN의 지속적 실행을 통해 그 정당성이 확인된다.

UN은 1950년 10월 7일의 UN 총회결의 376(V)호의 채택을 통하

....

[7] 이 부분은 이근관, 「북한의 급격한 체제변화시 통치주체에 대한 국제법적 검토」; 심지연·김일영(편), 『한미동맹 50년: 법적 쟁점과 미래의 전망』(백산서당, 2004), pp.302-304에 기초한 것임.

여 1947년 11월 14일의 UN 총회결의 112(Ⅱ)호, 1948년 12월 12일의 UN 총회결의 195(Ⅲ)호 및 1949년 10월 21일의 UN총회결의 293(Ⅳ)호 등 한국문제에 관한 일련의 총회결의의 본질적 목표가 "통일되고 독립적이며 민주적인 한국 정부의 수립(the establishment of a unified, independent and democratic Government of Korea)"임을 확인하고 있다.[8] 같은 결의에서 UN 총회는 "한국이라는 주권국가 내에 통일되고, 독립적이며 민주적인 정부의 수립(the estalishment of a unified, independent and democratic government in the sovereign State of Korea)"을 위한 모든 형성적 활동(UN의 후원하에 선거를 시행하는 것을 포함하여)을 취할 것을 권고하였다.[9]

한국문제에 대한 UN 총회의 이 같은 이해는 계속되어 1970년의 총회결의 2668(XXV)의 전문에서 "한국의 계속적인 분단상태가 한국민이 희망하는 바가 아니다"라고 전제한 후에 한국 내 UN의 목표가 "대표성을 지니는 정부형태 하의 통일되고, 독립적이며 민주적인 한국의 수립(the establishment of a unified, independent and democratic Korea under a representative form of government)"임을 재확인하였다.[10] 1972년에 남북공동성명이 채택되어 남북한관계에 새로운 변화가 생기기 시작한 이후의 시점인 1975년에 UN 총회는 결의 3390(XXX)를 채택하였다. 공산진영이 지지한 3390(XXX)

....

[8] Dietrich Rauschning, Katja Wiesbrock and Martin Lailach (eds.), *Key Resolutions of the United Nations General Assembly 1946–1996* (Cmabridge University Press, 1997), p. 191; In Seop Chung, *Korean Questions in the United Nations: Resolutions Adopted at the Principal Organs of the United Nations with Annotations (1946–2001)* (Seoul: Seoul National University Press, 2002), pp. 23–24.

[9] 같은 글.

[10] 같은 글, p. 194.

B에서도 "한국이 남과 북으로 분단된 지 30년이 경과하였지만 한국의 재통일the reunification of Korea은 아직껏 성취되지 않았다"고 전제하고, 1972년 남북공동성명에서 합의된 자주, 평화, 민족대단결의 3원칙에 기초하여 "가능한 한 빠른 시일에 자주적이고 평화적인 통일을 달성하도록 한국민을 격려하는 것이 UN헌장의 원칙에 부합"한다고 선언하였다.[11]

1975년 이후 UN 총회가 '한국문제'에 대해 개입을 중단하였지만 2000년 총회결의 제9800호, 2007년 총회결의 제10650호에서 한반도의 평화적 재통일peaceful reunification을 언급하였다.

UN 총회의 일련의 결의는 한국문제에 대한 다음과 같은 이해를 전제로 하고 있는 것으로 해석할 수 있다. 한반도상에 남과 북 각각의 지역에서 실효적인 관할권을 행사하는 두 실체가 존재하는 것은 사실이지만, 현재의 분단상태는 한국민의 희망과 부합하지 않고 언젠가는 선거 등의 절차를 통하여 해소되어야 할 잠정적·부정적 상태에 불과하다. 따라서 한반도상에는 의연히 한국Korea이라는 하나의 국가만이 존재하며, UN이 관여할 문제는 한국을 대외적으로 대표할 권한이 있는 독립적이며 민주적인 정부의 수립에 국한된다.

'한국문제'는 1975년 이후, 특히 1991년 남북한 UN 동시가입 이후 다소 잊혀진 존재가 되었다. 이는 대UN외교와 관련하여 장기적 비전의 결여와 관련된 것으로서 1947년부터 1975년까지 일관되게 견지된 UN의 기본입장, 즉 한반도의 분단이라는 부정적 사태를 극복하여 남북한이 평화적으로 통일되어야 하고 이를 위해 노력·협조하는 것이 UN으로 대변되는 국제사회의 과제이자 책무라는 점을 일

....
[11] 같은 글, p. 195.

관되게 주장 UN의 각종 문서와 정책에 반영시켜야 할 것이다. 이러한 노력이 전개되지 않을 경우, 1991년 남북한 동시가입으로 인해 한반도상에 두 개의 국가, 즉 UN 회원국이 존재하게 되었다는 점이 강조되면서 남북한의 분단이 더 이상 잠정적·부정적이 아니라 항구적·정상적 상태로 수용될 위험성이 크기 때문이다.

한 가지 주의할 점은 위에서 언급한 일련의 UN결의들 중 일부가 북한을 비롯한 공산권의 유의미한 참여가 어려운 상황 하에서 미국을 비롯한 서방국가들의 일방적 주도 하에 채택되어 정치적 정당성의 측면에서 의문이 제기될 수 있다는 것이다. 그럼에도 불구하고 이들 결의에 담겨져 있는 "한반도의 평화적이고 민주적인 재통일"이라는 기본원칙에 대해서는 북한도 별다른 이의를 제기하지 않을 것이다.

2. 국제공공외교의 장으로서의 UN

주변 열강들이 각축 속에서 민족통일을 달성해야 할 과제를 안고 있는 한국 입장에서는 국제사회 내 한국의 외교적 이미지를 제고해야 할 과제를 안고 있다. 달리 표현하자면 공공외교의 강화를 통해 '소프트파워'를 축적해야 하는 것이다. 이는 일반론으로서도 타당한 것이지만, 특히 한국전쟁을 전후한 시기 뼈아픈 경험을 통해서도 입증된 것이다.

현재 한국이 당면하고 있는 외교적 과제의 원활한 해결을 위해서는 국제사회의 이해와 지지가 필수적이다. 민족적 과제인 통일의 달성을 위해서뿐만 아니라, 통일을 향해 나아가는 과정에서 발생할 수 있는 북한 급변사태 시, 외형상으로는 다자적인 개입방식을 취하면서도 실제로 한국이 사태를 주도할 수 있기 위해서는 한국의 외교적 역량에 대한 신뢰가 반드시 필요하다. 이러한 신뢰의 구축을 위해 UN을 국제공공외교의 장으로 적극 활용해야 할 것이다. 이를 위해서는 첫째, 한반도의 평화적 통일을 위한 한국의 정책 및 노력을 적극적으로 소개하고, 둘째, 개발협력외교, 문화외교 등의 활발한 전개를 통해 한국의 외교적 이미지를 고양하고, 셋째, UN 평화유지활동, 국제구호활동 등에 대한 주도적 참여를 통해 국제사회에서의 발언권과 정책결정과정에서의 지분을 확보해야 할 것이다.

대UN외교를 비롯한 다자외교의 장에서 환경, 인권, 문화 등의 전지구적 문제들에 대해 한국의 발언권을 강화하고 이를 통해 중견외교국가로서의 위상을 확보하게 되면 이는 곧 한국외교가 운신할 수 있는 공간의 확대를 가져다 줄 것이다. 한반도를 둘러싼 미중 간의 협력과 갈등이라는 구조적 제약 하에서 한국은 자율적 공간을 마련해야 하고, 이 공간을 통해 한국외교의 과제, 특히 한반도 평화수립과 민족통일을 달성해야 하는 것이다. 바로 이러한 점에서도 대UN외교를 비롯한 다자외교의 위상과 역할이 재인식되어야 하는 것이다.

3. UN사령부United Nations Command의 현재 위상과 향후 역할

1950년 7월 7일 UN 안보리 결의 제84호에 의하여 UN사령부가 창설되었으며, 같은 해 7월 14일 대한민국 국군에 대한 작전통제권이 UN사령관에게 이양되었음은 주지의 사실이다. 휴전이 성립한 후에 체결된 한미상호방위조약1953.10.1 합의의사록에 "유엔군사령부가 대한민국의 방위를 위한 책임을 부담하는 동안 대한민국 국군을 유엔군사령부의 작전통제에 둔다. 그러나 양국의 상호 및 개별적 이익의 변경에 의하여 가장 잘 성취될 것이라고 합의되는 경우에는 협의후 이를 변경할 수 있다"고 하여 UN군사령부가 한국군에 대한 작전통제권을 계속 보유하고 있음을 밝혔다.[12] 지난 78년 한미연합사가 창설되면서 한국군에 대한 작전통제권이 UN군사령관으로부터 연합사사령관으로 위임되었고, 연합사사령관은 UN군사령관, 주한미군사령관, 주한미군 선임장교란 네 개의 지위를 보유하고 있다.[13]

현재 UN사령부의 기능 중 가장 중요한 것은 1953년 7월 27일 체결된 정전협정의 관리주체로서의 역할이다. 정전협정상에는 UN사령부가 수행해야 할 기능에 대해 상세한 규정을 두고 있는데, 그중에서도 중요한 것이 군사분계선 이남 비무장지대에 대한 관할권 행사이다. 현재 비무장지대는 영토주권은 (넓은 의미의) 한국에 속하지만, 관할권은 군사정전위원회라고 하는 국제조약상의 기관에 속하는 이중적 성격을 띠고 있다. 그 결과 군사분계선 이북의 비무장지대에 대해서는 북한군이, 군사분계선 이남의 비무장지대에 대해서는 유엔군사령부가 관할권을 행사하고 있다. 그러한 이유에서 현재 군사분계선 이남의 비무장지대에 대하여 우리 정부는 입법적·행정적·사법적 관할권을 실효적으로 행사할 수 없는 것이 실정이다.

UN사령부는 한반도 정전체제의 유지·관리와 관련하여 중요한 역할을 수행하고 있을 뿐만 아니라, 일본 내 유엔사 후방기지와의

....
[12] 김일영·조성렬, 『주한미군: 역사, 쟁점, 전망』(서울: 한울아카데미, 2003), p.196.
[13] "美 전시작전권 넘겨줄까", 문화일보, 2003년 6월 5일.

연결을 통해 전시에는 일본 내 유엔사령부 작전을 지원하고 유엔사 회원국의 기지 사용 및 한반도 전개를 지원하는 역할을 하고 있다. UN사령부를 주도하고 있는 미국의 입장에서 보면 이 부분이 UN사령부의 주된 기능이자 역할이라고 할 수 있을 것이다.

문제는 UN사령부가 한국정전협정 등을 통해 그 존재와 기능을 인정받고 있으며 따라서 그 정당성이 사후적으로 승인되었다고도 할 수 있지만, 엄밀한 의미에서 UN기관이 아니라는 점이다. 현재 UN사령부는 정기적으로 UN에 보고서를 제출하고 있으며 천안함 사건, 연평도 포격사건과 관련하여 조사보고서를 UN 안보리에 제출하기도 하였다. 그러나 UN사령부는 UN 평화유지군과는 달리 UN으로부터 재정 및 기타 행정과 관련하여 어떠한 연결도 없으며, UN 연감을 비롯한 각종 간행물에 UN의 부속 또는 보조기관으로 소개된 바도 없다. UN사령부의 해체를 요구하는 북한의 1994년 5월 28일자 서한에 대한 같은 해 6월 24일 답장에서 당시 UN 사무총장이었던 부트로스-갈리는 UN사령부의 해체가 "UN 소속기관의 책임이 아니라 미국 정부의 권한에 속하는 것"임을 분명히 하였다.

이러한 점에 비추어 볼 때 UN사령부는 그 명칭에도 불구하고 UN과의 실질적 관련이 미약함을 잘 알 수 있다. 그러나 UN사령부의 정당성 및 기능을 창설 당시의 시점에 소급시켜서 파악할 수만은 없을 것이다. 한국정전협정 체결 시 UN사령관이 서명 주체였을 뿐만 아니라, 그 후로도 장기간에 걸쳐 정전협정의 관리당사자로 활동해 왔음은 엄연한 사실이다. 예를 들어 연평도 포격사건이 발생했을 때도 정전협정의 관리주체로서 UN사령관이 현장을 방문하고 성명을 발표하기도 하였다.

UN사령부는 특히 북한 급변사태와 관련하여 그 역할이 주목되고 있다. 또한 한반도 정전협정을 평화협정으로 대체하는 방안에 대해 근래 자주 논의되고 있는데, 평화협정 체결 시 UN군사령부를 해체할 것인지 아니면 존속시킨 채 새로운 기능과 역할을 부여할 것인지에 대해서도 심층적 검토가 이루어지고 있다. 또한 이러한 변경은 어떠한 방식과 절차를 거쳐 달성되어야 하는지에 대해서도 보다 본격적인 논의가 필요하다.[14]

4. 한반도 통일 시 UN의 역할

남북 간 평화적 합의통일의 경우 우리가 원한다면 다양한 형태의 UN 지원을 요청하고 받을 수 있을 것이다. 그러나 상기 북한 급변사태의 경우 UN을 통한 다자적 개입의 가장 큰 맹점은 이러한 개입이 설사 한국의 실질적 주도로 이루어졌다고 해도 급변사태의 종결이 자동적으로 통일로 연결되는 것은 아니라는 데 있다. 따라서 한국 입장에서는 사태 종결 후 이를 어떻게 우리의 최대 정책목표인 통일로 연결시킬 수 있을지에 대해 계속 고민하고 관련 논거를 개발·발전시켜야 한다.

우리의 민족주의 논리는 국제적으로 받아들여지지 않을 가능성이 적지 않으며, 따라서 UN을 활용해 한반도 통일의 당위성을 강조하는 대안 마련이 절실하다. 이를 위해 과거 한반도의 통일을 상정한 UN 총회결의를 활용하는 방안과 함께, UN 무대에서 민족주의를 넘어서는 인류보편적 가치 규범에 호소하는 방법도 한 방안이

....

[14] 이러한 논의의 한 예로서는 제성호, 「남북평화협정의 체결방향과 법적 문제」; 심지연·김일영(편), 『한미동맹 50년: 법적 쟁점과 미래의 전망』(백산서당, 2004), pp.261-267 참조.

될 수 있을 것이다. 즉 한반도 통일이 세계사회의 보편적 가치인 인권 존중, 빈곤 해소, 평화 구축 등에 부합하고 이를 더욱 촉진하는 일임을 꾸준히 국제사회에 설득해 나가며, 북한 주민의 인권 및 삶을 개선하는 데 대한 의지 및 능력을 한국이 가지고 있음을 강조하는 것이다.[15] 아울러 한국은 대표적 평화애호국이자, 남북통일은 세계사, 민족사적으로도 당위성이 있음을 국제적으로 적극 홍보하여야 할 것이다. 이러한 UN 내에서의 우리 발언이 국제적 지지를 획득하기 위해서는 최근 활발해진 PKO, ODA 등의 활동을 더욱 강화하고 지속해 나갈 필요성이 있다. 또한, 과거 동서독이 모두 UN 회원국이었음에도 불구하고 독일 통일에 별다른 걸림돌로 작동하지 않았던 메커니즘을 면밀히 분석하여 활용할 필요가 있으며, 민족자결권right of self-determination of peoples의 구체적 내용에 대해서도 보다 상세한 고찰이 필요하다.

....
[15] 윤영관, "통일 외교: 어떻게 할 것인가?," 제1회 한국외교협회 정책대토론회 기조발제 논문 (2011.10.5), p.6.

Ⅳ. 북한 급변사태와 관련한 대 UN외교

북한에 예기치 못한 급변사태가 발생할 경우, 원하든 원하지 않든 간에 안보적, 인도적, 통일의 관점에서 우리가 개입해야 할 필요성이 제기될 수 있다. 그러나 관련 국제법적 논란은 물론 최근 급격히 지역 및 글로벌 강국으로 부상하고 있는 중국의 존재를 고려할 때, 중국과의 사전 협의 없는 일방적 개입은 바람직하지 않은 결과를 야기할 우려가 크다. 따라서 다자적 기제인 UN을 통한 개입을 고려하고 미리 준비할 필요가 있다.

일부에서는 UN군사령부를 유사시에 UN 개입의 근거로 활용하는 방안도 제시되고 있다. 그러나 이는 사실상의 일방적 개입으로 이해될 여지도 있으며, 따라서 보다 일반적인 UN 활용방안 내지 UN 개입의 근거에 대해 아래에서 살펴본다.

1. 한국전쟁 시 북한 지역에 대한 UN군의 관할권 행사[16]

6·25와 관련해서는 그동안 이 무력충돌의 기원에 대하여 많은 논의가 있었지만, 북한 지역에 대한 점령 및 시정에 관한 논의는 드물었다. 1950년 가을에 북한 지역에 대한 시정의 주체 및 그 법적 성격을 둘러싸고 남한 정부, UN사령부, 영국·호주 등을 비롯한 참전국 사이에 적잖은 긴장과 논란이 있었지만 이러한 문제들은 중공군의 개입 및 그로 인한 UN군의 후퇴로 인하여 제대로 결말을 보지 못하고 말았다. 그럼에도 불구하고 당시의 논의 및 사태 전개는 현재의 우리에게 시사하는 바가 적지 않다.

1950년 북한군에 대한 UN군의 반격이 개시되고 난 후, 초미의 관심사는 UN군이 38°선 이북지역까지 진격을 행할 것인가의 문제였다. 미국 국가안보회의가 1950년 9월 9일 작성된 「NSC 81/1」이라는 보고서를 통하여 UN군이 38°선 이북지역에서도 전투행위를 행할 법적 기초a legal basis가 있음을 주장하였고 이 문서는 동년 9월 11일 트루만 대통령에 의하여 승인되었다. 이를 통하여 38°선 이북지역으로의 UN군의 진격이 결정된 것이다.

이제 문제는 북한 지역에서 누가 어떠한 법적 근거에서 통치권을 행사하는가 하는 것이었다. 먼저 한국 정부의 기본적인 입장은 다음과 같았다. 1948년 UN 총회결의 제195(Ⅲ)호에 의하여 승인된 한반도의 유일 합법정부로서 북한 지역에 대하여도 당연히 주권을 가지고 있었지만 그동안 소련의 방해로 인하여 38°선 이북지역에 대하

....

[16] 이 부분은 이근관, 「북한의 급격한 체제변화시 통치주체에 대한 국제법적 검토」; 심지연·김일영(편), 「한미동맹 50년: 법적 쟁점과 미래의 전망」(백산서당, 2004), pp. 307-314에 기초한 것임.

여 이러한 권리를 행사하지 못하였다.[17] 따라서 북한 지역의 '수복'
과 더불어 당연히 대한민국 정부의 주권이 북한 지역에까지 확장되
고, UN 감시 하에 그 지역에서(즉 남북한 전역이 아님) 선거가 행해
져야 하는데, 이 선거는 대한민국 국회가 북한 지역을 위하여 공석
으로 남겨 두었던 100석에 대한 선거, 즉 남한에서 행해졌던 선거에
대한 보충적 의미를 갖는 선거에 불과하였다.[18]

오스트레일리아, 인도, 영국 등의 입장은 한국 정부에 대하여 상
당히 적대적이었다. 이들 정부는 이승만 정부의 통치능력, 민주성 등
에 대하여 뿌리 깊은 회의와 의심을 품고 있었다. 이러한 불신감에
기초하여 영국 정부 등은 북한 지역에 대한 통치주체로서 한국 정
부를 배제하는 것은 말할 것도 없고 북한 지역 점령 후 시행될 선
거의 지역적 범위를 북한 지역에 국한할 것이 아니라 한반도 전체로
확대하자고 주장하였다.[19]

한편, 미국 정부의 입장은 북한 지역에서 선거가 행해지고 이 지
역에 대한 통치권한이 남한 정부에 이양될 때까지(이러한 조치를 취
하는 데 걸리는 시간은 6~18개월 정도로 예정되었다[20]) 북한 지역에

....

[17] 장면 주미대사가 미 국무장관에게 보낸 1950년 9월 21일자 서한. *Foreign Relations of the United States*, p.750.

[18] Memorandum of Conversation, by Mr. John M. Allison of the United States Delegation to the United Nations General Assembly, *FRUS* (September 18, 1950), p.735. 이 비망록은 장면 주미대사, 임병직 외무장관, 존 포스터 덜레스, 존 M. 앨리슨 간의 대화 내용을 기록한 것임.

[19] William Stueck, *The Korean War: An International History* (Princeton University Press, 1995), p.109.

[20] *Records of the Joint Chiefs of Staff*, Part II, 1946~1953: Reel 9 (Washington, DC: Microfilm, University Publications of America, 1979), p. 700; Charles K. Armstrong, "The UN-US-ROK Occupation of North Korea, October-December

대하여 (1945년부터 1948까지 남한에 행하였고 1950년 당시 일본에 대하여 행하고 있던 것과 유사한) 군사점령을 행한다는 것이다.[21] 이 경우 공식적인 통치주체는 UN군사령부가 되겠지만 실질적으로는 미군에 의한 점령이 되었을 것이다.

이처럼 법리적인 측면에서 미국의 입장은 한국과 상당한 차이를 보이고 있지만, 이러한 법적 결론의 실제적인 적용에 있어서는 한국 정부의 견해를 상당부분 수용하는 절충적인 경향을 보이고 있다. 이승만 대통령의 민족주의적 성향을 잘 알고 있던 맥아더 사령관과 무치오 주한대사는 북한 지역 점령 후 행해질 선거의 지역적 범위와 관련하여 한국 측의 입장에 기울었다. 그리고 1950년 가을 두 달 동안 북한 지역에서는 한국 정부가 사실상 시정 당국으로서의 역할을 수행하였다. 당시 UN 측이 한국의 언어나 관습에 대하여 잘 알지 못하는 상태에서 한국 정부가 북한 지역에 대한 통치에 깊숙이 관여했다는 것은 별반 놀랄 만한 일이 아닐 것이다.

이러한 사실과 또한 그동안 대한민국 정부가 자신의 정당성의 근거 확보 등의 측면에서 UN을 적극적으로 활용해 왔다는 점에 비추어 볼 때, 지난 반세기 동안 대내외적으로 다양한 실질적 변화가 발생했음에도 불구하고 북한의 급격한 체제변화 시 법기술적인 측면에서 UN의 역할이 1차적으로 고려될 가능성이 높아 보인다. 따라서 이러한 돌발사태의 국제법적인 처리는 UN 총회의 결의 등 UN의 틀 내의 도구 및 장치를 통하여 이루어질 가능성이 높다고 할 것이다. 그렇다고 해서 이 과정에서 한국이 별다른 역할을 할 수 없다는

....

1950," 유영익·이채진(편), 『한국과 6·25전쟁』 (연세대학교 출판부, 2002), p.403.

[21] *FRUS*, p.835.

것은 아니다. 1950년 당시만 하더라도 법적 측면에서는 UN군사령부가 북한 지역에 대한 관할권을 가졌지만, 실제로 남한 정부가 실질적 기능의 대부분을 행하였다. 이러한 사태는 장래에 있어서도 별반 다르지 않을 것이다.

다만 위에서도 보았지만 한국 정부에 대하여 실질적 권한이 어느 정도로 위임 또는 이양될 것인지의 문제(달리 말하면 한국 정부의 북한 지역 통치에 대한 실질적 참여도)는 한국 정부의 전반적인 통치 및 행정능력에 대한 국제사회의 평가와 밀접한 관련을 맺고 있다. 이러한 점에 비추어 보더라도 북한의 동향에 대한 지속적이고 체계적인 분석, 각종의 돌발사태에 대한 과학적인 예측 및 비상계획contingency plan의 수립, 정부의 통치 및 행정능력의 증진 및 이를 통한 국제사회의 신인도의 제고, 주변 4대 강국 및 국제사회에 대한 외교력의 지속적인 함양 등이 절실하다 할 것이다.

2. UN의 활용방안

가. 국제 평화와 안전의 확보

UN 안보리가 북한 급변사태를 '국제 평화와 안전에 대한 위협 내지 파괴'로 간주한다면 군사적 개입을 결정할 수 있다. 내전 종식, 정전 감시, 핵무기 및 WMD 등 비확산조치, 대량난민mass flow of asylum-seekers 및 국내유민Internally Displaced Persons: IDPs의 통제 및 관리with UNHCR, 공공질서의 유지 등을 위해 UN이 개입을 결정할 수 있다.

구체적 무력개입armed intervention 방식으로는 '다국적군MNF'의 무력사용을 UN 헌장 7장에 근거해 허가하는 방식과 UN이 직접 '평화유지군PKO Forces'을 파병하는 방식을 상정할 수 있다. 1990~1991년 걸프전에서 사용된 바 있는 무력사용 허가를 받은 다국적군의 개입은 미국의 실질적인 주도 하에 이루어졌는데, 북한 급변사태 시 미국이나 한국의 주도 하에 이루어질 가능성이 높은 다국적군의 작전수행에 대해 안보리 상임이사국인 중국과의 협의만 사전에 원만히 이루어진다면 이와 같은 방식이 효과적일 수 있다. 한편, 북한 급변사태가 국제적인 전쟁이라기보다는 내전 내지 무정부상태의 혼란상황일 가능성이 높은 점을 고려할 때, UN이 직접 PKO의 형식으로 파병을 하는 방안도 적절할 수 있다. 이 경우, 관련 정부의 사전동의prior consent를 받아야 한다는 PKO 활동원칙은 무정부상태인 경우 예외적으로 배제될 수 있다. 다만, (정전감시 등 전통적으로 비전투적 임무를 부여받는) PKO를 통해 내전상황을 종식시키는 등의 실질적인 전투행위까지도 수행하게 하는 것은 소말리아 사례에서도 보듯이 PKO 관행으로서는 상당히 부담스럽고 위험할 수 있으며,[22] 다국적군과 비교할 때 그 강화된 합법성 내지 정당성에도 불구하고 급박한 상황에 대처하는 신속성 및 효율성에 대해서도 문제가 노정될 가능성이 있다.

나. 인도적 개입 내지 보호책임 이행

내전으로 인한 대규모 인권침해, 정치범 수용소의 존재 및 대량학살 가능성 등을 고려하여 UN 차원의 '집단적 인도적 개입Collective

....

[22] UN 헌장상 명시적인 법적 근거가 없는 PKO의 설치는, 원칙적으로 UN 안보리는 물론 UN 총회에 의해서도 가능함. 다만, 보다 강화된 헌장 제7장상의 강제조치도 함께 허가 내지 임무부여사항에 포함시키기 위해서는 반드시 UN 안보리를 거쳐야 할 것임.

Humanitarian Intervention'을 생각해 볼 수 있다. 또한 2000년대 들어 이를 의무 내지 책임 차원으로 발전시킨 개념인 '보호책임Responsiblity to Protect: R2P' 개념도 원용될 수 있을 것이다. R2P와 관련해서는 집단학살genocide, 전쟁범죄war crimes, 인종청소ethnic cleansing, 인도에 반한 죄crimes against humanity 등 4개 국제범죄와의 연결고리가 있어야 하는데, 그 중심에는 '민간인 보호protection of civilians'가 핵심 개념으로 자리 잡고 있다.

최근 실제적인 관련 국제관행들이 등장하였는데, 그중 리비아 사태는 UN 안보리 결의(중국 및 러시아 기권)에 근거한 다국적군의 개입 사례이고, 코트디부아르 사태는 UN 안보리 결의(중국 및 러시아 찬성)에 근거한 PKO군의 임무전환 사례이다. 북한의 경우, 인도에 반한 죄crims against humanity 및 전쟁범죄war crimes 또는 집단학살genocide이 적용 가능할 것으로 판단되는데, 리비아 사태 등 최근 국제 사례들과 유사한 대량인권침해사태가 발생할 경우는 물론이거니와, 현재 북한 내 정치범수용소의 존재 및 운영 관행이 '인도에 반한 죄'를 구성할 개연성 매우 높다. 한편, R2P는 원칙적으로 UN 안보리를 통해 적용되어야 한다는 점에서, 상임이사국의 거부권 행사가 장애물이 될 수 있다.

다. UN 총회의 평화를 위한 단결 활용

따라서 이에 대한 대안으로 UN 총회를 활용하는 방안에 대한 고려 및 준비도 필요하다. UN 안보리가 자신의 국제 평화와 안전에 대한 일차적 임무를 제대로 수행하지 못할 경우, 그 대안으로 모든 UN 관련 사안에 대한 논의가 가능한(UN 헌장 제10조) UN 총회를 통한 대응을 고려할 여지가 있다.[23] 특히, 한국전 당시 안보리의 기능이 마비되자 UN 총회에서 그 임무를 대신하여 1950년 11월 3일의 결의 377(V)로 채택한 "평화를 위한 단결Uniting for peace"을 주목할 필요가 있다. 동 결의는 para. 1에서, 안보리가 상임이사국의 만장일치 결여로 국제 평화와 안전의 유지라는 일차적 책임primary responsibility을 수행하지 못하는 경우, 평화에 대한 위협, 평화의 파괴, 침략행위가 존재하는 것으로 보일 때 UN 총회가 무력사용 등 강제조치를 포함한 적절한 조치를 회원국에게 권고하기 위해 즉시 관련 사안을 검토할 것을 규정하고 있다. 그러나, 이러한 UN 총회의 결의는 구체적 조치action가 필요한 경우 안보리에 회부하도록 규정되어 있는 UN 헌장 제11조 2항 하단의 내용과 상충할 수 있는 등 채택 당시부터 합법성 논란이 있었다.

동 결의의 적용 대상은 국제 평화와 안전의 유지와 관련된 모든 사안으로 원칙적으로 광범위한 내용을 포괄하지만, 앞서 살펴봤듯이 이와 관련해서는 안보리가 일차적 책임이 있고, UN 총회는 결국 구속력 없는 '권고적 효력'의 결의만을 채택할 수 있으며 강제조치를 결정할 수 있는 권한도 기본적으로 안보리에 있기 때문에, '정당성 부여' 측면 이외에는 국제법적으로 의미가 상당히 제한적인 것이 사실이다. 또한 실제 효용성 내지 실효성 측면에서도 법적 구속력도 없을 뿐더러, 관련 구체적 결의의 채택을 위해서는 '2/3 다수결'을 득해야 하는데(헌장 제18조 2항) 60여 년 전에 서구 중심의 UN 회원국 구조와 현재 다수의 구 동구권 및 개도국 비율을 고려할 때

....
[23] 다만, UN 헌장 제12조에 의거 UN 총회는 안보리가 관련 사안을 다루는 동안에는 동일 사안을 다루는 데 제한이 있음.

관련 후속 결의의 채택도 불투명하다.

그럼에도 국제여론 환기나 토론의 장으로서의 UN 총회의 활용 가치 및 가능성은 여전히 높으며 이에 대한 면밀한 검토 및 활용 방안의 개발이 필요하다. 예를 들어, UN 헌장 제11조에 의하면 UN 총회는 안보리에 북한 급변사태 관련 조치를 취하고 개입할 것을 권고할 수 있으며, 실제 관련 총회결의에 근거한 PKO 파병 사례도 있었다. 따라서 도덕적 정당성 확보 측면이나 국제여론 환기 차원, 또 안보리 압박 차원에서 UN 총회를 구체적으로 어떻게 활용할지에 대해서 구체적으로 검토할 필요가 있다. 이와 관련해서는 최근에 팔레스타인의 UN 가입이 안보리에서 미국의 반대로 불가능해지자 대안으로 UN 총회를 활용한 사례, 또 러시아와 중국의 반대로 시리아 결의가 안보리에서 부결되자 2012년 2월 16일 UN 총회가 시리아 비난 결의를 채택한 사례 등을 참조할 만하다.[24]

....

[24] 전반적인 UN 등 국제기구 외교역량 강화방안에 대해서는, 이신화, "국제기구정책현황과 과제," 아산정책연구원 정책보고서, 2011.5.4. 참조.

V. 결론: 향후 정책방향의 모색

1. 대UN외교에 대한 장기적·체계적 비전의 구축

대한민국 건국 초기부터 남북한 정통성 경쟁이 치열하게 전개되던 시기에는 대UN외교의 중요성이 널리 인식되었지만, 냉전 와해 이후 특히 1991년 남북한 UN 동시가입이 이루어지고 나서는 UN외교에 인식이 약화되었다. 위에서도 지적한 바와 같이 UN을 통한 다자외교는 주변 강대국들과의 양자외교의 단순한 합을 상회하는 것이며, UN은 '한국문제'의 제기의 장으로서, 북한 급변사태 대응과 관련하여, 또한 국제공공외교의 장으로서 중요한 의미를 지니고 있다. UN은 한국이 모범적인 중견 외교국가로서의 적극적 이미지의 강화를 통해, 미중관계의 구조적 제약 속에서도 자율적 외교의 공간을 확보할 수 있는 장으로 활용되어야 한다. 향후 바람직한 UN외교의 방향 설정을 먼저 UN외교의 중요성에 대한 철저한 재인식에서 출발하여 장기적이고 체계적인 비전을 설정해야 할 것이다.

지난 20여 년간의 대 UN외교는 이러한 비전이 결여된 상태에서 북한 핵실험, 천안함 격침사건 등 주요 현안이 발생할 때 임기응변적으로 UN의 장을 이용하였다. 앞으로는 이러한 자세에서 벗어나 UN외교의 독자적 중요성을 반영하여 장기적인 목표를 설정하고 중단기적인 이행계획을 마련해야 할 것이다.

2. '한국문제'의 지속적인 어젠다화

'한국문제'의 지속적인 제기를 통해 한반도 통일이 국제사회가 스스로에게 부과하고도 아직 달성하지 못하고 있는 과제라는 점을 상기시킬 필요성에 대해서는 이미 여러 번 언급하였다. 국제사회에서 '하나의 한국'에 대한 의구심이 제기되고 있고 또한 한국 사회 내에서 통일에의 의지가 일부 약화되고 있는 현실 하에서 UN이라는 국제적인 장에서 '한국문제'를 지속적으로 어젠다화하는 것은 필수적인 과제라 할 것이다. 이는 1990년 이룩된 독일 통일과정에서 이른바 '독일문제German question'를 집요하고 체계적으로 제기하였던 서독이 결국은 '독일문제의 해결'이라는 법적·정치적 틀을 통해 통일을 달성했던 사실을 잊지 말아야 할 것이다.

　　1947년부터 1975년까지 UN 총회의 '단골 메뉴'로 논의·각인되었던 '한국문제'는 1976년 이후 UN 총회의 관심권에서 멀리 이탈한 채 장기간의 '수면상태'에 빠져 있다. 2000년과 2007년의 남북정상회담을 계기로 한국 '평화적인 재통일'을 촉구하는 UN 총회의 결의가 채택되었지만, 이들 문서에서는 1975년까지 축적되었던 UN 내 '한국문제'에 대한 관심과 실행에 대한 언급이 없다. 남북한 통일, 북한 급변사태 등과 관련하여 '한국문제의 해결'이라는 관점에서

UN으로 대변되는 국제사회의 이해와 지지를 이끌어 낼 수 있을지, 아니면 '동북아시아의 평화와 안정'이라는 국외자적 관점에서 접근이 이루어질지는 중대한 문제임에 틀림없다. 이러한 문제의식에서 UN의 장에서 '한국문제'의 지속적인 어젠다화를 위해 새로운 전략과 구상이 필요하다고 할 것이다.

3. UN 개혁 논의에의 적극적인 참여

UN 개혁은 1945년 출범 이후 크게 변화한 국제사회의 현실(단적인 예로서 1945년 출범 시 51개였던 UN 회원국 수가 2012년 현재 193개국으로 증가), 전지구적 차원에서 새로운 도전의 출현, UN을 비롯한 국제기구의 비능률과 낭비에 대한 비판 등에 대응하기 위해 추진되고 있다. 2005년 UN 세계정상회담UN World Summit의 성과문서 Outcome에 나와 있듯이, UN 안전보장이사회 개혁만이 아니라, 인권이사회, UN의 운영management 개혁, UN시스템의 정합성coherence 제고 등 다양한 내용으로 구성되어 있다. 이 글에서는 이들 다양한 과제 중 핵심적인 중요성을 지닌다고 할 UN 안보리 개혁을 중심으로 논의하도록 한다.

1993년 UN 총회결의에 의해 안보리 개혁에 관한 작업반이 구성되었다. UN 창립 50주년이 되는 2005년 UN 개혁에 관한 정치적 결정이 행해질 것이라는 전망이 대두됨에 따라 2003년 후반부터 안보리 개혁에 관한 논의가 점차 고조되었다. 2004년 9월 이후 브라질, 독일, 인도, 일본 등 이른바 G4가 연대하여 자신들의 안보리 상임이사국 진출을 상호지지하기로 하였다. 같은 해 12월 고위급위원회High-Level Panel가 「보다 안전한 세계: 우리가 공유하는 책임A More Secure World: Our Shared Responsibility」이라는 보고서에서 안보리 개혁에 관한 2개의 구체적인 안을 제시하였고, 2005년 3월 아난 당시 UN 사무총장은 「보다 큰 자유를 향하여In Larger Freedom」이라는 보고서를 공표하였다. 이 보고서에서는 같은 해 9월 채택될 밀레니엄 선언에 관한 정상회담 의제와 그에 대한 사무총장의 의견이 표명되었는데, 4대 의제 중의 하나는 국제연합 개혁이었다.

고위급위원회의 보고서는 안보리 규모를 현행 15개국에서 24개국으로 확장하는 것을 제안하고 있는데, 늘어나는 9개국을 어떻게 구성할지와 관련해 두 가지 선택지를 제안하였다. 첫째 안은 6개 상임이사국과 3개 비상임이사국, 둘째 안은 상임이사국은 현행 5개국으로 고정한 채, 8개 상임이사국 신설, 현행 방식의 상임이사국 1개국 추가를 그 내용으로 하였다. 일본을 비롯한 G4는 당연히 첫 번째 대안을 선호했지만, 상임이사국 확대를 반대하는 이탈리아, 파키스탄, 한국 등 반대국들은 '컨센서스를 위한 결집Uniting for Consensus'을 형성하였다. 한국은 특히 일본의 상임이사국 진출에 반대하고 있으며, 여타 동아시아국가들도 대체로 일본에 대해 소극적인 태도를 취하고 있다.

2005년 UN 세계정상회담 이후 안보리 개혁은 다소 모멘텀을 잃은 듯하지만, 이 문제는 다시 등장할 것이다. 한국은 일본의 상임이사국 진출을 저지하기 위해 UN에서 외교전을 벌인 셈인데, 우리가 안보리의 상임이사국을 현상대로 유지하는 안을 지지하는 이유가 단지 일본을 견제하기 위한 것이라는 인상을 준다면 국제사회에서 설득력을 얻기 어려울 것이다. 일본과의 '제로섬'적인 외교게임을 탈피하여 단기간에 민주화와 산업발전을 이룩한 '매력국가', '모범국가로서의 적극적인 이미지를 대외적으로 발신하여야 할 것이다.

안보리 개혁을 비롯한 UN 개혁과 관련해서도 선진국과 개도국의 교량으로서의 한국의 입장은 무엇이며, 개혁작업과 관련하여 한국의 적극적인 기여방안은 무엇인지를 밝혀야 할 것이다. 달리 말하면 UN 개혁 논의에 주도적으로 참여하고 적극적인 기여함으로써 이를 다자적 공공외교의 장으로 활용해야 할 것이다.

4. 다자외교 담당조직의 정비

위에서도 살펴본 바와 같이 현재 한국의 경우 UN을 비롯한 국제기구를 담당하는 부서의 문제점으로서 인력 부족, 국제기구 업무수행부서 간의 업무 중복 및 원활한 소통체계의 미비, 실무 현안의 처리에 급급하고 전략적 비전의 수립에 소홀한 점 등이 지적되고 있다. 이러한 문제점은 한국외교체계 내에서 UN을 비롯한 다자외교에 대해 적절한 자리매김 및 자원배분이 이루어지지 않은 데서 기인하는 것으로 판단된다. UN외교의 중요성을 새로이 인식하는 기초 위에서 대UN외교를 총괄·조정하는 부서를 선정하고 UN 업무를 담당하는 기관들 간에 효율적인 업무협조가 가능하도록 해야 할 것이다.

5. PKO 등에 대한 적극적 참여를 통한 기여 및 여타 중견국
   가들과의 협력체제 구축

UN을 국제공공외교의 장으로 활용함으로써 국제사회 내에서 한국의 '소프트파워'를 배양해야 할 것이다. 이는 단지 국제사회에서 한국의 이미지 개선이라는 일반적·목표를 위한 것이 아니라, 남북한 통일, 북한 급변사태 등과 관련하여 한국이 주도권을 행사해야 한다는 좀 더 구체적이고 현실적인 목표에 연결되는 것이다. 한국전쟁 당시 38선 이북지역에 대한 통치와 관련하여 영국, 오스트레일리아, 인도 등이 한국 정부의 행정능력에 대해 강한 의구심을 표명함에 따라 당시 한국 헌법에 따른 이 지역의 통치 및 통합을 달성할 수 없었던 역사적 교훈을 되새길 필요가 있다. 한국의 통치 및 행정 능력에 대한 국제사회의 신뢰는 단기간에 얻을 수 없으며, UN 등 국제사회의 장을 이용하여 장기적·체계적인 정책을 전개해야 할 것이다.

이 과정에서 특히 한국과 유사한 지위에 있는 중견국가middling power들과의 협력체계 구축을 통해 우리의 외교정책에 대한 이해도를 높이고 특히 남북통일, 북한 급변사태 시 이들의 이해와 지지를 확보해야 할 것이다.

6. UN에의 지속적·전략적 인력 파견

UN 내 한국 인력의 진출과 관련하여 UN 사무총장의 배출이라는 획기적 성과를 올렸지만 UN 내 정무담당부서, 국제법률담당부서 등 한국 관련 문제의 해결에 핵심적 중요성을 가지는 부서에의 한국 인력의 진출은 부진한 실정이다. UN외교에 대한 종합적·유기적 전망 하에서 UN으로의 전문 인력의 전략적 진출이 시급하다고 할 것이다. 또한 UN에 근무하는 한국 인력의 국제공무원으로서의 중립성을 해치지 않으면서도 이들의 협력을 확보해 낼 수 있는 좀 더 세련된 협조방식의 수립도 필요할 것이다.

참고문헌

Armstrong, Charles K. "The UN-US-ROK Occupation of North Korea, October–December 1950. 유영익·이채진(편),『한국과 6·25전쟁』(연세대학교 출판부, 2002)

Chung, In Seop. *Korean Questions in the United Nations: Resolutions Adopted at the Principal Organs of the United Nations with Annotations* (1946-2001) (Seoul: Seoul National University Press, 2002).

Memorandum of Conversation, by Mr. John M. Allison of the United States Delegation to the United Nations General Assembly, *FRUS* (September 18, 1950).

Rauschning, Dietrich, Katja Wiesbrock and Martin Lailach (eds.), *Key Resolutions of the United Nations General Assembly 1946-1996* (Cmabridge University Press, 1997).

Records of the Joint Chiefs of Staff, Part II, 1946-1953: Reel 9 (Washington, DC: Microfilm, University Publications of America, 1979)

Stueck, William. *The Korean War: An International History* (Princeton University Press, 1995)

김일영·조성렬,『주한미군: 역사, 쟁점, 전망』(서울: 한울아카데미, 2003).

외교부,『2011 외교백서』(2011).

_____,『한국외교 60년: 1948-2008』(2009)

윤영관, "통일 외교: 어떻게 할 것인가?," 제1회 한국외교협회 정책대토론회 기조발제논문(2011.10.5).

이근관,「북한의 급격한 체제변화시 통치주체에 대한 국제법적 검토」

이신화, "국제기구정책현황과 과제," 아산정책연구원 정책보고서, 2011.5.4.

장 면, *Foreign Relations of the United States* (1950년 9월 21일).

제성호,「남북평화협정의 체결방향과 법적 문제」심지연·김일영(편),『한미동맹 50년: 법적 쟁점과 미래의 전망』(백산서당, 2004)

"美 전시작전권 넘겨줄까," 문화일보, 2003년 6월 5일.

"유엔제재 무기력해진 건 北특수성·中비협조 탓," 국민일보, 2011년 5월 24일.

경제외교의 추진방향

윤덕룡, 남영숙

문제의 인식

- 한국은 국제사회의 지원을 받았던 국가였으나 이제는 OECD 회원국이며 G20의 일원으로 국제사회에 대한 기여를 요구받고 있음.
  - 국제사회의 지원을 바탕으로 경제성장에 성공한 한국경제는 2000년대 들어서면서 OECD 회원국으로서 국제사회에 대한 기여를 요구받는 새로운 환경에 처하였고 2008년의 글로벌 금융위기를 계기로 세계경제를 운영하는 G20 정상회의의 회원국이 되었음.
  - 이제 한국은 자국의 생존만을 위해 노력하는 (아시아의) 소국의 위치를 벗어났을 뿐 아니라 세계경제를 운영하는 국가로 국제사회에 기여하도록 요구받고 있음.
  - 그럼에도 불구하고 한국은 여전히 높은 수출의존도로 인해 해외시장의 유지 및 확대가 필요한 상황이며 국제사회에 시장을 제공하기 어려운 여건임.

- 경제력의 다원화와 금융의 세계화는 거시경제적 변동성을 증가시켜 국제사회와의 긴밀한 협력과 공동대응의 필요성이 확대되고 있음.
  - BRICs로 불리우는 거대신흥국들의 등장과 이들의 경제적 영향력 증가는 국제경제의 다원화를 확대하고 변동성을 증가시키는 요인이 되고 있음.
  - 거대신흥국의 고속 성장으로 인해 수출시장의 경쟁심화, 자원전쟁의 야기와 같은 한국경제의 새로운 과제들이 부상하고 있음.
  - 새로운 경제환경에서는 한국이 단독으로는 과제를 해결하기 어려우며 국제사회와의 공조를 필요로 하는 이슈들이 많아서 경제외교의 지평을 확대하도록 요구됨.

미래 도전 요인

- 국제경제 거버넌스의 변화
  - 국제 경제거버넌스의 주축이던 G7의 영향력이 약화되고 브릭스의 영향력이 확대되는 등 세계경제권력의 다양화 추세가 강화되고 있음.

- 국제경제 권력의 이동 및 변화는 기존 질서의 재편으로 이어져 필연적으로 변동성의 증가 및 불확실성의 확대라는 결과를 초래하게 될 것

- 경제적 지배이념의 변화
  - 1980년대 이후 세계경제의 지배이념으로 "국가의 개입을 최소화하고 시장의 힘을 극대화하는" 특징을 가진 신자유주의(Neoliberalism)가 글로벌 금융위기 이후 비판을 받으면서 새로운 이념이 모색되는 중
  - 탈규제(Deregulation)로 대표되던 정책방향이 재규제화(Re-regulation)로 선회하면서 국제경제적 거래질서에도 변화가 초래될 것으로 예상되므로 이에 대한 대응이 필요하게 될 것

- 자원부족의 심화현상 대두
  - 브릭스로 대표되는 거대 신흥국들의 고도성장은 국제사회의 자원부족을 심화시키고 있으며 주요 자원을 둘러싼 경쟁을 격화시키고 있음.
  - 자원부족의 심화는 자원가격의 상승 및 관련 파생상품의 급변동을 야기하여 거래질서를 혼란시키는 문제를 일으키고 있음.

- 국제금융시장의 변동성 증가
  - 정보통신의 기술 진보와 자본자유화의 진행에 따라 금융분야의 국제적 연계가 심화되고 있어서 지구촌 내 어떤 한 지역의 금융위기도 쉽게 다른 지역에 영향을 줄 수 있는 환경이 조성됨.
  - 금융상품 및 금융시장의 발전으로 상품이 다양화되고 복잡해져 리스크의 측정이 용이치 않아진 탓으로 국제금융시장의 변동성에 대한 대비가 원천적으로 어려워 짐.

- 지역주의의 확산
  - 유로화의 위기 속에서도 유럽연합의 확대가 지속적으로 진행되는 추세는 멈추지 않고 있으며 세계 곳곳에 다양한 지역협력체가 계속하여 나타나고 있음.
  - 지역주의의 확산은 시장진입에 추가적인 장벽으로 작용하는 경우가 많으므로 한국의 적극적인 참가와 지역협력의 참가가 요구됨.

- 역내 경제구조의 급격한 변화
  - 아시아 역내에서는 그동안 역내 경제의 수장노릇을 한 일본이 GDP, 수출 등 모든 지표에서 중국 경제에 뒤처지고 있어서 향후 역내 경제권력 및 시장 등이 일본에서 중국으로 급격히 이동하고 있음.
  - 막대한 인구를 배경으로 중국 경제의 규모는 세계 최고를 넘보고 있으며 아시아 지역 모든 경제의 중국에 대한 의존도가 높아지고 있어서 이에 따른 리스크관리의 필요성이 제기되고 있음.

- 북한리스크의 상시화
  - 북한의 3대 세습이 안정적으로 이루어진 것으로 보이나 여전히 경제적 붕괴로부터 회복하지 못하고 있어서 급변사태의 발생가능성으로부터 자유롭지 못함.
  - 북한의 미사일 발사와 핵실험, 연평도 포격과 같은 호전적 행위가 증가하고 있어서 정치적 리스크에 따른 경제적 충격에 대응해야할 필요성 상존

발전 방향 (정책 목표)

- 글로벌 FTA 네트워크 구축
  - 한국은 그간 미주-아시아-유럽 대륙을 잇는 8개, 45개국과의 FTA를 통해 글로벌 FTA 네트워크를 구축해 왔으나 향후 다음과 같은 정책이 필요함: 첫째, 새로운 로드맵 마련, 둘째, 양자 간 외에도 지역적, 다자 간 FTA 전략수립, 셋째, 글로벌 FTA-네트워크 활용, 넷째, 기체결 FTA의 효과 극대화, 다섯째, 통상협상 거버넌스의 정립 등

- DDA협상의 적극적 참여
  - DDA협상은 다양한 이해관계의 충돌로 타결이 쉽지 않을 것으로 보이나 다자협정이 가지는 영향력을 고려하여 적극적인 참여로 한국의 이해관계가 반영될 수 있도록 노력할 필요가 있음.
  - 또한 개도국 등 이해관계가 연계된 국가들과의 협력을 강화하고 국내 통상전문인력을 확충하여 창조적인 기여를 추구할 필요가 있음.

- 국제통화에 대한 최종대부자 기능 도입
  - 국제금융 및 거시분야에서는 국제통화에 대한 최종대부자 기능이 국제 사회에 부재하여 외환시장의 위기가 재발하고 있는 바, 최종대부자 기능 도입을 위한 노력이 필요
  - 최종대부자 기능의 대체방안으로 국제통화에 대한 공급능력 확충을 위 한 통화스왑의 확대 및 상시화정책을 적극화할 필요가 있음.
  - 한국 원화의 국제화 추진

- 역내경제 및 금융협력은 한·중·일 협력부터
  - 경제규모나 외환보유액, 그리고 협력경험 등을 고려할 때, 역내 금융협력 은 한중일 협력부터 시작하는 것이 바람직함.
  - 한·중·일 거시금융분야 협력은 3국 간 및 양자 간 거시금융협력을 동시 에 추진하고 가능한 분야와 국가부터 먼저 시행하는 것이 필요
    예) 한중간 자국통화 결제시스템 도입
  - 역내 FTA도 동일하게 한·중·일 간 3국 혹은 양자 간 가능한 국가부터 시행하고 다른 지역으로 확대하는 것이 바람직함.

- G20 회의는 다중적 접근방식이 필요
  - G20 회의에서 다루는 이슈들의 다양성과 국제사회에 대한 한국의 제한 적인 경제적 영향력을 고려할 때, G20 회의에서는 전통적 협력망, 지역협력, 중견국 협력 등 다중적 협력망을 활용하는 정책이 필요
  - 한국이 국제경제분야의 글로벌 Player로 역할을 할 수 있도록 필요한 인 프라의 구축이 이루어져야 하며 지역 코커스(Caucus) 도입, 전문 연구기관 설립 등이 대표적 사례가 될 수 있음.

- APEC을 경제 및 정치적 협력체로 활용
  - APEC은 동아시아, 북미, 대양주의 국가들이 참여하고 있어서 경제만이 아니라 정치적으로도 중요한 의미를 가진 협력체이므로 전략적인 협력체 로 활용하여야 함.
  - APEC은 한국 FTA 전략의 구심점이자 경제기술 협력의 교두보이며 또한 안보 차원에서 4강협력의 발판이 된다는 점에 유의하여 적극적인 전략수

립과 시행이 필요

- 개발협력에 한국 경험을 활용하여 리더십 발휘
  - 개발지원 및 개발협력은 한국이 새로 진입한 분야이지만 개발지원의 수원국에서 공여국으로 성장한 경험을 바탕으로 리더십을 발휘할 수 있는 분야임.
  - 한국의 개발경험과 새로운 재정공급능력은 수원국 만이 아니라 공여국들에게서도 주목을 받고 있으므로 한국의 중장기적 비젼수립과 원조역량확대로 개발협력분야의 새로운 리더로서 영향력을 확대할 수 있음.

- 북한의 급변사태에 대비한 국제협력의 준비필요
  - 북한의 급변사태 발생시 남한경제는 외환시장 불안, 뱅크런, 자산가격하락, 물가불안 등의 거시경제적 충격에 노출될 수 있음.
  - 초기의 단기적 대응은 세 가지 방향에서 추진되어야 하며 이를 위해 적극적인 국제협력이 필요함.
    · 첫째, 시장을 안정시키기 위한 외환공급망의 확대.
    · 둘째, 남북한 통합계획을 조기에 공포하여 미래에 대한 불확실성 제거
    · 셋째, 인도적 지원의 신속한 제공

I. 문제제기

한국은 무역을 통해 경제성장에 성공하면서 경제의 무역의존도가 지속적으로 높아져 왔다. 2011년 현재 무역 규모가 GDP의 100%를 넘어섰다. 따라서 해외시장의 확보는 한국 경제에 중요한 과제가 되었고 외교적으로도 중요한 목표가 되었다. 한국의 소득수준이 증가하면서 1990년대부터는 한국 시장을 개방하라는 외부의 압력이 높아지기 시작했다. 무역시장만이 아니라 금융시장까지 개방의 압력에 노출되었다. 이 시기부터 한국의 경제외교는 외부시장의 확대와 국내시장의 보호라는 두 가지 목표를 좇게 되었다.

2000년대 들어서면서 한국은 OECD 회원국으로서 국제사회에 대한 기여를 요구받는 새로운 환경에 처한다. 국제사회의 평화유지군과 같은 역할만이 아니라 세계의 빈곤국이나 재해를 당한 국가들에 대해서도 공식, 비공식적으로 지원을 요구받는 국가가 되었다.

2008년의 글로벌 금융위기는 한국이 국제사회로부터의 기대를 재인식하는 계기를 제공하였다. G8 중심의 글로벌 거버넌스로 금융위기를 해결하지 못하자 G20 정상회의를 발족하면서 한국이 참여하게 된 것이다. 한국이 국제경제를 운영하는 그룹의 회원이 되었을 뿐 아니라 신흥국들 가운데 최초로 G20 정상회의의 의장국을 수임하면서 한국은 G20을 운영하는 역할까지 수행하는 기회를 가졌다.

이제 한국은 자국의 생존만을 위해 노력하는 (아시아의) 가난한 소국의 위치를 벗어났을 뿐 아니라 세계경제를 운영하는 국가로 세계경제에도 기여하도록 요구받고 있다. 그럼에도 불구하고 한국은 여전히 해외시장의 확대를 위해 노력해야 하고 국내시장을 공략하려 드는 해외생산자들과 경쟁을 해야 하는 상황에 놓여 있다. 아시아, 남미, 아프리카에서는 새로운 신흥국들의 성장 가속화로 한국의 잠재적 경쟁자가 증가하는 추세이다. 특히 중국, 인도, 브라질, 러시아 등 소위 BRICs로 불리는 거대 신흥국들은 자원전쟁을 야기하고 있어서 원자재 가격을 불안정하게 만들고 있다. 금융시장의 세계화 이후 증가하게 된 자본의 이동성은 거시경제적 변동성을 증가시켜서 국제사회의 긴밀한 협력과 공동대응을 필요하게 만들고 있다.

한국이 경제외교를 통해 대응해야 할 과제들은 더욱 다양화되고 더 엄중해지고 있다. 박근혜 정부의 첫해를 맞아 지금까지 한국 경제외교의 현재를 점검하고 향후를 대비하기 위한 과제와 방안을 모색해 보기로 한다.

Ⅱ. 한국 경제외교의 현황과 평가

이명박 정부 이후 한국의 경제외교는 위기극복에 주안점이 두어졌다. 이명박 정부가 출범한 2008년 봄부터 불안하던 미국의 금융기관들 가운데 8월에 들어 대표적 투자은행인 리만브라더스가 파산하게 된다. 그 이후 세계경제는 금융경색으로 빠져들었다. 한국에 투자되었던 외국인 자금들이 속속 빠져 나갔고 한국은 제2의 외환위기에 직면하게 되었다. 뿐만 아니라 실물분야에서도 수출이 급격히 감소하기 시작하여 2009년에는 2001년 이후 첫 교역감소를 보이게 되었다. 2008년 하반기에 불어닥친 세계금융위기로 인해 2009년 수출과 수입은 각각 13.9%와 25.8%로 감소하였다. 미국발 서브프라임 모기지 부도사태로 시작된 세계적인 금융위기는 각국의 적극적인 노력에도 불구하고 시장과 소비의 위축을 초래함으로써 한국의 대외교역에 부정적인 외생 쇼크로 작용하게된 것이다. 이 가운데서 한국은 대외협력을 통하여 가장 빠른 경제회복에 성공하고 국제경제를 실질적으로 운영하게 된 G20의 회원국이 되는 성과를 거두었다. 이명박 정부의 대표적인 성과를 정리하면 다음과 같다.

첫째, 금융위기 극복 및 외환공급역량 확대: 2008년 외국인 투자자금이 한국에서 이탈하였고 높은 유가 및 수출감소로 경상수지도 적자로 전환되었다. 비록 2,000억 달러가 넘는 외환을 보유하고는 있었지만 급격한 환율상승을 막기가 어려운 상황이었다. 이명박 정부에서는 양자 간 통화스왑을 통하여 외환시장의 불안을 극복하였다. 2008년 11월 한국 정부가 미국 정부와 300억 달러의 통화스왑계약을 체결하였고 이어 일본, 중국과도 300억 달러의 통화스왑계약을 맺었다. 그리고 2011년에는 중국, 일본과의 통화스왑을 560억 달러 및 700억 달러로 확대하여 체결하였다. 다자 간 통화스왑인 CMI의 총액도 두 배로 늘렸다. 또한 G20 정상회의를 통해 IMF의 신용공급을 늘리도록 하여 FCLflexible credit line, PCLprecautionary credit line 등을 도입하는 데 기여함으로 외환공급역량을 확대했다.

둘째, 보호주의 방지: 한국은 무역의존도가 높은 나라이므로 글로벌 금융위기로 인한 보호무역 기조의 확산을 막기 위해 적극적인 노력을 기울였다. 특히 G20 정상회의에서 Stand-Still(보호무역조치 확대중단)을 제안하여 국제사회의 보호무역 확산을 막는 데 기여하고 한국 경제의 회복에 초석을 마련하였다.

셋째, G20 정상회의 참여 및 유치: 글로벌 금융위기를 극복하기 위한 태스크포스격인 G20 정상회의가 제3차 회의에서 지속적인 글로벌 경제포럼으로 전환되었다. 한국은 이 회의의 정규회원국으로 참여하게 됨으로 세계경제를 운영하는 국가가 되었다. 국제사회에서 경제 관련 규칙준수자에서 규칙제정자로 입지가 변화됨으로 한국의 이해를 반영할 수 있게 되었을 뿐만 아니라 더 적극적으로 국제사회에 기여할 수 있는 가능성도 열리게 되었다. 특히 제5차 G20 정상회의를 서울에서 개최하여 의장국으로서 회의를 성공적으로 개최하고 국가의 위상을 제고한 것은 중요한 성과로 판단된다.

넷째, 국가신용등급 상승: 국제 주요 신용평가기관인 S&P, Fitch, Moody's가 2012년 들어 한국의 국가신용등급을 모두 상향 조정했다. 이 기관들은 신용등급의 상향조정 사유로 북한 리스크 축소, 우호적인 정책환경, 재정건정성 강화, 양호한 순대외부채 수준 등을 들었다.[1] 신용등급 상승은 해외자금조달 시 비용을 감소시키고 국가이미지를 제고하는 데 기여하게 될 것으로 예상된다.

다섯째, DAC 가입과 국제개발지원의 적극화: 한국은 2009년 11월 5일 OECD의 개발원조국위원회DAC에 정식 회원으로 가입이 확정되었다. 2010년 서울 G20 정상회의에서 '개발의제'를 제시하여 빈곤국을 비롯한 신흥국의 박수를 받았다. 뿐만 아니라 한국은 2011년에는 원조고위급회담HLF-4을 부산에서 개최하는 등 국제사회에서 개발지원을 위한 모임을 주도하고 있다. 이는 수원국에서 지원국으로 바뀐 경험을 통해 국제사회에 기여하는 것일 뿐 아니라 향후한국의 시장개척에도 간접적인 기여를 하게 될 것으로 에상된다.

여섯째, FTA 체결로 경제영토 확대: 이명박 정부는 한·EU FTA를 체결했고 정치적 쟁점으로 난항을 겪은 한미 FTA도 발효시키는 등 해외시장의 확대에 기여했다. 그 결과 수출시장에서 경쟁적 입장에 있는 일본이나 중국 등에 비하여 안정적인 수요 기반을 선점하는 데 성공했다.

이명박 정부의 대외경제정책 가운데 미진한 부분도 있다. 그 가

....

[1] 국가신용등급 상승에 관한 자세한 내용은 2012년 9월 14일자 기획재정부 보도자료를 참조할 것.

운데 대표적인 사례는 다음과 같다.

첫째, 자원외교의 성과부족이다. 이명박 정부는 출범하자마자 자원외교의 필요성을 인식하여 적극적인 노력을 기울였다. 그러나 공격적인 자원외교로 여타 국가들과의 경쟁을 심화시키고 실질적인 성과는 부족하다는 비판을 받고 있다. 예컨대 이명박 정부 자원외교의 제1호 성과로 제시된 쿠르드 지역 유전개발은 유전탐사 결과 원유가 확인되지 않는 등 부실추진의 비판이 제기되었다.

둘째, 역내 경제외교의 악화이다. 한일 간 경제관계가 정권 초기에는 매우 협력적인 모습을 보였으나 후반기로 접어들면서 악화되었다. 근본원인은 정치적, 역사적 갈등이었지만 이에 대한 영향이 경제 분야로까지 확대되어 2012년에는 한일 간 통화스왑 확대가 원위치되는 결과를 가져왔다. 한중 간 경제관계는 이명박 정부의 미국중시 정책과 대북강경정책의 영향으로 큰 진전을 가져오지 못했다. 천안함 사건 이후 중국과의 협력이 이루어지지 못했고 서해에서 중국어선들의 공격적 어로행위 등에 대해서도 적절한 대책이나 협력방안을 강구하지 못하고 있다. 전반적으로 한·중·일 간 역내 경제협력이 정체 혹은 소극적 수준에 머무는 결과를 보였다.

셋째, FTA 체결 관련 국내대책의 미비로 촛불시위 등을 유발하여 FTA효과를 약화시키고 사회적 비용을 초래했다. 특히 미국산 소고기의 광우병 논란으로 FTA에 대한 편견을 가져왔고 국민들로 하여금 이후의 FTA 체결에 대해서도 부정적인 인상을 가지게 하는 동기가 되게 했다.

III. 경제외교 환경의 주요 변화동향과 전망

국제경제 환경은 최근 들어 급변하고 있으며 정확한 추세를 가늠하기가 어려울 정도다. 유불리를 떠나 안정적인 환경만 주어져도 국가의 경제외교전략의 수립이나 선택이 비교적 용이할 수 있다. 그러나 주요 환경이 변동하고 있어서 최종 조합이 어떤 형태가 될지에 따라 우리나라가 처할 여건이 크게 달라질 것으로 보인다. 최근 나타나고 있는 국제환경의 주요 변화 요인들을 정리하면 다음과 같다.

첫째, 국제경제 거버넌스의 변화이다. G8이 중심이 되어 운영되오던 세계경제의 거버넌스가 2008년의 글로벌 금융위기 이후 G20중심으로 이동하고 있다. 그러나 지배구조의 외양이 G20으로 전환되고 있는 것처럼 보이지만, G8 혹은 그중에서도 핵심집단에 속하는 미국, 영국, 독일, 프랑스 등의 국가들이 G8과 G20에 대해 가진 영향력은 여전히 지배적이다. 반면 새로 G20에 참여하게 된 신흥국은 조직적으로 신흥국의 이해를 관철시킬 수 있을 만큼 외교적 역량이 충분치 않은 상태이다. 그럼에도 불구하고 거대 신흥국으로 불리는 브릭스BRICs 국가들은 따로 독자적인 모임을 결성하여 자신들의 이해관계를 관철시키기 위한 공동대응을 추진하고 있다. 국제경제 거버넌스의 틀이 일단 G20로 나타나고 있지만 아직은 그 영속성을 보장하기 어렵다는 시각이 많다.[2] 어떤 형태로 귀결되건 국제경제의 거버넌스 변화는 G20에 참여하고 있는 한국으로서 국제적 영향력과 경제적 이해관계에 결정적인 영향을 미칠 수 있는 요인이다.

둘째, 경제적 지배이념의 변화이다. 1980년대 이후 세계경제의 지배이념이 되어 온 신자유주의Neoliberalism가 글로벌 금융위기를 계기로 거센 저항에 부딪히고 있다. 신자유주의는 국가의 간섭을 최소화하고 세계경제를 하나의 시장으로 묶어 시장에 최대한의 자유를 보장함으로 경제주체들의 생산역량을 극대화하는 것을 추구했다. 불필요한 규제와 거래비용을 최소화할 경우 효율성이 높아져 더 낮은 가격에 더 많은 재화를 생산하게 되어 소비자나 생산자 모두가 수혜자가 될 것으로 기대했다. 그러나 글로벌 금융위기를 통하여 경제주체들은 탈규제가 자유의 과잉으로 귀결되어 세계경제와 개인의 안전까지 해칠 수 있다는 사실을 자각하게 되었다. 이러한 인식은 다시 자본주의 일반에 대한 재평가작업으로 이어지고 있는 추세이다.[3] 자본주의의 새로운 이념적 틀이 형성되기까지 시간이 걸리기는

....

[2] 국내외에 이와 같은 견해가 다수 존재함. 이동휘, "G20의 발전방향 모색: 서울 정상회의의 성공을 넘어서", 『2010년 정책연구과제』(서울: 외교안보연구원, 2010), Alan S. Alexandroff, "Stuck in transition : conflicting ambitions for the G-20's future", Global Asia, Vol.5, No.3 (Fall 2010) 등 참조

[3] 2012년 1월 25일 스위스 다보스에서 개최된 세계경제포럼(WEF)에서는 연례회의의 주제로 '대전환;새 모델 만들기(The Great Transformation;Shaping New Model)'를 택하여 새로운 자본주의 모델을 모색하였으며, 영국의 대표적인 경제신문인 파이낸셜타임스(FT)도 1월 9일부터 지상논쟁 시리즈 '위기의 자본주의(Capitalism in Crisis)'를 게재하며 기존의 자본주의에 대한 새로운 틀을 모색하는 노력을 보임으로써 자본주의에 대한 위기의식을 보여주고 있음. 관련 논의의 주요논지는 Richard

할 것이나 지금보다는 더 다수에게 부가 분배되는 경제가 될 것으로 예상되며 이러한 변화는 국제경제적 거래질서에도 새로운 변화를 초래하게 될 것이다.

셋째, 자원부족의 심화현상이다. 브릭스로 대표되는 거대 신성장 국가들의 등장으로 국제적으로 자원의 총체적 부족현상이 심화되고 있다. 국제시장의 원유가격은 2000년대에는 평균적으로 배럴당 54.3달러였으나 2011년에는 106달러에 달하고 있다.[4] 세계경제가 글로벌 금융위기에서 완전히 벗어나지 못하고 있는 데도 유가가 배럴당 100달러를 넘는 수준이 지속되고 있는 것은 자원부족의 심화를 보여주는 대표적 사례라고 할 수 있다. 그 외에도 식량 및 특정 금속의 부족 등으로 원자재시장에서 주기적인 가격폭등 사례가 빈번하고 있다. 국제사회에서는 투기세력까지 가세하여 자원가격의 불안정을 부추기고 있는 실정이다. 한국은 대부분의 원자재를 해외수입에 의존하고 있으며 특히 에너지자원은 전적으로 해외에 의존하고 있다. 향후 중국을 비롯한 거대 신흥국만이 아니라 아시아, 남미, 아프리카 등의 개발도상국들마저 성장이 가속화될 경우 한국 경제는 자원부족으로 심각한 위기에 봉착할 수 있다.

넷째, 국제금융시장의 변동성 증가이다. 국제금융시장은 1990년대 이후 글로벌화되기 시작하여 자본의 이동에 대한 제한이 사라졌다. 지금 선진국들에는 자본이동에 대한 규제가 대부분 없어지고 신흥국이나 개발도상국들에서만 규제가 남아 있다. 한국은 1997년

....

A. Posner, A failure of capitalism : the crisis of '08 and the descent into depression (Cambridge, Massachusetts: Harvard University Press, 2009) 참조.

[4] 이동은·강은정, "유가 상승이 우리나라 경제에 미치는 영향 변화:1990년대와 2000년대의 비교 분석," KIEP 오늘의 세계경제 Vol.12, No.2, 2011, p.4. 참조.

외환위기 이후 금융시장을 개방하기 시작하여 현재 자본이동에 대한 규제를 모두 철폐했다. 그 결과 자본시장이 국제사회와 연동되어 자본의 공급이 증가하고 이자율이 감소하는 이득을 누리게 되었다. 그러나 한편으로는 국내적 요인에 관련 없이 해외 금융시장의 변동성에 국내 금융시장과 경제 전반이 노출되는 문제를 안게 되었다. 특히 금융분야의 국제적 연계가 심화되고 있어서 지구촌 어느 한곳에서 발생한 금융위기에 대해서도 자유롭지 못한 상황에 놓이게 되었다. 특히 한국의 원화는 국제적 호환성이 없는 통화이므로 외국 자본의 이탈 시 환율의 급변동과 부도 위험에까지 처할 수 있어서 이에 대한 대책이 더욱 필요한 상황을 맞고 있다.

다섯째, 지역주의의 확산이다. 유로화의 위기 속에서도 유럽연합이 지속적으로 확대되는 추세가 멈추지 않고 있으며 세계 곳곳에 다양한 지역협력체가 계속하여 나타나고 있다. 아시아 지역 안에서도 양자적 무역협정과 다자적 협력체가 계속하여 증가하고 있는 추세이다. 무역이 경제에 가장 중요한 비중을 차지하고 있는 한국으로서는 이러한 지역주의에서 배제될 경우 발생하게 될 피해를 방지하기 위해서라도 FTA를 비롯한 다양한 방식의 지역 무역협정의 체결에 나설 수밖에 없는 상황이다.

여섯째, 역내 경제구조의 급격한 변화이다. 중국 경제의 급격한 팽창으로 아시아의 경제 중심이 일본에서 중국으로 급격히 이동하고 있다. 한국은 이제 세계경제의 2위 자리를 차지한 중국과 3위인 일본 사이에 놓여 있게 되었다. 중국은 이미 한국에게 가장 중요한 교역상대국이자 투자대상국이 되었다. 한국 경제의 중국의존도는 시간이 갈수록 심화되는 추세를 보이고 있으며, 중국은 아시아 모든 국가들에 대해서도 가장 중요한 시장이자 협력파트너로 자리를 잡아가고 있다. 반면 일본의 아시아 지역에 대한 영향력은 급속히 감소하고 있다. 일본의 오랜 경제침체에 더하여 지진피해, 리더십의 불안 등은 향후 중국과 일본 간의 경제적 격차가 더 확대될 가능성을 높여 가고 있다. 일본이 유지하고 있는 부품 소재의 공급자 역할도 점차 해외로 이전되가는 중이다. 이러한 역내 경제구조의 변화는 한국의 안보리스크를 감안할 때 경제리스크로 전환될 수 있는 가능성을 배제할 수 없다. 따라서 역내 경제구조 변화에 대한 전략적 대응을 고려해볼 필요가 제기되고 있다.

Ⅳ. 경제외교의 주요 이슈와 정책적 추진방향

1. FTA 및 DDA 정책

가. FTA정책

한국은 2004년 칠레와 첫 FTA를 체결한 후, 각 지역의 소규모 개방경제인 싱가포르(아시아) 및 EFTA(유럽)와 FTA를 체결했고, 대형시장인 ASEAN, 인도와도 FTA를 체결했다. 이어 2011년 EU, 페루와의 FTA를 발효시켰고, 미국과도 FTA를 발효시켰다. 현재, 호주, 콜롬비아, 터키, 중국 등과의 협상이 진행 중이며, 조만간 인도네시아, 베트남 등과의 협상이 개시될 것으로 예상되고 있다. 그간의 성과를 바탕으로 향후 FTA를 통한 성장동력의 창출과 경제 시스템의 선진화를 지속적으로 이루기 위한 과제는 다음과 같다.

첫째, 새로운 FTA로드맵의 마련이 필요하다. 참여정부의 출범과 함께 2003년 9월에 제정(2004년 5월 보완)된 FTA로드맵은 FTA 추진 대상국 선정기준과 단기/중장기적 추진 대상국을 제시함으로써 이후 FTA정책 추진의 전략적 방향성과 실행방안을 제공해주었다. 단기 추진 대상국으로 선정되었던 일본, 멕시코, 캐나다 등과의 FTA 협상이 난항을 겪는 등 어려움도 있었지만 전반적으로 당초 로드맵에 따라 FTA정책이 추진된 바, 10년이 지난 시점이 되는 2013년에는 그간의 성과를 바탕으로 새로운 FTA로드맵을 마련함으로써 보다 효과적인 FTA정책을 추진해야 한다. 향후에는 중국, 일본, 한중일, 동아시아 FTA 등 역내 FTA와 더불어 아직은 저개발국가이지만 풍부한 자원과 젊은 인구를 바탕으로 지속적으로 성장세를 유지하는 북아프리카, 중남미, 중앙아시아, 서남아시아 국가들과의 FTA 추진을 통해 안정적인 자원과 시장의 확보를 모색할 필요가 있다. 또한 기존에 체결된 FTA들을 연계하여 많은 수의 FTA 체결이 가져오는 부정적인 효과를 상쇄하고 FTA 간의 시너지 효과를 극대화하는 새로운 차원의 작업도 필요하다. 새로운 FTA로드맵은 달라진 글로벌 환경 속에서 전개될 FTA정책의 기본 목표, 전략, 대상국가 선정 및 순서sequencing의 원칙 등을 포괄하고 연계와 시너지 효과의 극대화를 추구해야 한다.

둘째, 양자 간 FTA뿐 아니라 지역적, 다자 간 FTA에 대한 전략적 대응방안 마련이 필요하다. 예를 들면 중국이 ASEAN과 FTA를 체결하고 한국 및 한중일 FTA에 적극적으로 나서는 등 아시아 지역에서의 영향력을 확대해 나가자, 미국은 이에 대응하여 TPP환태평양경제동반자협정, Trans-Pacific Strategic Economic Partnership를 추진하고 있다. TPP는 원래 2005년 6월 칠레, 브루나이, 뉴질랜드, 싱가포르 등 4개국 체제로 출발한 다자 간 FTA로 2008년 2월 미국이 이 협정에 참여하기 위한 협상을 시작하였고 호주, 베트남, 페루, 말레이시아가 참여를 선언하였다. 최근 들어 일본 정부도 공식적으로 참여 의사를 밝히고 있다. TPP는 미국 경제성장을 위한 수출 촉진과 아시아에서 중국의 영향력을 견제하기 위한 오바마 대통령의 핵심 추진 과제이다. 한편, TPP 추진은 이것이 자국을 봉쇄하는 형상을 띤다고 판단하는 중국을 자극하여 향후 지역적, 다자 간 FTA 추진에서 갈등을 심화시킬 전망이다. 이러한 상황 속에서 우리의 이해득실에 대한 치밀한 분석과 이를 바탕으로 한 전략 마련이 필요하다.

셋째, 글로벌 FTA 네트워크의 효과적인 활용에 주력해야 한다. 한국이 그간 구축한 미주-아시아-유럽을 연결하는 글로벌 FTA 네트워크가 가져올 수 있는 효과는 단지 수출의 증대만은 아니다. 미국, EU 등과의 FTA는 기업 입장에서 고부가부품 소재의 무관세 수입 등을 통해 비용감소를 불러옴으로써 생산 효율성 증대효과를 누리게 한다. 이에 따라 필요한 원자재 조달부터, 생산, 수출에 이르기까지 FTA를 활용한 다양한 최적화 전략을 추진할 수 있다. 외국 투자자의 입장에서도 한국은 주요국들뿐만 아니라 세계에서 가장 큰 시장으로 성장할 동아시아 선진국들과 FTA를 맺은 유일한 나라이다. 그 결과 투자자 보호 및 FTA를 활용한 비용절감과 수출시장 확보 등의 측면에서 한국을 투자지로 적극 고려할 수 있게 되었다. FTA 네트워크를 활용하여 한국에 진출하려는 기업은 가격이 좌우하는 범용 제품보다는 고부가가치 공산품과 서비스를 생산하는 기업이다. 따라서 한국의 상대적인 고임금은 문제가 되지 않을 것이며 이러한 투자의 유치를 통해 양질의 고용창출과 기술혁신을 유도하는 방안의 마련과 제도적 뒷받침이 필요하다.

넷째, 체결된 FTA를 연계하고 원산지 기준을 통일하는 등의 노력을 통해 다수의 FTA 체결이 가져올 수 있는 비용을 줄이고 시너지 효과를 극대화해야 한다. 기본적으로 WTO와 FTA의 목적은 자유무역의 확대이지만, FTA의 확산은 다양한 원산지 규정으로 인해 부정적 효과를 낳는 소위 '스파게티 볼 효과Spaghetti Bowl Effect'를 가져올 수 있다. 즉 동일한 제품이 협정마다 상이한 원산지 기준에 따라 관세혜택을 받고 원산지 증명 발급방식도 상이하여 기업들에게 부담으로 작용하게 되어 결과적으로 FTA를 통한 무역 확대가 발생하지 않아 불필요한 비용으로 남을 수 있는 것이다. 모든 협정에 동일한 원산지 기준을 적용하는 것은 현실적으로 불가능하나, 발효 후 일정 기간이 지난 협정의 경우 원산지 기준 조화를 위한 개정 논의가 이루어질 수도 있다. 또한 대안으로서 FTA 체결국 간 부가가치 누적방식을 검토할 수 있다. 예를 들면 한국, 미국, 칠레는 각각 한-칠레, 미-칠레, 한-미 FTA를 체결하고 있으나, 기존의 원산지 기준방식으로는 한국과 미국 간의 무역에 칠레산 중간재의 부가가치는 누적되지 않는다. 그러나 만일 삼국 간의 논의를 통해 중복적으로 FTA가 체결된 국가에서 생산된 상품을 역내산으로 간주하게 되면 FTA 효과를 극대화하게 된다. 향후 FTA 체결 국가 수가 늘어남에 따라 원산지 기준의 통일화, 체결국 간 부가가치 누적 등은 중요한 과제로 등장할 것이다.

　　마지막으로 FTA를 포함한 통상협상 거버넌스의 정립이다. 그간 비교적 짧은 기간 다수의 FTA를 체결하면서 FTA 협상 절차상의 문제와 국민적 공감대 형성 등 여러 면에서 시행착오를 겪었고 큰 사회적 비용을 지불해야 했다. 따라서 FTA 협상의 주체인 행정부와 국회, 민간 부문의 역할과 협력을 제도화함으로써 정부와 시민사회 간 동반자 관계 및 상호신뢰를 구축하는 것이 FTA의 지속적인 추진에 무엇보다도 중요하다고 할 수 있다. 이와 더불어 FTA에 대한 국민의 이해를 높이고 기업인들의 FTA 활용률을 제고하기 위한 홍보도 중요한 과제라고 할 수 있다.

나. DDA정책

도하개발라운드DDA: Doha Development Agenda는 1995년 WTO 출범
이후 새롭게 시작된 다자무역협상으로 2001년 11월 카타르 도하에
서 개최된 제4차 WTO 각료회의에서 출범을 공식 선언하였고 개도
국의 이해를 반영하여 '개발Development'이 포함된 도하개발라운드
로 명칭을 정한 바 있다. 그러나 핵심 쟁점에 대한 선진국과 개도국
의 의견차를 조정하는 데 실패하면서 10년 이상 끌고 있는 DDA 협
상은 아직도 해결의 실마리를 찾지 못하고 있다. 주요국(G-4: 미국,
EU, 인도, 브라질) 간 핵심 쟁점은 선진국의 농업보조금과 농업관
세 및 개도국의 비농산물 관세 등이다. 현재 DDA 협상 타결이 가
능한지에 대해서는 회의적인 시각이 지배적이나 UR의 경험을 살펴
볼 때 기본적으로 DDA 협상 타결을 대비한 대응전략을 수립할 필
요가 있으며 DDA는 우리 입장에서 매우 중요한 협상이므로 다음
과 같은 방안을 모색할 필요가 있다.

〈표 1〉 DDA 주요 의제

구분		의제
시장개방 관련 의제		농업, 비농산물 시장접근(공산품, 임·수산물; NAMA), 서비스
규범 관련 의제	기존 협정 개정	규범(반덤핑, 보조금·수산보조금 포함), 지역무역협정, 분쟁해결 양해
	신규 규범 제정	싱가포르 이슈(투자, 경쟁정책, 무역 원활화, 정부조달 투명성)
기타		무역과 환경, 지식재산권
비고		협상과 병행하여 개도국 개발문제를 별도로 검토

첫째, DDA는 FTA 등의 지역무역협정과 달리 최혜국대우MFN에
기반을 둔 다자협상으로 WTO 회원국 전체의 시장개방을 유도함

으로써 FTA로는 달성하기 어려운 폭넓은 해외시장 확보를 가능하게 하기 때문에, 우리는 DDA가 여전히 중요한 통상정책의 수단임을 인식하고 이에 적극 참여할 필요가 있다. 우리나라는 1960년대이래 지난 반세기 동안 GATT와 WTO 체제를 기초로 한 점진적인다자 간 세계무역 자유화의 가장 큰 혜택을 누린 나라 중의 하나이다. 또한 FTA와는 달리 다자주의에 의한 무역자유화는 무역전환효과를 최소화하고 자원배분 효율성을 극대화하는 데 있어 가장이상적인 수단이라고 할 수 있다. 따라서 다자무역체제에 대한 지지와 타결의 노력을 적극적으로 해나가야 하며, 주요국 간에 타결의실마리를 찾지 못하고 있는 상황에서 문제해결을 위한 창의적인 방식의 제안 등으로 기여하려는 노력이 필요하다.

둘째, DDA의 장점은 국제 간 공조를 통해 FTA에서 얻기 힘든새로운 시장 개척이 가능하다는 점이다. 이를 활용하여 DDA 협상전략을 FTA 추진과 연계하여 다자 간 무역자유화를 보완적으로 활용하는 전략적 통상정책을 준비할 필요가 있다. 특히 한-미, 한-EU FTA 협상 타결로 선진국 시장에서 우리나라의 경쟁여건이상대적으로 좋아졌기 때문에 다자협상에서는 주로 신흥 개도국의시장 확대에 중점을 두는 전략을 추진할 필요가 있다. 비농산물의경우 우리나라가 전반적으로 경쟁력이 있기 때문에, 구매력이 커져가는 신흥 개도국의 대폭적인 관세감축을 위해 미국 및 EU 등의선진국과 보조를 맞추어 WTO 개도국 회원국의 시장개방 확대를적극적으로 유도하는 것이 중요하다. 서비스부문에서도 통신, 유통, 금융, 항공, 해운 등은 우리가 경쟁력을 가지고 있기 때문에 거대 경제권과의 FTA를 통해 국내 서비스산업의 구조조정을 단행하는 동시에 인도, 브라질 등 서비스 신흥시장 개척이 필요하며, 이를 위해

WTO 다자체계를 통한 대 개도국 서비스시장 개방의 적극적인 공략이 요구된다. 또한 규범분야에서 FTA 협상을 통해 얻어내기 힘든 선진국의 반덤핑 및 세이프가드의 엄격한 운용을 개도국과의 공조를 통해 요구하여 실현시킬 수 있다.

셋째, DDA를 우리가 국제사회에서 발언권을 높이는 장으로 활용할 수 있다. FTA를 통해 많은 분야에서 WTO Plus의 개방을 한 우리로서는 상대적으로 부담이 적기 때문에 국제통상협상에서의 우리의 발언권과 국가의 위상을 높이는 차원에서 DDA의 장을 활용할 수 있다. 특히 DDA 타결에 적극적으로 기여하는 모습을 국제사회에 보임으로써, FTA 등 이기적인 지역주의에만 치중하는 한국이라는 인상을 불식시키고 다자통상협상에서 우리의 위상을 정립하는 것이 중요하다. 또한 광범위한 분야에서 복잡하고 다차원적인 협상이 이루어지는 DDA의 장을 우리나라의 통상인력을 훈련시키고 통상의제를 개발하는 장으로 적극적으로 활용하려는 노력도 필요하다.

2. 국제금융 및 거시경제 협력

국제통화시스템 개혁: 글로벌 금융위기 이후 제기된 국제통화시스템 개혁에 대한 논의는 국제통화체제에 대한 새로운 대안 제시보다는 현 국제통화체제가 야기하는 자본시장의 불안정성을 완화하기 위한 방안을 중심으로 진행되고 있다. 세부 논의내용으로는 글로벌 유동성 변화에 대한 평가, 외환보유고 축적 야기 요인과 국가별 특성 분석, 과도한 환율변동성 완화를 위한 정책공조, 글로벌 금융안

전망 강화방안 마련 등이 있다.

한국으로서는 우리나라 외환시장의 변동성을 고려할 때 대외협력을 통한 새로운 국제통화시스템의 구축이 필요한 상황이다. 한국은 1997년 외환위기 이후 금융분야의 개혁을 통해 건전성을 제고하고 외환보유액을 적극적으로 확대하는 등 외환위기의 재발 방지를 위해 많은 노력을 기울였다. 그럼에도 불구하고 2008년 글로벌 금융위기로 국내금융시장에서 외국자금이 급격히 빠져 나가면서 제2의 외환위기를 겪을 뻔한 상황을 맞았다. 한국 경제의 펀더멘털이 건전함에도 불구하고 해외 요인만으로도 외환위기를 맞을 가능성이 있다는 사실을 인식하는 계기가 되었다. 한국 통화는 국제적 호환성이 없어서 외환이 부족할 경우 국가부도의 위기에 처할 수 있게 된다. 자국 통화에 호환성이 없는 다른 신흥국도 한국과 동일한 입장에 있다. 따라서 국제협력을 통해 국제통화시스템의 변화를 추진할 필요가 있다.

가능한 해결방안을 정리하면 다음과 같다.

첫째, 국제사회에서 달러화와 같은 국제기축통화에 대한 최종대부자lender of last resort의 기능을 도입할 수 있어야 한다. 통화의 과부족은 경제 펀더멘털의 변화만이 아니라 경제주체들의 심리적 변화에 의해서도 발생한다. 따라서 통화부족이 국제경제를 침체시키지 않을 수 있도록 최종대부자의 기능이 존재해야 한다. 그러나 현재 국제기축통화인 달러화는 미국의 개별국 통화인 탓으로 미국 정부는 자국의 경제여건을 중심으로 통화조절을 수행한다. 따라서 미국이 국제통화를 공급할 수 있는 시스템을 도입하거나 아니면 IMF가

국제적 호환성을 가진 국제통화 발행기능을 도입해야 한다.[5]

둘째, 국제통화를 발행할 수 없으면 국제통화스왑시스템의 도입으로 외환을 공급할 수 있는 체제를 갖추어야 한다. 아시아국가들이 치앙마이 이니셔티브CMIM를 통해 역내 국가 간 통화스왑시스템을 도입한 것과 같은 통화스왑을 글로벌 차원에서 도입하는 방안이다. 경제펀더멘털의 문제가 없는 경우 단기적 통화부족을 통화스왑으로 해결하는 것이다.

셋째, 다자 간 해결방안을 찾을 수 없다면 양자 간 국제협력을 통한 외환시장 안정대책을 마련해야 한다. 대표적인 사례가 2008년 11월의 한미 통화스왑이다. 당시 글로벌 금융위기 확산으로 한국의 외환보유액이 2,000억 달러를 넘었음에도 외환시장을 안정시킬 수 없었다. 그러나 미국이 300억 달러의 통화스왑 계약을 한국과 체결하면서 외환시장은 안정을 찾았다. 한국은 이후 한일 간 통화스왑, 한중 간 통화스왑을 체결하여 위기를 극복할 수 있었다. 최근 한국은 다시 일본, 중국과 각각 700억 달러, 560억 달러 규모의 통화스왑을 체결하여 외환공급채널을 확대하였다. 이와 같은 양자 간 협력을 확대하여 국제금융시장의 변동에 대한 대비 방안 마련이 한국 경제의 안정화를 위해 시급한 과제라고 할 수 있다.

글로벌 금융위기 이후 제기된 국제사회의 또 다른 주요 논의 주제는 '글로벌 불균형'의 문제이다. G20 정상회의에서 "강하고 지속가능한 균형성장을 위한 협력체계"라는 이름으로 논의되는 주제이다.

....

[5] 이와 관련하여 국제사회에서 진행된 논의들의 주요 내용은 윤덕룡·오승환·백승관, 『신 국제 통화체제: 필요성 및 대안분석』, 대외경제정책연구원 연구보고서 11-03, 2011. 참조.

한국을 비롯하여 중국, 일본, 타이완 등 경상수지가 지속적인 흑자를 나타내고 있는 국가들에 대하여 '글로벌 불균형' 문제가 확대되지 않도록 정책적 개입을 요구하는 것이 논의의 핵심사안이다. 책임공방으로 진전을 보지 못하던 동 논의는 2010년 서울 G20 정상회의에서 경상수지를 비롯한 다양한 경제지표를 활용하여 불균형 여부를 판단하는 기준을 설정하기로 합의하면서 활로를 찾았다.

서울 정상회의에서는 경상수지를 기준으로 글로벌 불균형 여부를 결정하는 지수를 마련하는 안이 제기되었으나, 포괄적인 지수를 추가하는 것이 필요하다는 데 의견 접근이 이루어져 2011년 2월 파리 재무장관·중앙은행 총재 회의에서 재논의가 이루어졌다. 이 회의에서는 '통합 2단계 접근법'에 합의하였으며, 동년 4월 워싱턴 회의에서 불균형 평가를 위한 예시적 '가이드라인' 합의로 좀 더 발전된 논의 결과가 도출되었다. 4월 워싱턴 재무장관·중앙은행 총재 회의에서는 개별 회원국들의 대외불균형 평가를 위한 예시적 '가이드라인'을 마련하기로 합의하였다. 예시적 가이드라인 평가를 위해 사용될 지표들은 다음과 같다. 첫째, 대내부문지표로 공공부채, 재정적자, 민간저축률, 민간부채 등이 있으며 이를 근거로 과잉소비 여부 등을 판단하게 된다. 둘째, 대외불균형을 판단하는 지표로 상품·서비스 수지, 순투자소득, 이전수지 등을 포함한다. 이 경우 환율·재정·통화 정책 등도 함께 고려하여 종합적인 평가를 수행한다. 이러한 기준을 어떤 방식으로 적용하여 불균형 국가를 판단할 것인지 그 수준결정에 대한 논의도 진행되었다. 상호 합의에 이른 평가기준은 도입되지 못했지만 기본적으로는 가이드라인을 통해 각 회원국에 대한 불균형 여부가 판단되어지며 1단계 불균형 평가에서 잠재적 불균형 국가로 선정된 국가들을 대상으로 2단계 평가가 진행될 예정이다. 또한 예시적 가이드라인을 바탕으로 불균형 여부를 평가할 4가지 방법론도 제시되었으며 이 중 최소 2개 기준에 의해 불균형 상태로 진단된 국가들은 2단계 심층평가를 진행하는 것으로 논의되었다.

〈표 2〉 불균형 평가 4가지 방법론

방법론	주요 내용
구조적 접근	경제모형에 개별 국가들의 수치를 반영하여 평가
통계적 접근	역사적 추세를 바탕으로 기준을 설정하여 평가
횡단면 접근	비슷한 발전단계에 있는 국가 그룹에 대해 특정 시점의 지표들을 기준으로 평가
사분위 접근	전체 G20 국가들 대비 개별 국가들의 지표들을 기준으로 평가

다만 예시적 가이드라인에 의해 도출된 균형치는 회원국들이 당장 지켜야 할 목표치가 아닌 향후 2차 심층평가 대상 여부를 위한 기준으로만 활용된다. 또한 2단계 심층평가 대상국가 선정 시 GDP가 G20 전체 총생산의 5%를 넘는 회원국의 경우 잠재적인 파급 전이효과를 함께 고려하여 대상국가를 결정하기로 하였다. 글로벌 불균형에 관한 논의는 현 상황의 개별 국가의 대외 지속 가능성에 대한 IMF의 평가, 회원국의 상호평가 프로세스 과정을 거쳐 2011년 10월 재무장관·중앙은행 총재 회의 시까지 보고서를 작성하고 11월 칸느 정상회의에서 액션플랜으로 발표할 예정이었으나 회원국들이 합의에 이르지 못하여 무산되고 말았다. 그러나 글로벌 불균형에 관한 논의는 앞으로도 이어질 것이므로 이 과정에서 한국에 대한 국제적 제재가 발생하는 일이 일어나지 않도록 경계할 필요가 있다.

3. 동아시아 역내 경제 및 금융협력

가. 한중일 경제협력

한국 입장에서 중국 및 일본과의 FTA와 거시경제적 협력의 강화는 한국 중장기 통상전략 및 경제외교에 있어 매우 중요한 과제이다. 아시아 경제외교 및 역내협력에서 한·중·일 협력이 중요한 이유는 다음과 같다.

첫째, 한·중·일 3국의 경제규모를 합하면 아시아 전체 경제력의 80% 이상을 차지하기 때문이다. 따라서 3국이 함께 합의하여 경제협력을 시행하는 경우 역내 다른 국가들이 따를 수밖에 없는 실질적 영향력을 가지게 된다.

둘째, 한·중·일 3국 간 관계에서 한국이 캐스팅보트를 쥘 수 있기 때문이다. 중국과 일본은 강대국으로 거의 모든 영역에서 상호 경쟁관계를 형성하고 있으나 한국은 중견국으로 경쟁의 대상이 아니므로 양국 간에 조정자의 역할이 가능하다. 이를 활용하여 한국이 캐스팅보트를 가질 수 있다.

셋째, 중국과 일본은 단일국가로는 미국과 함께 3대 교역국으로 경제적 중요성이 가장 높은 국가들이기 때문이다. 중국과 일본은 한국의 대외경제관계를 결정하는 가장 중요한 국가들이다. 따라서 이들과의 공고한 협력관계는 한국 경제의 안정 및 성장을 위해 무엇보다 중요한 의미를 가진다.

따라서 중국 및 일본과의 FTA와 동아시아 경제협력의 강화는 서로 독립적인 과제라기보다는 상호간에 긴밀하게 연결되어 있는 것으로 보아야 한다. 한국의 대외경제정책을 수립하기 위한 기반사업으로 한·중·일 간 경제협력을 추진해야 하며 보다 거시적인 시각에서 이들에 대한 접근전략을 마련해야 한다.

한국은 한·중·일 3국 간 정상회의의 사무국을 서울에 유치하고 있으나 이를 단순히 정상회의 준비사무국 정도로 활용해서는 안 된다. 3국 간 협력이 필요한 모든 이슈들을 검토하고, 협력을 확대하기 위한 3국 간 협력기구로 활용해야 한다. 이를 위해 협력이 필요한 모든 부처들이 이곳에 공무원을 파견하고 연구기능까지 갖추게 하여 유럽의 EU 집행위원회Commission처럼 발전시켜 갈 필요가 있다.

한·중·일 간 FTA문제도 특별한 차원에서 접근이 필요하다. 한국의 경제외교를 위한 인프라 구축 차원에서 교역과 거시경제적 협력을 함께 만들어 나가는 노력의 일환으로 한·중·일 FTA를 보아야 한다. 중국·일본과의 FTA 전략은 한중 FTA나 한일 FTA의 추진 여부 및 방식을 양자 간 차원에서만 보기보다 종국적으로 3국 간 협력으로 수렴할 것을 염두에 두고 추진하는 것이 바람직하다.

기본적으로 FTA의 추진이유가 양자 혹은 협상에 참여한 다수의 국가 간 교역에서 관세를 포함한 상품 및 서비스 교역에 장애가 되는 요인을 제거함으로써 참여국 간의 경제적 이득을 향유하는 데 있다고 보는 시각을 넘어, 향후 역내 통화 결제 및 역내 경제통합의 단계까지를 염두에 둘 필요가 있다. 따라서 이러한 지역 내 상황을 고려하여 중국·일본과 FTA 관계를 수립하기 위한 한국의 전략적 입장을 마련하는 작업이 선행되어야 한다. 한중 혹은 한일 FTA만을 가지고 경제적 득실이나 협상전략을 마련하기보다는 한·중·일 FTA를 3자 간에 체결하는 방안도 고려할 수 있다.

나. 지역통합

지역region이 중심이 되고 있는 21세기를 맞아 우리나라의 생존전략으로 동아시아의 통합전략을 수립할 필요가 있다. 동아시아 지역의 범위와 관련하여 ASEAN+3가 통합의 출발점으로 바람직하다고 판단되나 호주, 뉴질랜드, 인도를 포함한 ASEAN+6도 가능한 대상으로 간주할 수 있다. 한국이 추구해야 할 통합전략은 장기적으로 동아시아 지역을 하나의 시장, 하나의 문화, 하나의 공동체로 통합하도록 그 구조를 형성해 나간다는 장기적 비전하에 수행되어야 한다. 지금까지 동아시아 협력·통합은 역내의 역사적, 문화적 특수성을 고려하여 경제적 실리에만 바탕을 둔 기능적 접근을 중심으로 전개되어 왔다. 그러나 지역통합이란 경제적 이해economic interests, 정치적 의지political will, 그리고 사회적 결속social cohesion의 세 가치축에 의해 형성, 유지, 발전될 수 있기 때문에 경제적 성장growth, 정치적 안정stability, 공동체에 대한 사회적 연대감solidarity을 종합적으로 발전시키는 전략이 필요하다. 이러한 맥락에서 우리나라가 취해야 할 정책방향은 다음과 같다.

우선 동아시아 통합의 실현 가능성을 높이기 위해서는 동아시아 전 지역을 처음부터 한꺼번에 포함시키는 일경로single-track 전략을 택하는 것보다, 몇몇 국가들 간에 먼저 소지역 경제협력을 추진한 후 이를 점차 확대해 가는 다경로multi-track 전략을 택하는 것이 바람직하다. 특히 우선적으로 한·중·일 삼국이 중심이 되어 경제통합계획을 추진해 나가는 것이 중요하다. 3국이 협력의 경험을 쌓으며 지역협력과 통합을 주도하는 핵심그룹을 구성함으로써 통합에 대한 신뢰를 심어줄 수 있어야 하기 때문이다. 그 다음 단계로는 경제적 성과가 좋고 거시경제적 지표가 양호한 ASEAN 국가들을 점차 포함시키며 최종단계에는 ASEAN+3으로 확장하는 방식으로 참여국을 확대해 나가는 전략이 바람직하다. 이 과정에서 호주, 뉴질랜드, 인도 등을 지역통합에 참여시키는 것에 대한 합의가 이루어지면 통합에 함께 포함할 수 있다.

한·중·일 통합은 한중, 한일 양자 간 FTA의 추진에서부터 첫발을 디딛는 것이 바람직하다. 동아시아 시장통합의 효과를 극대화하기 위해서는 실제적으로 동아시아 경제를 주도하고 있는 동북아 3국 간의 FTA가 이루어져야 하며 이 경우 한·중·일 간 동시다자적 FTA보다는 한일 혹은 한중 FTA의 양자 간 FTA 접근방식이 실현성 측면에서 유리한 것으로 판단된다. 그리고 무역투자협력과 동시에 통화협력 측면에서 한일, 한중 중앙은행 간 환율안정과 통화스왑을 추진할 필요가 있다. 또한 사회문화협력과 평화협력을 병행하여 경제협력을 보완해 나가는 것이 필요하다. 마지막으로 한·중·일 간 통합의 가장 중요한 기제로 자리 잡은 사무국의 역할을 지속적으로 확대해 나가는 노력이 필요하다. 현재 ASEAN+3의 공동 사무국은 존재하지 않으나 한·중·일 간에는 한국에 사무국이 설치되어 있고 ASEAN 사무국은 싱가폴에 위치해 있다. 한·중·일이 사무국 역할을 적극적으로 확대할 경우 경제적 비중이나 영향력면에서 월등한 한·중·일 사무국이 동아시아 통합사무국의 역할을 할 수도 있다. 한·중·일 사무국의 역할이 충분히 확보되고 동북아 삼국 간 협력과 통합이 어느 정도 진전된다면 ASEAN과 호주, 뉴질랜드 인도 등으로 통합의 확대를 단계적으로 추진해 나가는 일이 필요하다.

다. 지역금융협력

아시아 지역은 국제적으로 자본축적이 가장 많이 이루어 지고 있으며 세계 외환보유액의 2/3 이상을 이 지역에서 보유하고 있다. 그럼에도 불구하고 아시아 국가들은 역내 자본으로 미국 국채를 구매하고 미국의 금융회사들이 아시아에 투자하는 자금을 제공하는 역할을 하고 있다. 따라서 역내 국가들의 자본시장 통합노력 강화를 통해 증가하고 있는 역내 자본의 축적이 역내의 필요지역에 활용될 수 있게 할 뿐 아니라 외환위기의 재발을 방지하고 단일한 금융시장 단위로의 발전을 추구하여 글로벌 금융체제에서 지역이익을 보호할 수 있는 역량을 배양할 필요가 있다.

동아시아 금융협력 및 자본시장 통합은 글로벌 금융체제에서 아시아 지역의 주도적 역량 강화, 자원배분의 효율성 증대, 외환위기의 예방, 최적통화지대 형성의 유리한 조건 형성 등 다양한 이점을 누릴 수 있게 한다. 동아시아 자본시장 통합은 동아시아 지역이 국제무역에서뿐만 아니라 국제금융에서도 독자적인 목소리를 내는 주도적인 세력이 되는 것을 가능케 할 것이다. 동아시아 지역이 세계경제에서 하나의 독립적인 경제성장축이 되고 세계경제의 리더가 되기 위해서는 지역경제가 자체적으로도 충분히 지속가능한 경제능력을 갖추고 있어야 한다. 현재 동아시아의 상황을 보면 GDP 규모, 역내 무역 규모 등 실물적인 측면에서는 충분히 자체적으로 지속가능한 성장이 가능하지만, 금융 측면에서는 이러한 조건을 충분히 구비하지 못하고 있다. 금융시장의 규모, 금융상품의 종류, 발달수준, 역내호환성 등의 측면에서 구미시장에 비하여 크게 미흡하기 때문이다.

따라서 동아시아 지역의 자본시장을 통합하고 인프라를 구축하면 시장규모가 확대되고 효율성이 개선되어 현재 잉여상태에 있는 동아시아 지역의 자금이 역내에서 환류됨으로써, 하나의 독립적인 경제축이 되기 위한 실물 및 금융 측면에서의 자립성을 완비하게 되는 효과를 낳을 수 있다.

동아시아 지역에서 자본시장의 통합은 금융시장의 유동성을 높임으로써 자금수요자의 조달비용을 낮추고, 투자기회를 확대시킴으로써 자원배분의 효율성을 높여 동아시아 지역의 경제성장을 더욱 촉진하는 효과를 갖게 될 것이다. 또한 동아시아 지역은 다른 어느 지역보다도 성장이 빠르고 세계경제 성장에 기여하는 바가 크기 때문에[6] 새로운 투자가 활성화되고 있으며 그에 따라 투자자금 수요도 높다. 이러한 추세는 상당기간 지속될 수 있을 것으로 예상된다.

즉 동아시아 지역은 자본의 공급과 수요가 모두 높은 지역이다. 그러나 지역적인 차원에서의 자본시장이 형성되지 못하고 있어 역내 자금은 해외로 보내면서 역내 투자수요를 충족시키기 위한 자금은 오히려 주로 글로벌 금융시장을 통해 조달하고 있다. 이로 인해 실물부문은 지역화 현상을 보이는 반면 금융부문은 글로벌화 현상을 보임으로써 양자 간 연계성이 부족해 금융시장의 비효율성이 경제성장의 병목현상을 야기하고 있다. 따라서 역내 국가들 간 금융협력과 자본시장의 통합은 양자 간의 연계성을 강화시켜 역내 금융시장 발전 및 역내 경제성장을 촉진하는 효과를 강화할 것으로 예상된다.

동아시아 자본시장 통합은 소위 말하는 원죄론original sin에 따

....

[6] Economist지에 따르면 일본을 제외한 동아시아 지역이 1995~2002년 동안 세계경제 성장의 43%를 기여했음. The Economist, 2003년 11월 13일.

른 외환금융위기를 방지하는 효과를 가질 수 있다. Eichengreen and Hausmann1999의 '원죄론'에 따르면, 금융시장이 발전되지 못한 국가 또는 지역은 자국통화표시로 해외에서 장기로 기채하는 것이 불가능하기 때문에 통화불일치currency mismatch 및 만기불일치maturity mismatch의 구조적인 취약성을 안고 있을 수밖에 없다는 것이다. 실제적으로 1997년의 동아시아 위기는 달러화표시 부채에 따른 구조적인 문제점 때문에 기인한 바가 크다. 만일 동아시아 지역의 자본시장이 통합되고 그에 따라 역내 경쟁을 통해 시장의 효율성이 제고된다면, 이러한 원죄는 상당부분 면죄될 것이고 또 다른 외환금융위기의 가능성도 상당히 낮아질 수 있을 것이다.

마지막으로 자본시장 통합은 역내 금융시장을 통해 경상수지 적자를 보전하기 위한 단기적 자본유입을 용이하게 하며 포트폴리오의 분산을 통해 비대칭적 충격에 대한 완충장치로 작용하는 등 최적통화지역 형성에도 유리한 환경을 조성하는 효과를 가져올 것이다.[7] 이와 같은 자본시장 통합의 이점에도 불구하고 동아시아 지역에서 자본통합이 활성화되지 못했던 것은 동아시아국가들이 자본자유화에 소극적이었을 뿐만 아니라 자본시장 통합의 기본 인프라를 구축하기 위한 역내 국가들 간 제도적 노력이 미흡했기 때문이다. 따라서 향후 역내 자본시장을 통합하기 위해서는 각국의 자본자유화, 법 및 제도의 조화, 국제지급결제시스템의 구축, 역내 신용평가기관의 육성 등이 있어야 한다. 이와 같은 의제를 ASEAN+3

....

[7] 자본시장 통합은 이러한 긍정적인 효과뿐만 아니라 외국인의 시장지배, 거시경제의 불안정, 통화정책의 효과감소 등의 부정적인 효과도 수반할 수 있음. 그러나 이러한 부정적인 효과는 지역금융통합에 고유한 현상이라기보다 자본시장 개방에 따른 일반적인 현상이므로 여기서 구체적인 설명은 생략함.

재무장관회의, EMEAP 등 역내 금융포럼의 의제로 상정하고 논의를 진행해야 할 필요가 있다. 그러나 이러한 여건이 충족되지 않을 경우 한·중·일 3국이 먼저 금융협력을 추진하는 것도 가능하다.[8]

통화협력도 역내 금융협력을 위해 중요한 부분으로 추진하거나 혹은 단독으로 먼저 시행에 나설 필요가 있다. 역내 통화협력의 강화를 통하여 환율경쟁으로 인한 무역분쟁을 방지하고 역내 환율 안정을 도모하여, 역내 국가 간 거래의 안정성과 교역활성화를 지원하며 나아가 단일통화권으로의 발전을 추진함으로 글로벌 통화체제의 변화과정에서 동아시아 지역의 이익을 반영할 수 있어야 한다. 중국의 준고정환율체제 유지로 인해 변동환율체제를 운용한 동아시아국가들의 국제시장 경쟁력에 상당한 압력이 초래되었으며 장기적으로는 역내 국가 간에도 환율갈등이 발생할 수 있는 가능성도 배제할 수 없다. 특히 중국기업들이 생산성의 진보를 통해 한국과 일본의 주요 경쟁자로 등장한 상황에서 환율제도의 임의적 운용이나 시장개입 행위 등으로 무역분쟁이 초래될 경우 이는 동아시아국가들 상호간 민감한 주제로 발전할 수 있다. 이로 인한 역내 갈등이 초래되지 않도록 사전적인 협력구조를 만들어 환율갈등을 방지할 수 있는 협력체계의 조성이 필요하다.

지금까지 동아시아의 국가들 간 역내 교역 비중이 지속적으로 상승하고 있으며, 중국 경제의 규모가 지금 추세대로 확대되어 간다면 역내 국가들 간 교역 비중은 더욱 확대될 전망이다. 이 경우 역내

....
[8] 구체적인 예로는 각국 주식의 교차 상장(예: 한국 주식의 상하이시장 상장과 중국 기업 주식의 증권거래소 상장)을 통해 상호 자본시장을 접근시키고 제도적 이질성을 극복하는 등을 시범적으로 시행한 후 이를 확대하는 방안 등을 한·중·일 3국 간 적용할 수 있음.

교역의 안정을 위해서 지역통화협력의 필요성이 증가할 것으로 예상되므로 이에 대비한 역내 협력구도에 대한 적극적 논의가 필요하다. 일정수준의 환율협력만이 필요한 상황에서는 정책협의체의 구성, 아시아 환율협력체제, 거시경제적 감독 및 관찰 시스템surveillance and monitoring 등의 도입이 우선적으로 필요하며 이와 유사한 발전단계를 거친 유럽의 경험에 대한 연구등도 필요하게 될 것이다.

중국 경제의 압도적인 규모와 성장속도, 그리고 주변국들과의 관계를 고려할 때, 중장기적으로 아시아 지역이 실제적인de facto 중국 위안화권으로 통합될 가능성이 높으며 이러한 체제를 수용할 것인지의 여부와 대책에 대한 연구 및 전략개발도 필요하다. 동아시아 통화 및 금융협력과 관련하여 가능한 한국의 역할과 한국이 그동안 추진해 온 금융허브 프로젝트와 관련해서도, 향후 역내 협력관계를 어떻게 구성해 나갈 것인지에 관한 전략과 현실화방안에 대하여 미시적인 연구도 실질적인 차원에서 심도 있게 추진되어야 할 필요가 있다.

4. G20과 경제협력

글로벌 금융위기 이후 한국의 경제외교에서 가장 큰 성과는 G20 정상회의의 회원국이 된 것이다. 세계경제협력의 최상위 협의체인 G20 정상회의가 금융위기 극복 후에도 세계경제의 프리미어 포럼으로 정례화된 것은 우리에게 큰 의미를 지닌다. 한국이 세계경제의 운용규칙을 수용하던 입장에서 제정하는 국가로 이동했기 때문이다. 특히 우리나라는 G20이 핵심 글로벌 거버넌스로 변화한 첫해인

〈한중일 통화협력사례: 통화스왑 확대〉

* 2011년 10월 19일 개최된 한·일 정상회담에서 양국은 통화 스왑 규모를 700억 달러 수준으로 확대하고, 그중 300억 달러는 원-엔 스왑으로, 400억 달러는 원-달러 스왑으로 체결할 수 있도록 하였으며, 기한을 1년으로 합의함.
  - 이번 통화 스왑은 유로지역의 재정위기 등 세계경제의 불안감이 증가하고 있는 상황에서 금융시장 안정을 위한 양국간 협력 강화를 목적으로 하고 있지만, 일본에도 엔화 평가절상 압력을 완화시킬 수 있는 수단으로 활용 가능함.
* 10월 26일 한국은행과 중국인민은행은 기존에 체결하였던 원/위안 통화 스왑 규모를 3,600억 위안/64조 원(700억 달러 상당) 수준으로 확대하였으며 기한을 3년으로 합의함.
  - 한·중 간 통화 스왑 역시 위안화를 달러화로 교환 가능하므로 금융시장 안정에 기여할 수 있을 것으로 기대되며, 나아가 중기적 금융안정 및 환율협력, 자국통화를 이용한 결제시스템 도입 등 양국간 금융협력을 위한 기반으로 활용할 수 있을 것임.
* 한·일, 한·중 간 통화 스왑은 계약금액에 해당하는 원화를 상대국가의 중앙은행에 맡기고, 이에 상응하는 규모의 상대국 화폐를 받아오는 방식이며, 달러화 혹은 달러화로 교환 가능한 외환을 공급받게 되므로 외환보유액이 증가한 것과 같은 효력을 지니게 됨.
* 외환시장의 변동성이 감소할 것으로 예상되나 이를 위해 통화 스왑의 상용화(常用化), 정부 부문의 외환수급 역량을 민간에 연결하는 채널 확보를 추진해야 함.
* 한·중, 한·일은 한국을 매개로 700억 달러에 해당하는 통화 스왑을 3국간 스왑으로 연계하면 향후 자국통화를 이용한 결제시스템 도입에 기여할 수 있으며, 3국간 통화의 상호유통시스템으로 확대할 경우 원화 및 위안화의 지역적 국제화와 3국간 부분적 통화 통합의 효과를 기대할 수 있음.
* 한국 외환시장의 대표적 불안요인은 모두 외환 공급역량에 대한 제약이 근본 원인이므로 통화 스왑은 이러한 잠재적 불안요인을 완화시킬 것으로 기대됨.

표. 주요국의 외환보유액 현황(2011년 9월 말 현재)

(단위: 억 달러)

순위	국가	외환보유액		순위	국가	외환보유액	
1	중국	32,017	(−608)	6	브라질	3,497	(−37)
2	일본	12,006	(−179)	7	인도	3,115	(−77)
3	러시아	5,168	(−282)	8	한국	3,034	(−88)
4	대만	3,892	(−111)	9	홍콩	2,777	(−19)
5	스위스	3,724	(−107)	10	싱가포르	2,336	(−156)

주: 잔액 기준, ( ) 안은 전월말대비 증감액.
자료: 한국은행.

2010년에 G20 정상회의를 개최하였다. 이로써 우리는 세계경제의 미래를 설계하는 핵심 협의체의 좌장으로서 위기 이후 세계경제의 지속가능한 균형성장에 기여하고 국제사회에서 우리나라의 국격을 크게 제고할 수 있는 계기를 마련하였다.

한국은 G20에 참여한 이후 세계경제위기와 글로벌 거버넌스의 변화라는 물결 속에서 능동적이고 적극적으로 참여하고 의장국의 역할도 성공적으로 수행하였다. 그러나 실질적인 성공은 오히려 향후 일반회원국으로서 역할을 얼마나 잘하는가에 달려 있다. 경제력 규모나 성장동력의 하향추세, 인구감소 등을 고려할 때, 한국이 경제력에 의존하여 영향력을 확대할 수 있을 것으로 기대하기는 어려운 현실이다. 따라서 G20 정상회의를 성공적으로 활용하기 위해서는 제도적인 대처가 필요하다.

한국이 독자적으로 영향력을 확대하기 어렵다면 국제사회의 네트워크를 활용하는 것이 대안이 될 수 있다. 먼저는 전통적인 우방국들과의 공조강화가 대안이다. 미국은 한국의 G20 진입이나 의장국 확보 등의 여러 과정에서 한국을 지원했다. 또한 아직 세계 최대의 영향력을 가진 국가이며 한국과는 동맹국의 관계이다. 이러한 기존 협력관계를 활용하여 G20 내에서도 공조체제를 유지할 필요가 있다. 기존 협력관계는 그 자체로서 이미 우리에게 중요한 자산이기 때문이다.

다음은 역내 협력의 강화를 통한 영향력 확대를 추진할 필요가 있다. 국제사회의 협력관계는 주요 현안에 따라 서로 다른 협력채널이 필요하기도 하다. 따라서 동아시아 지역의 이해와 관련된 문제에 대해서는 역내 협력채널이 존재해야 한다. 이를 위해 아시아 관련자회의Caucus 혹은 동아시아 관련자회의를 설립하여 활용할 필요가 있다. 아시아는 G20 내에 6개 회원국을 확보하고 있으나 공동행동이나 그 필요성에 대한 제도적 협력이 부재하여 지역 이해를 대변할 수 있는 시스템을 갖추지 못하고 있다. 따라서 지역협력을 위한 관련자회의를 설립하여 필요에 따라 공동대응함으로써 영향력의 확대를 도모할 수 있다.

지역협력 가운데 한국이 가장 먼저 활용할 수 있는 협력체는 한·중·일 정상회의이다. 이 3국은 이미 정상회의가 존재하며 다층적인 대화채널이 구성되어 있다. 이미 구축된 협력인프라를 활용하면 다양한 이슈를 다룰 수 있다. 또한 한중일 3국 정상회담의 사무국이 한국에 설치되어 있으므로 이를 활용하면 적어도 3국 간 관련자회의로 활용이 가능하다. 3국에서 시작하여 아시아 지역으로 협력을 확대해 간다면 한국이 역내 협력의 중심부에서 영향력을 확대하고 지역 간 협력도 증진할 수 있을 것이다.

한국이 영향력을 확대할 수 있는 또 다른 방안은 지적인 리더십의 확보이다. 한국은 이미 지금까지 G20 정상회의마다 여러 가지 대안과 아이디어를 제시하여 G20의 성공에 기여해 왔다. 이러한 지적인 리더십을 구조화할 수 있도록 국내에 전문적인 조직을 도입하여 지속적인 지원기능을 확보할 필요가 있다. 한국이 그동안 G20 정상회의에서 성과가 컸던 이유는 조직적인 지원과 전문가들의 연구를 통해 지적인 리더십을 발휘할 수 있었기 때문이기도 하다. 이미 캐나다의 Munk School에서 운영하고 있는 G20 Information Center 등은 관련 연구와 국제적인 여론 조성 등을 통해 자국의 활동을 지원하고 있다. 한국에서도 G20 관련 정책개발과 지적 리더십의 유지를 위해 G20 관련 연구를 중점적으로 시행하는 연구기관이 필요하다. 전문적 지원기능을 제도화해야 지속적으로 국제적 동향을 파악하고 이에 부합하는 한국의 정책을 제시할 수 있을 것이기 때문이다.

5. APEC 및 다자협력

APEC은 1989년에 창설된 이후 아시아·태평양 지역 최고의 정부 간 공식적인 협력기구로서의 역할을 담당해 왔다. APEC은 2004년 한국 최초의 FTA인 한-칠레 FTA가 발효되기 전까지 오랜 기간 한국이 참여한 유일한 지역경제협력체이면서 한국이 강력한 발언권을 가지고 주도권을 발휘한 통상외교의 장이라고 할 수 있다. 한국은 지난 20여 년간 개최된 정상회의와 각료회의를 통하여 APEC의 외형적 성장에 기여함은 물론이고 한국의 주요시장인 아시아·태평양 지역 국가들과 경제협력 강화사업을 전개함으로써 APEC을 한국의 통상전략을 실천하는 보고로 십분 활용해 왔다. 한국은 이와 같이 APEC이라는 정상급 통상외교무대에서 역내 무역투자 활성화를 위한 실효적인 활동을 제안하고 앞장서서 이행하는 선도국가로서 모범을 보임으로써 당시 WTO 및 여타 국제무대에서 농산물협상 과정에서 노정된 수구적이며 비타협적인 국가 이미지를 개선하는 데 일조한 바 있다.

APEC은 다양한 발전단계에 놓여 있는 국가들을 회원국으로 포함하고 있기 때문에 회원국 간의 성장경험 공유와 후발 개도회원국에 대한 능력배양사업을 비중 높게 전개해 왔다. 1990년대 중반 이후 한국의 대 APEC 경제협력사업은 역내 경제격차 해소를 위한 지식경제기반의 강화, IT와 신경제, 중소기업 지원을 골자로 하는 다각도의 경제기술협력Ecotech 활동으로 전개되어 왔다. 특히 세계 최빈국에서 선진국의 반열에 진입한 나라로서 지난 40여 년간 지속된 고도 경제성장 및 인적자원 개발경험을 APEC 개발도상회원국에 전수함으로써 역내 공동번영에 기여해 왔다. 지난 20년간 한국의 APEC 활동에 대한 기여와 평가를 바탕으로 한국의 국익을 극대화하기 위해 필요하다고 판단되는 다음의 APEC 참여전략을 제시할 수 있다.

첫째, 한국 경제의 대외의존도를 감안할 때 한국 수출입의 60% 이상을 차지하고 있는 아시아·태평양 시장의 유지와 확대 중요성은 아무리 강조해도 지나치지 않다. APEC은 지난 20년간의 기여와 성과를 바탕으로 한국이 상당한 지도력을 발휘하면서 영향력과 조정력을 행사할 수 있는 최고위급 경제협력의 장이라고 할 수 있다. 따라서 한국 APEC외교의 핵심과제로 일본·북미 시장의 안정적인 유지 및 확대와 동아시아·대양주·남미지역시장과의 교역확대 모색에 우선권을 두는 APEC 경제협력 강화활동을 추진해야 할 것이다.

둘째, APEC에는 NAFTA, ASEAN, TPP 등 FTA 및 다수의 쌍무적 FTA 당사국이 참여하고 있기 때문에, 향후 APEC을 한국 FTA 추진의 전략적 교두보로 활용하는 세부 전략과 목표가 정립되어야 한다. 특히 미국이 주도하는 TPP에의 참여 여부와 대응방안에 대해 한·중, 한·중·일, ASEAN+3 FTA 등의 진전과 연계한 전략 마련이 필요하다.

셋째, APEC이라는 경제협력포럼을 대외협력 실행의 발판으로 삼아 한국기업의 역내 진출 확대방안을 도모하는 노력을 계속해야 한다. 이의 일환으로 경제기술협력Ecotech의 범주 내에서 선진국의 첨단기술 이전문제 등을 논의하여 역내 균형발전에 일조하고 한국 주도의 Ecotech fund를 조성하여 APEC의 능력배양사업을 주도함으로써 경제협력의 이익이 한국기업에 돌아갈 수 있도록 하는 세부 실행전략 마련이 검토되어야 한다.

　　마지막으로 APEC 참여의 주요 목적으로 우리나라 주변 4강과의 전략적 유대 강화 및 북한의 APEC 참여 유도를 통한 한반도의 평화와 안정 추구를 상정할 필요가 있다. 북한 참여와 관련하여, 워킹그룹 차원의 APEC 활동에 북한의 참여를 유도함으로써 북한의 개방화를 지원하는 방안을 검토할 수 있을 것이다.

6. 개발지원 및 개발협력

한국은 2009년 9월 OECD의 개발원조위원회DAC: Development Assistance Committee의 24번째 회원국으로 가입하여 국제사회에서 개발지원을 제공하는 국가로 인정을 받았고 함께 협력할 수 있는 제도적 기반을 확보하였다. 특히 한국은 G20 정상회의 어젠다로 개발이슈를 제시하여 개발지원에 대한 국제사회의 관심을 환기시켰고 2011년 4월에는 원조효과성 제고를 위한 고위급 회의를 개최하여 단숨에 개발원조부문의 국제사회 리더로 부상하였다.

　　한국은 총리실 산하에 국제개발협력위원회를 두고 전반적인 개발지원을 관리 조정하는 사령탑의 역할을 수행하고 있으며 무상원조는 주로 외교부에서, 유상원조는 기획재정부에서 제공하고 있다. 한국 정부는 후발 원조공여국으로서 개발지원규모를 2015년까지 GNI의 2.5%까지 늘리는 것을 목표로 제시하고 ODA 규모를 적극적으로 확대하고 있다. 또한 「국제개발협력기본법」의 제정과 「국제개발협력 선진화 방안」의 수립 등을 통해 개발지원의 제도화 및 효율성 제고를 위한 노력을 지속하고 있다.

한국은 개발지원을 위한 규모의 확대와 더불어 원조체계를 효율화하기 위한 내부적인 노력을 기울이고 있으나 아직은 개선의 여지가 많은 것으로 평가되고 있다. 한국의 개발지원에 관하여 2012년 OECD DAC가 시행한 동료평가Peer Review에서는 한국이 유상원조와 구속성 원조의 비중을 낮출 것과 국제개발협력위원회의 통합조정기능 강화 등을 권고하고 있다.

한국의 개발원조는 규모면에서 선진국보다 훨씬 적은 수준이며 지원경험도 적으며 지원을 위한 세계적인 네트워크도 아직 충분히 확충되지 않은 상황이다. 따라서 원조의 오랜 역사와 인프라를 가진 선진국들과 비교하는 것은 적절하지 않을 수 있다. 그럼에도 불구하고 국민의 세금을 해외원조에 제공하는 것은 충분히 국가적 목표에 부합하고 그 효과가 인정될 수 있어야 한다. 이러한 차원에서 향후 한국의 개발원조가 지향해야 할 방향을 제시하면 다음과 같다.

첫째, 개발원조에 대한 국가적 목표의 확립과 그에 상응하는 지원시스템의 체계화이다. 한국의 개발지원은 자연발생적이라 할 정도로 소규모에서 시작되어 점진적으로 그 규모가 늘어나다가 최근 들어 급속한 신장을 보이고 있다. 따라서 초기의 개발지원동기와 내용이 지금도 유효한지, 궁극적인 정책적 목표와 기대효과 등을 점검하여 종합적인 방향을 정립할 필요가 있다.[9]

....

[9] 한국은 30여 개의 중점협력대상국을 선정하여 지원을 집중하고 연도별로 정상회담에 연계하여 주요 지원대상국을 결정하는 등 국익에 연계하는 시스템을 가지고 있으나 개발지원의 중장기적 비젼의 수립과 그에 상응하는 지원체계 구축의 필요성이 강조되어야 함.

둘째, 한국의 자산을 적극적으로 활용하는 전략이 필요하다. 한국이 개발지원과 관련하여 세계의 주목을 받는 이유 중 하나는 빈곤국을 탈출한 경험 때문이다. 개발지원의 수혜국에서 공여국으로 전환된 나라는 한국이 유일하다. 이러한 경험은 선진국들도 가지지 못한 자산으로 한국이 비교우위를 보일 수 있는 분야이다. 이미 지식공유프로그램KSP: knowledge-sharing program을 시행하고는 있으나 이를 체계화하여 한국의 개발지원에 적극적으로 활용하는 노력이 지속되어야 한다.

셋째 , 한국의 정치적, 경제적 이득에 효율적으로 연계될 필요가 있다. 그 내용이 인도적 지원이건 개발지원이건 결국은 세금을 내는 우리 국민들을 설득할 수 있도록 국가적 이해에 기여해야 한다. 직접적으로 시장개척에 활용해야 한다는 것은 아니지만 한국의 기여가 장기적으로 국가의 위상 제고로 이어지거나, 기존의 국제사회에 대한 보은이 그 내용이더라도 충분한 정당성이 확보될 수 있어야 한다.

넷째, 개발지원의 역량 확대가 필요하다. 개발지원의 효과가 극대화되기 위해서는 지원의 타당성 조사에서 사업의 시행에 대한 관리와 모니터링, 그리고 효과분석까지 일관적인 체계 하에서 이루어질 수 있어야 한다. 그리고 이러한 체계는 일종의 인프라이므로 중장기적 비전 하에 지속적인 투자가 필요하다. 담당자나 정권의 교체에 영향을 받지 않고 꾸준한 역량 확대노력이 있어야 원조분야의 선진화가 가능하다.

V. 북한 급변 시 경제외교 주요 현안과 대책

1. 거시경제적 충격

북한이 붕괴되는 사태가 발생할 경우 이후 북한의 미래가 구체화되지 않은 상태에서 가장 먼저 영향을 받게 되는 분야는 남한의 금융시장이다. 북한으로 인한 리스크의 현재화는 금융시장의 참가자들로 하여금 금융상품보다는 현금을, 한국의 원화보다는 외화를 수요하게 만들 것이다. 해외자본은 일단 한국을 이탈하여 리스크를 최소화하려는 움직임을 보일 것이다. 남북한 간 통합 여부가 분명하지 않은 상황에서 북한의 붕괴가 남한 경제에 야기하게 될 거시경제적 충격을 요약하면 아래와 같다.

첫째, 외환 관련 충격으로 달러화 및 주요 국제통화 환율 급등, 외환공급 감소, CDS 프리미엄 증가 등이 있다.

둘째, 국내 금융 관련 충격으로 대규모 예금인출사태bank run, 유동성 부족, 이자율 상승, 금융기관 부실 등이 나타날 수 있다.

셋째, 자산시장 관련 충격으로 해외자본 이탈, 주가하락, 채권가격 급락, 부동산 및 국내 자산가치 하락 등의 충격이 나타날 수 있다.

넷째, 실물시장 관련 충격으로 주요 생필품에 대한 사재기 현상이 나타나거나 물가가 급등할 수 있다.

이러한 충격들은 조기에 해결하지 않을 경우 혼란이 심화되어 더욱 악화되는 특징을 가지고 있다. 따라서 최대한 빠른 시간 내에 통제하기 위한 준비가 필요하다. 초기에 거시경제적 충격이 발생하는 이유는 미래의 불확실성이 근본적인 이유다. 북한 지역의 혼란이 확대될 것인지 혹은 진정될 것인지의 여부가 분명하지 않기 때문이다. 따라서 최대한 빨리 이러한 불확실성을 제거할 수 있도록 국내외적 대책의 수립이 필요하다.

2. 인도주의적 위기

북한의 붕괴 직후 예상되는 대표적인 경제적 충격 요인은 인도주의적 위기이다. 북한이 붕괴되는 상황에까지 이르게 되는 경우 직접적인 원인이 무엇이건 북한의 경제상황은 지금보다 더 악화되어 있을 가능성이 높다. 뿐만 아니라 정부의 기능이 더 이상 작동되지 않게 되면, 지금과 같은 최소한의 시장기능조차 마비될 가능성이 높다. 먼저 화폐에 대한 신뢰도가 추락하여 외화 중심의 거래만 가능하게 될 것이며 생산재의 수급이 중단될 것이다. 그 결과 최소한의 생필품조차 조달이 어렵게 되고 주민들은 생존의 위험에 처하게 된다. 생존이 어렵게 되는 경우 주민들은 남한이나 중국으로 이동하게 될 것이며 어느 나라건 이들을 받아준다는 소문이 나면 인구이동은 폭발적인 수준으로 증가하게 될 것이다.

북한 주민들이 인도주의적 위기상황에 처한 것이 알려지면 남한으로서는 남한으로의 인구이동을 막기가 용이치 않다. 첫째는 정치적 부담 때문이다. 인도주의적 위기에 처한 북한 주민들의 생존노력을 거부하는 것으로 비쳐질 것이기 때문이다. 둘째, 물리적으로도 인구이동을 막기가 용이치 않다. 비록 비무장지대를 통과해 이동하기가 쉽지는 않을 것이나 이미 연결되어 있는 도로들도 존재하고 비무장지대의 통과도 불가능하지는 않기 때문이다. 특히 바다를 통해 이동하는 경우 인구이동은 걷잡을 수 없는 형태로 진행될 가능성이 높다. 셋째, 물리적 저지로 인한 충돌 가능성 때문이다. 생존의 위기에 처한 북한 주민들의 유입을 강제로 저지할 경우 희생자가 발생하거나 물리적 충돌이 발생한다면 더 큰 혼란과 비용을 유발할 수도 있기 때문이다.

그러나 인구이동을 모두 수용하는 경우의 리스크도 역시 적지 않다. 남한 사회에 발생하게 될 경제적, 사회적 혼란 때문이다. 우선적으로 주거문제의 악화, 전염병의 발생, 사회적 질서유지의 곤란 등의 우려 때문이다.

따라서 북한 주민들의 인도주의적 위기에 대하여 사전적으로 충분한 대책이 수립되어 있지 않으면 인구이동의 압력을 조기에 진정시키기가 어렵다. 인구이동의 압력이 통제되지 못할 경우 이는 거시경제적인 리스크를 가중시켜서 남한 경제에 추가적인 악재로 작용하게 될 것이다.

3. 초기대응방안

초기의 단기적 대응은 세 가지 방향에서 추진되어야 한다. 첫째는 시장을 안정시키기 위한 외환공급망의 확대이다. 거시경제지표 중 남한 정부가 통제하기 어려운 것은 환율이다. 외화유동성은 한국 정부가 임의로 조달할 수 없기 때문이다. 긴급한 상황에 처할 경우 자본이동을 한시적으로 통제할 수는 있다. 그러나 향후 해외자본의 도입 필요성을 고려하면 자본이동의 통제는 최소화해야 하므로 국제공조를 통한 외환공급이 바람직하다. 외화자금의 수요와 환율급등문제를 방지하기 위해 가장 필요한 것은 유동성 공급에 대한 국제사회의 보장이다. 단기적으로 활용할 수 있는 것은 미국, 중국, 일본 등과의 통화스왑이다. 특히 미국이 무제한 달러화 통화스왑을 제공하는 경우 외환시장은 급격히 안정될 수 있다. 물론 IMF, 세계은행 등과의 유동성 지원협력도 추진할 필요가 있다.

둘째는 남북한 통합계획을 조기에 공포하는 것이다. 그래야 북한의 미래에 대한 불확실성이 제거될 수 있기 때문이다. 특히 남북한 간 경제통합을 위한 계획과 일정을 구체적으로 제시하여 북한 주민들과 국내외 시장참여자들의 신뢰를 획득하는 것이 중요하다. 또한 최대한 빨리 북한 내의 제도적 공백을 제거하여 생산을 정상화하는 것이 필요하다. 우선은 북한 내의 행정조직이 작동할 수 있도록 남한이 재정적, 행정적 지원을 제공하고 통합준비도 이를 활용하여 진행하는 것이 바람직하다. 이 과정에서 한국의 남북한 통합계획이 차질을 빚지 않고 국제적인 협력을 받아내기 위한 준비가 필요하다.

셋째는 인도적 지원의 신속한 제공이다. 북한의 붕괴 시 북한 내 행정 및 배급체계가 작동하지 않을 경우 최대한 빨리 전국적으로 식량과 의약품, 생필품이 제공될 수 있어야 한다. 북한 주민들이 일단 생존의 위협에서 벗어날 수 있어야 인구이동이나 사회적 동요를 막을 수 있기 때문이다. 이 과정에서도 국제사회의 협력이 요구된다.

이와 같은 초기대응의 성공 여부가 남한의 경제적 안정 여부를 결정하게 된다. 북한 내부의 주민들이 먼저 안정을 찾아야 남한 경제에 대한 리스크도 감소한다. 일단 초기에 북한 주민들을 안정시킬 수 있고 시장의 신뢰를 획득할 수 있게 되면 향후 남북한 간 경제통합은 성공할 가능성이 높아진다.

북한이 붕괴된 상태에서 한국이 통합추진을 선언하게 되면 북한 지역 개발 및 인도적 지원에 소요되는 비용은 일차적으로 한국 정부의 부담으로 귀속될 가능성이 높다. 그러나 인도적 위기나 역내 정치적 불안정에 대한 우려 때문에 초기의 거시경제적 안정을 위한 지원이나 인도적 위기를 해소하기 위한 비용 등은 우방국들과 국제사회를 통하여 부담을 나눌 수 있을 것으로 판단된다. 하지만 통일로 인해 한국의 영토 중 일부로 공식화되고 나면 북한 지역 개발에 대한 모든 부담은 한국의 국내문제로 취급될 우려가 있다. 따라서 북한의 빈곤문제 해결과 역내 불안정을 극복하기 위한 명분을 근거로 북한 지역에 대한 국제사회의 지원획득을 적극적으로 모색하는 것이 필요하다.

4. 북한 붕괴의 국제적 영향과 협력근거

북한 붕괴로 인해 국제사회가 입게 되는 경제적 영향은 붕괴 이후부터 북한 지역이 안정을 되찾을 때까지가 가장 클 것으로 예상된다. 북한 지역의 불안이 동북아 지역에 어떤 결과를 초래할지 예상하기 어렵기 때문이다. 특히 북한 지역 내에 인도적 위기가 발생하는 경우 한국만이 아니라 중국, 러시아, 일본, 미국 등 관련된 모든 국가가 지원에 나설 수밖에 없으므로 단기적으로 재정적 부담이 발생할 수 있다. 또한 불확실성 증가로 인해 역내 및 관련국 경제에 부정적인 영향도 발생할 것으로 보인다.

중국은 국경을 접하고 있을 뿐 아니라 북중 교류가 높았던 점, 그리고 압록강이 비교적 통과하기에 용이한 점 등으로 인해 가장 높은 불안정성을 보일 가능성이 높다. 이러한 불안정성은 중국 내 주식 및 채권시장의 가격하락으로 나타나게 될 것이다. 그러나 제한적인 범위 내에서만 변동을 허용하고 있는 환율의 변동은 그리 크지 않을 것으로 보인다.

러시아도 북한과 국경을 접하고는 있으나 러시아 극동지역의 생활환경이 그리 좋은 편이 아니며 주민들 간 교류도 중국에 비하여 상대적으로 적은 편이어서 북한의 붕괴로 인한 영향은 크지 않을 것으로 예상된다. 다만 정치적 관계로 인하여 러시아가 개입하는 사태가 발생하는 상황이 초래되면 러시아 역시 거시경제적 불안을 겪을 수 있으므로 시장에서 이러한 불안을 반영할 것으로 보인다.

미국은 한국에 군대를 주둔하고 있으며 상호방위조약을 체결하고 있으므로 향후 불확실성으로 인한 불안이 시장에 반영될 것이다. 우선 금융시장을 중심으로 미국이 또 다른 전쟁에 개입될 가능성으로 인한 재정부담 및 거시경제적 리스크 상승에 따른 불안을 보이게 될 것이다. 특히 초기에 증권시장의 가격하락 및 환율불안정은 피하기 어려울 것으로 판단된다.

일본의 경우 북한과의 근접성으로 보트피플의 발생 가능성 및 미사일 사정거리 내의 위치 등으로 인하여 대내외적 불안이 금융시장을 중심으로 경제에 반영될 가능성이 높다. 일본은 북한 내부의 불확실성이 길어질수록 직접적인 리스크 노출 가능성으로 인한 물가불안, 환율 상승, 이자율 상승 등의 문제에 봉착할 것으로 예상된다.

주변국들이 겪게 되는 이러한 문제들은 이 국가들이 한반도의 정세에 직접적인 영향력을 주고받을 수 있기 때문에 발생하는 것들이다. 이들이 함께 남북한 간 통합을 지지하고 이에 대한 국제적 합의를 공식화하면 한반도와 역내 경제는 급격히 안정을 찾아갈 것이다. 다만 북한 지역의 경제개발에 대한 국제적 지원 부담으로 인한 비용은 발생할 것이나 북한 경제의 규모로 볼 때, 주변국들의 경제에 실질적 충격을 줄 수 있는 수준이 되지는 않을 전망이다. 오히려 시간이 갈수록 북한 지역이 안정을 찾게 되면 동북아 지역의 안보 리스크 감소 및 새로운 투자처의 등장에 따른 긍정적 효과가 부정적 효과를 앞지를 가능성이 높다. 이러한 점들을 적극적으로 홍보할 수 있도록 관련 내용들을 구체적으로 정리하여 북한 붕괴 시에 대비한 주변국과의 협력망 구축을 준비하여야 한다.

VI. 향후 경제외교의 주요방향과 과제

1. 목표

우리나라와 같은 중견국가가 중국의 급격한 부상, 일본의 영향력 감소, 미국의 아시아에 대한 전략적 관심변화 등 급격한 국제정치경제질서의 변화를 적극 수용하여 국익을 신장할 수 있는 세계국가로 발전하기 위해서는 적극적인 대외전략을 수립할 필요가 있다. 장기적으로 우리나라가 추구해야 할 대외경제정책의 목표는 향후 세계경제의 성장축인 아시아의 중심국가 역할을 할 수 있게 되는 것이다. 19세기 말까지는 중국, 이후는 일본, 2차 세계대전 이후는 다시 일본과 중국이 중심국 역할을 맞바꾸고 있는 중이다. 그러나 이러한 경제력에서 앞선 국가가 지역협력면에서도 중심국이라고 하기는 어렵다. 일본이 2차 세계대전 이후 경제적 부흥과 함께 오랜 기간 아시아에서 가장 강대한 경제력을 유지해 왔지만 역내 경제협력에서 중심국 역할을 담당했다고 볼 수는 없다. 중국도 아직은 아시아에서 협력의 허브 역할을 수행하지는 못하고 있다. 중견국가이면서 국제협력이 경제적 안정과 성장에 가장 중요한 한국으로서는 스스로 역내 협력의 중심국이 되는 것을 목표로 삼는 것이 바람직하다.

한국이 아시아에서 경제협력의 중심국이 되기 위해서 추구해야 할 전략방향은 구체적으로 "Regionalization cum Globalization"으로 표현할 수 있다. 지역협력을 추진하되 세계화의 기조와 충돌되지 않고 조화를 이룰 수 있도록 한다는 목표 하에 정치, 경제, 사회 분야의 각 정책이 유기적으로 연계될 수 있도록 일관성 있게 추진하여야 할 것이다. 한국은 통일이 되더라도 지속가능한 성장을 가능하게 할 수 있는 자족적인 시장구조를 가지지 못하고 있다. 따라서 우리나라가 지속적인 경제성장을 유지하고 4만 달러 이상의 소득을 누리기 위해서는 국내시장의 협소성을 극복하고 적어도 아시아 시장을 하나의 시장으로 통합할 필요가 있다.

〈표 3〉 우리나라의 성장률 추이

	1960s	1970s	1980s	1990s	2000-7
GDP 성장률(%)	7.7	8.6	7.6	6.1	4.7
총고정 투자증가율(%)	22.9	16.5	8.5	5.9	3.4
제조업 경상이익률(%)	6.68	3.82	2.23	1.42	4.43

그러나 지역화에 앞서 가장 넓은 단일시장과 높은 구매력을 갖추고 있는 시장인 미국과 EU를 한국시장에 끌어들일 수 있도록 세계화전략을 우선적으로 추진할 필요가 있다. 한미 FTA와 한·EU FTA는 이러한 전략을 실천화한 일례로 대외시장의 안정화 전략의 일환으로 평가하는 것이 적절하다.

2. 추진방향과 수단

경제분야에서 우리나라의 대외전략을 수립하여 추진하기 위한 방향 설정, 추진수단 구축, 추진체계 작성 등을 간단히 살펴보면 다음과 같다. 기본적으로 대외경제전략은 성장growth, 안정stability, 그리고 연대solidarity의 세 가치목표를 달성하는 데 초점을 두어 생각할 수 있다. 성장growth은 무역자유화를 통해 극대화하고 안정stability은 거시경제환경과 통화가치의 안정zone of monetary stability을 통해 구현하며 마지막으로 연대solidarity는 성장의 과실을 다른 지역이나 국가와 나눌 수 있도록 함으로써 성장과 안정을 유지해 나가는 것이다.

이러한 체계 하에서 대외경제정책이 실행될 수 있기 위해서는 무역정책FTA, 금융환율정책, 개발협력정책의 세 가지 정책수단이 확보되어야 한다.

한국의 대외경제정책이 구조적인 틀을 갖추어 추진된 것은 오래되지 않았다. 주로 경제정책은 국내성장환경이 중심이 되어 이루어져 오다가 외부의 충격이나 환경변화로 인해 조직적으로 체계화되기 시작했다. 예를 들어 한국의 통상정책의 중요한 정책수단이 된 FTA정책은 2004년 한-칠레 FTA로부터 시작되었다. 거시경제적

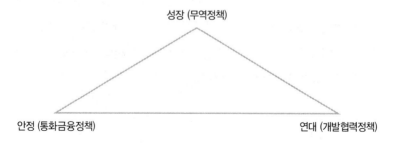

〈그림〉 대외경제 정책의 세 가지 목표와 정책수단

성장 (무역정책)

안정 (통화금융정책)　　　　　　　　연대 (개발협력정책)

안정과 국제거래의 수단만이 아니라 산업으로서 금융을 인식하고 통화금융정책을 대외협력의 중요한 영역으로 포함시키게 된 것은 1997년 아시아금융위기 때로부터 시작되었다고 할 수 있다. 한국이 국제사회에 대한 기여를 통해 연대함으로 대외경제적 목표를 달성하려는 인식 하에 개발협력정책을 수행하기 시작한 것은 2009년 OECD DAC 가입 때부터 시작되었다고 할 수 있다.

한국은 오랜 기간 경제외교를 독립적으로 수행하기보다는 동맹국 외교를 바탕으로 경제외교도 동맹국 외교 중 하나의 영역으로 간주해 온 경향이 크다. 실제로 냉전시대의 경제외교는 동맹외교 영역의 한 범주로 간주되는 것이 일반적이었다. 특히 남북 간 대치상황에서 전쟁까지 치렀던 한국으로서는 경제외교가 항상 안보 및 정치적 목표보다 앞서기 어려운 현실적 제약이 있었다. 따라서 경제외교를 독립적으로 추진하기 위한 목표나 추진수단 등에 대해서도 따로 고민할 필요가 없었다. 그러나 냉전시대의 종료 이후 경제외교의 패러다임이 변하고 있으며 한국도 경제외교의 수단들을 개발해야하고 또 개발하는 중에 있다. 예를 들면 FTA, ODA 등은 한국이 경제외교정책을 수행하기 위해 활용할 수 있는 수단이며 G20 정상회의, 한·중·일 정상회의 및 사무국 등도 경제외교의 수단으로 활용이 가능하다.

3. 추진체계와 과제

한국이 경제외교를 조직적으로 추진하기 위해서는 추진체계를 갖추고 국가, 지역, 글로벌 차원의 상호 다른 차원에서 무역투자정책,

금융통화정책, 개발협력정책을 연계하는 시스템의 구상이 필요하다. 이러한 구도 하에 한국이 향후 조속히 추진할 필요가 있는 경제외교 과제들을 정리해 보면 아래 표와 같다.

〈표 4〉 경제외교의 추진체계와 과제

	National Policy	Regional Approach	Global Cooperation
무역투자 정책	개방확대 피해구제조치	Bilateral: 한일FTA, 한중FTA Multilateral: 한중일FTA, AFTA, APEC	Bilateral: 한미FTA, 한-EU FTA Multilateral: WTO, DDA, G20
금융통화 정책	자본수출(자유화) 자본이동성규제 (Tobin Tax)	Bilateral: 한일, 한중Swap 및 환율협력, 자국통화 결제체제 Multilateral: 한중일Swap 및 환율협력 CMI	Bilateral: 한미Swap, 한-EU Swap Multilateral: IMF, G20
개발협력 정책	EDCF, KOICA	Bilateral: 한일개발협력, 한중개발협력 Multilateral: 한중일개발협력	Bilateral: 한미개발협력, 한-EU 개발협력 Multilateral: UN, OECD, WB, G20

위와 같은 구도를 바탕으로 한국이 우선적으로 추진해야 할 경제외교의 주요 과제들에 대한 구체적인 추진방법은 다음과 같다.

첫째, 미국·EU 등과의 글로벌 협력을 통해 Regionalization을 추구하는 것이다. 한국시장의 규모만 고려하면 일본이나 중국에게 그렇게 매력적인 대상이 아닐 수 있다. 그러나 한국은 EU, 미국 등 세계에서 가장 크고 구매력이 높은 시장과 FTA를 체결했다. 일본이나 중국은 한국을 통해 이러한 시장에 대한 간접적인 접근이 가능할 뿐 아니라 한국과의 FTA는 이들에게 글로벌 스탠다드에 도달하는 징검다리가 될 수 있다. 이러한 측면에서 한국은 글로벌 협력 자체의 효용만이 아니라 지체되고 있는 지역협력을 자극하고 주도하는 수단으로도 이를 활용하는 전략을 구사할 필요가 있다.

둘째, 지역통합은 한·중·일 통합으로부터 시작하는 것이 바람직하다. 아시아 지역에서 한국의 경제적 비중은 점차 하락하고 있으며 향후 인도네시아 등 동남아국가들의 경제적 도약이 본격화되면 한국의 영향력도 감소할 것이 틀림없다. 그러나 동북아 지역에서 한국은 중국과 일본이라는 거대시장을 좌우에 두고 있으며 다층적인 교류를 진행해 왔다. 특히 한·중·일 정상회의의 정례화와 사무국 설치 이후 3국 간의 협력이 역내 어떤 국가들과의 협력보다 더 용이하게 추진될 수 있는 환경이다. 따라서 한·중·일 협력을 먼저 추진하여 이 그룹이 역내 협력을 이끄는 구심점으로 삼는 것이 현실적인 방안이다.

셋째, 역내 FTA는 한중, 한일 양자 간 FTA에 초점을 둘 필요가 있으며 한·중·일 FTA는 경제적 의미보다는 정치적 의미가 더 크다는 점을 감안하여 균형 있는 추진이 요구된다. 양자 간 FTA는 기본적으로 상호간 이해관계의 균형을 보장하기가 다자적 협상보다 용이한 측면이 있다. 그러나 한·중·일 간에 FTA가 체결된다면 역내 협력이 한 단계 업그레이드되는 의미를 지니는 측면이 있다. 따라서 실리를 중심으로 한 측면에서는 양자 간 FTA, 정치적 이득을 고려한다면 3국 간 FTA를 추진하는 것이 더 나은 선택이 될 수 있다.

넷째, 통화금융정책과 관련해서는 우선적으로 추진할 수 있는 정책이 통화스왑이다. 글로벌한 차원에서는 한-EU 스왑채널을 구축할 필요가 있다. 그리고 북한의 급변사태를 염두에 두면 한미 간 통화스왑도 일정수준으로 상시화하는 것이 바람직하다. 그러나 일차적으로 한·중·일 간 역내 협력의 강화에 우선권을 둘 필요가 있다. 구체적으로는 한·중·일 스왑을 상설화하도록 노력해야 하며 이를 바탕으로 자국통화 결제시스템의 도입과 환율협력을 추진할 필

요가 있다. 더 나아가 협력의 내용도 역내문제뿐만 아니라 역외문제
(특히 최근 유로위기에 대한 아시아의 공동대응)에까지 확대할 수
있도록 추진하는 것이 바람직하다.

다섯째, 개발협력은 역량 확충과 더불어 한국의 비교우위를 충
분히 활용하는 정책이 필요하다. 또한 개도국에 대한 직접적 원조
뿐만 아니라 미·EU 등 원조선진국들과 파트너십을 통한 원조채널
을 구축하여 그 효율성을 제고할 필요가 있다. 뿐만 아니라 한중,
한일, 한·중·일 파트너십을 구축하여 아시아 지역 등 역내 지원에
공동협력을 시행하는 방안도 필요하다. 특히 향후 북한의 급변 시
혹은 통일 시 북한 지역 개발문제를 고려하면 이러한 역내 개발협력
의 인프라를 사전적으로 건설할 필요가 있다.

여섯째, G20의 적극적 활용과 글로벌 경제외교가 필요하다. 한
국은 역사상 처음으로 세계경제를 실질적으로 관리하는 G20의 회
원국이 되었다. 한국이 의장을 담당한 2010년까지는 한국의 경제적
위상을 훨씬 넘어서는 영향력을 발휘했으나 그 후 G20 내에서 존재
감이 사라지고 있다. 한국은 지금까지 글로벌 경제외교를 수행하기
위한 인프라나 전문성의 축적이 일천하다. 지금부터라도 글로벌 시
각에서 한국이 경제외교를 할 수 있도록 제도적 노력이 지속되어야
한다. 한국의 상대적인 경제력 축소가 예상되기 때문에 더더욱 영향
력 확대를 위한 노력이 필요하다.

일곱째, 경제외교를 총괄하고 심의할 수 있는 기구가 필요하다.
미국의 NSC와 같이 경제외교가 효율적으로 이루어지기 위해서는
각 부처의 개별적인 차원에서의 전문성과 정책기준에 모든 결정을
위임하는 것은 곤란하다. 종합적인 시각에서 국가이익을 기준으로
판단해야 하는 경우가 있기 때문이다. 따라서 대통령실이나 NSC에

이러한 조정기능을 위한 경제외교의 총괄기구가 설치되어야 앞에서 논의된 모든 사안들이 현실화될 수 있다.

참고문헌

Alexandroff, Alan S. "Stuck in Transition: Conflicting Ambitions For the G-20's Future" in 「Global Asia」, The East Asia Foundation. September 2010.

Posner, Richard, A Failure of Capitalism - The Crisis of '08 and the Descent Into Depression, Harvard University press, Cambridge, Massachusetts, 2009.

윤덕룡·오승환·백승관, 『신 국제 통화체제: 필요성 및 대안분석』, 대외경제정책구원 연구보고서 11-03, 2011.

이동은·강은정, "유가 상승이 우리나라 경제에 미치는 영향 변화:1990년대와 2000년대의 비교 분석," KIEP 오늘의 세계경제 Vol.12, No.2, 2011.

이동휘, "G20의 발전방향 모색: 서울 정상회의의 성공을 넘어서," 2010년 정책연구과제1, 외교안보연구원, 서울, 2010.

The Economist, 2003년 11월 13일.

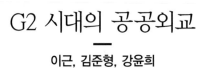

G2 시대의 공공외교

이근, 김준형, 강윤희

문제의 인식

• G2 시대의 한국적 공공외교 모델의 부재
  - G2 시대의 도래와 함께 이에 필요한 미국과 중국에 대한 한국적 공공외교의 새로운 방향과 전략 필요
  - 일반화된 공공외교의 몇 가지 구성요소는 미국의 공공외교 개념의 발전사 속에서 찾아볼 수 있으나 이러한 구성요소들이 한국화된 공공외교 모델은 부재한 상황

• 新연성권력(soft power)론과 공공외교의 중요성
  - 상대방에게 문화, 아이디어, 상징과 같은 연성자산을 통하여 영향력을 발휘하고자 한다는 新연성권력(soft power)론은 군사력과 경제력 등 경성자산(hard power asset)이 상대적으로 부족한 한국에게 매우 중요
  - 또한 21세기 외교 및 안보정책에 있어서 경성자산의 효용이 상대적으로 줄어들고 있음.
  ※ 한국적 공공외교의 방향은 신연성권력(soft power)론의 연장선상에서 새로운 방향과 전략을 모색하고 한국의 능력과 목표에 맞춘 공공외교의 구체적인 목표, 주체, 대상과 수단을 설정해야 함.

미래 도전 요인

• 한국이 갖는 연성권력의 한계
  - 한국은 미국과 달리 초강대국의 위치가 아님.
  - 따라서 단순히 한국이 매력적이 되는 것만으로 공공외교나 연성권력 외교의 목적을 달성할 수 없음.

• 한국의 대미의존도
  - G2 시대가 본격화되는 시점에서 한국의 대미의존성은 오히려 심화되는 경향을 보임.
  - 그런데 한미동맹의 근본적 정체성은 냉전적이며, 또한 전형적인 안보중심의 외교인데, 공공외교의 함의는 보다 탈냉전적인 정체성을 지닌다는 것에

주목해야 함.

- G2 공공외교/한국 공공외교의 국내 차원
  - 공공외교의 성공 여부는 상대국 국민들이 공감할 수 있는 접점을 찾는 것과 더불어 자국민의 지지를 확보하는 데 있음.
  - 공공외교를 통해 투사하고자 하는 자국의 이미지가 국내, 혹은 해외에서 자국민들이 만들어 내는 이미지와 일치하지 않을 때 효과가 반감될 수 있음.
  - 따라서 공공외교를 효율적으로 추진하기 위해서는 자국민에 대한 공공외교의 국내 차원이 변수

발전 방향 (정책 목표)

- 한국적 공공외교의 방향: 신연성권력(soft power)론과 문화/지식 외교
  - 한국적 공공외교의 방향은 신연성권력론의 연장선상에서 한국이 보유하고 있는, 또 앞으로 갖게 될 비교적 풍부한 문화자산, 지식자산을 외교적 목표를 위하여 활용하는 것이 첫 번째의 방향이 될 것임.
  - 특히 한류로 대표되는 대중문화의 발전, 세계 문화계에서 한국인들의 약진, 스포츠의 발전, 경제발전과 민주화의 경험 및 노하우, 세계적인 IT 기술과 문화, 기타 수많은 문화 및 지적 활동에 있어서 괄목한 만한 성장을 이룸.
  - 이러한 자산들은 현재 공공외교의 입장에서 볼 때 가공되지 않은 채 자연상태로 보존되어 있음.
  - 한국의 공공외교 전문가들은 이러한 자연상태의 문화 및 지식 자산을 특정 외교 목표를 위하여 가공하고 활용하는 방법을 연구하여야 함.

- 한국 대글로벌 및 대미 공공외교의 개발 방향 모색
  - 객관적으로 판단하자면 한국이 글로벌 차원에서 독자적으로 효과적인 공공외교를 수행하기를 기대하는 것은 아직 무리임.
  - 이런 맥락에서 한국의 공공외교는 전 세계적 맥락을 염두에 두고 역량을

분산시키기보다는 한미관계의 맥락에서 우선적으로 다루는 것이 효과적임.
- 하지만 현재 한미 전략동맹은 추진배경과 의도, 그리고 최근 동북아 질서
  와 남북관계 등으로 인해 오히려 냉전적 성격과 비대칭성을 오히려 강화
  할 가능성이 있음.
- 유의미한 공공외교를 위해서는 한미동맹의 성격변화가 동반되어야 함.
- 또한 이스라엘 공공외교의 문제점을 돌아보면서 한국의 공공외교가 교
  훈으로 삼고 유의하고 피해야할 정책 방향은 다음과 같다:
  · 미국과 서유럽 편중성 극복
  · 일방적 선전외교 극복
  · 일반외교와 공공외교의 지나친 간극 극복

• 한국 공공외교의 국내 차원의 중요성 확대
  - 한국 공공외교는 그 대상으로 국내 차원의 중요성을 확대하고 자국민까
    지도 그 대상으로 포함해야 함.
  - 국민의 이해도 및 지지도를 높이는 것을 정책 방향으로 책정해야 함.
  - 정부가 G2 시대를 맞아 미국과 중국 사이에서 균형 있는 외교정책을 추
    진하고자 적극적인 공공외교를 펼칠지라도 자국민이 이를 이해하고 지지
    하지 않는다면 대외관계에서뿐 아니라 대내 정치적으로도 갈등을 빚을
    수 있음을 유의해야 함.

핵심 과제 (정책 과제)

• 한국적 공공외교의 목표, 주체, 대상, 수단의 설정
  - 한국의 공공외교의 목표 설정:
  (예)
    · 한국의 우수성을 알려 소위 해외 한국민 및 민족의 인간안보확보
    · 한국의 안보여건을 개선하기 위하여, 국제사회에서 한국의 외교안보정책
      과 평화노력에 대한 지지를 확보하는 것
    · 한국의 통상환경 개선을 위하여 국제표준 및 제도화의 장에서 한국에
      유리한 표준 및 제도를 채택하도록 하는 것

· 한국 국민의 긍지를 높이는 것
· 한국으로의 관광객 및 투자의 유치
- 한국 공공외교의 주체 설정:
  · 공공외교가 작동할 수 있는 국가이익의 영역은 워낙 복잡하여 이를 중앙에서 조정, 통제하는 콘트롤 타워가 존재해야만 함.
  · 현재 한국 정부조직 상, 외교부가 공공외교의 컨트롤 타워가 되고, 여기에 한국 국제교류재단이 협력하여 정부 및 정부부문을 연결하는 역할을 하는 것이 바람직하다고 판단됨.
- 한국 공공외교의 분명한 대상 설정: 공공외교의 대상은 상대국의 정치 및 경제체제, 그리고 사안별로 대상을 달리해야 함.
- 한국 공공외교의 뚜렷한 수단 설정: 지식/문화 자산의 활용
  · 예: 한류(지역별로 특화된 스타들, 대중음악, TV 드라마, 영화, 비보이), 특정 브랜드(삼성, LG, SK), 민주화 및 근대화의 경험, 금융위기 극복의 경험(G20), IT와 정보화, 스포츠(태권도, 붉은 악마, 올림픽, WBC, 월드컵)와 스포츠 스타(김연아, 박지성, 추신수 등), PKO, ODA 등.
- 한국의 공공외교는 위의 문화/지식 자산들을 활용하여 전술한 한국의 공공외교 목표에 맞게 내용을 가공하고, 국가별 체제 유형에 따라 적절한 대상(target audience)을 선정하여 가공된 문화/지식 자산을 전달하여 원하는 외교적 목표를 달성하는 것이 핵심 과제임.

• 한국 대글로벌 및 대미 공공외교의 개발 및 전략을 위한 핵심 과제
  - 미국을 포함한 글로벌 영역에서 한국이 시도해볼 만한 공공외교의 중점 테마를 본질적 영역에서의 3가지 가치와 비근본적 영역에서의 3가지 가치를 생각해볼 수 있음.
  - 먼저 본질적 가치(substantive values)로서는 경제발전(근대화), 민주화, 그리고 평화임.
  - 비본질적 가치(non-substantive values)는 한류, 교육열, 그리고 IT 강국 이미지 등인데, 논란이 되거나 상반된 평가를 받을 여지가 많은 본질적 가치보다 접점을 찾기가 쉽고 의외의 큰 효과를 기대할 수도 있음.

• G2 시대의 대 자국민 공공외교 위한 핵심 과제

- G2 공공외교의 목표에 대한 이해와 지지를 확보하기 위하여 일방향적인 대중 홍보와는 다른 차원에서 이루어져야 함.
- 대국민 공공외교는 국민과 정부 간에 공감대를 형성할 수 있는 접점 찾기에 초점이 맞추어져야 함.
- 여기서 G2 시대의 대국민 공공외교의 효율성 제고를 위한 핵심적 정책 과제는 다음과 같음:
  · 첫째, 알맞은 이름붙이기(naming): 국내 특정 세력의 반발을 불러올 수 있는 용어를 회피함으로써 불필요한 갈등을 유발하지 않는 것이 현명함.
  · 둘째, 국가이익에 대한 명확한 정의/재정의와 정부가 추진하는 특정 외교정책이 국가이익에 부합한다는 점을 설득력 있게 설명
  · 셋째, 정부(외교부)는 온라인과 오프라인 매체를 동시에 이용하고 국민들과는 쌍방향 커뮤니케이션을 추구해야 함.
  · 넷째, 정부가 외교정책 수립 시 국민들의 의견을 수렴하는 과정 구축
  · 다섯째, 외교정책 결정과정의 투명성과 민주성 확보

I. G2 시대의 공공외교

이 글의 목적은 이른바 G2 시대에 진입하면서 한국의 능력과 목표에 맞춘 효과적이고, 실용적인 공공외교의 방향과 전략을 제시하는 데 있다. 이를 위해 우선 공공외교에 대한 기존의 일반적 정의와 논의를 살펴보고, 미국적 공공외교의 한국에의 적용에 대한 문제점을 검토한 후, 연성권력 이론에 근거한 한국적 공공외교의 새로운 방향과 전략을 권고하고자 한다. G2 시대의 공공외교라고 상정한 이유는 글로벌한 차원에서는 아직 G2 시대가 도래하지 않았을지 모르지만 한반도에 미치는 영향력의 정도로 볼 때 이미 한반도에는 G2 시대가 도래한 것으로 인식되기 때문이다. 따라서 이 글에서는 G2 시대에 필요한, 미국과 중국에 대한 공공외교와 이러한 공공외교를 뒷받침할 수 있고 국내의 국민적 합의와 지지를 끌어낼 수 있는 국내적 공공외교에 초점을 맞추고자 한다.

1. 공공외교(Public diplomacy)의 기존 정의

공공외교라는 용어는 1965년 미국의 국제대학원인 Fletcher School of Law and Diplomacy at Tufts University의 학장인 Edmund Gullion이 처음 사용한 것으로 되어 있다.

> 공공외교는 대중의 태도가 외교정책의 결정과 수행에 미치는 영향을 다룬다. 공공외교는 전통적인 외교의 영역을 넘어서는 국제관계를 포함하는데, 예를 들어 타국의 여론을 정부가 조성하는 것, 민간영역의 그룹과 이익을 타국의 민간영역과 교류하는 것, 대외관계와 대외관계의 정책적 의미를 보고하는 것, 외교관과 특파원간의 커뮤니케이션, 그리고 문화 간 커뮤니케이션 등을 포함한다. 공공외교의 핵심은 정보와 아이디어의 초국경 흐름에 있다. ("Public diplomacy deals with the influence of public attitudes on the formation and execution of foreign policies. It encompasses dimensions of international relations beyond traditional diplomacy; the cultivation by governments of public opinion in other countries; the interaction of private groups and interests in one country with those of another; the reporting of foreign affairs and its impact on policy; communication between those whose job is communication, as between diplomats and foreign correspondents; and the processes of inter-cultural communications. Central to public diplomacy is the transnational flow of information and ideas.")[1]

....

[1] States Information Agency Alumni Association, "What is Public Diplomacy?," Washington DC, http://www.publicdiplomacy.org/1.htm (검색일: 2006-4-3).

이 정의에 근거해 볼 때 미국 공공외교의 시발점은 정부 간에 국한된 전통적 외교영역을 넘어서서 가용한 모든 초국경적 채널과 대상을 통하여 자국에게 유리한 정보와 아이디어를 제공, 활용하는 것에 초점을 맞추고 있음을 알 수 있다. 공공외교의 주체는 정부뿐만이 아니라 자국의 민간그룹이 포함되는 것 같이 보이나, 사실상 자국의 민간그룹은 공공외교의 실질적인 주체이기보다는 정부가 추진하는 공공외교의 수단에 더욱 가까우며, 주체가 된다 하더라고 정부가 추구하는 목표의 하위 수준sub-level에서 활동하는 하위주체라고 보는 것이 정확하다. 정부가 자국의 민간그룹을 다른 국가의 민간그룹과 교류하게 하여, 정부가 원하는 외교목표를 달성하는 것에 더욱 방점을 두고 있다. 따라서 공공외교의 궁극적인 주체는 정부가 된다. 한편 위의 정의에 의하면 외교의 대상이 상대국의 민간영역에 집중되는 듯한 인상을 줄지 모르나, 사실은 상대국의 민간영역뿐만 아니라 자국의 민간영역도 대상에 포함되는 것을 알 수 있다. 즉 대외관계에 대한 정확한 정보를 상대국뿐만 아니라 자국 국민에게도 전달하여 상대국 및 자국의 여론 형성에 영향을 미치는 것도 공공외교활동의 한 부분이다. 공공외교의 목표는 여론조성 및 정보, 아이디어의 전달에 있는데 어떤 여론의 형성과 어떤 정보 및 아이디어를 대상target에 전달해야 하는가와 관련해서는 구체적으로 명시되어 있지 않지만 상식적으로 볼 때 자국에 우호적인 여론 형성이 공공외교의 목표가 될 것이다. 공공외교의 수단은 정보와 아이디어, 좀 더 넓게 잡으면 정보와 아이디어가 흐르는 통로까지 포함한다.

이러한 초기 공공외교의 정의는 점차 진화하게 되는데, 1987년 미국 국무성의 정의는 목표와 대상, 그리고 목표 달성을 위한 수단

이 보다 명확하게 제시되고 있다:

> 공공외교는 다른 국가의 여론에 영향을 미치기 위하여 정보를
> 제공하는 정부지원 프로그램을 의미한다. 그 수단으로서는 출
> 판, 영화, 문화교류, 라디오와 TV 방송 등이 있다. ("PUBLIC
> DIPLOMACY refers to government-sponsored programs
> intended to inform or influence public opinion in other
> countries; its chief instruments are publications, motion
> pictures, cultural exchanges, radio and television.")[2]

이 정의는 65년의 정의에 비하여 공공외교의 주체와 대상이 구
체적으로 좁혀져 있고 공공외교의 수단도 매우 구체적으로 예시를
사용하여 밝히고 있다. 즉 공공외교의 주체는 정부로 명시되어 있
고, 공공외교의 대상은 상대국의 여론이며, 공공외교의 수단은 출
판, 영화, 문화교류, 라디오와 TV 방송 등으로 예시되어 있다. 이를
풀어서 보면 미국의 공공외교는 미국에 대한 아이디어와 이미지, 인
식이 형성되고 전달되는 매체인 출판, 영화, 문화교류, 라디오 및 TV
를 이용하여 미국에 유리한 상대국의 여론을 형성하기 위하여 정
부가 프로그램을 통하여 지원하는 것을 의미한다. 한 번 더 바꾸
어 말하면 미국이 가지고 있는 문화 및 지식 자산을 상대국 국민이
가장 접근이 용이한 매체medium를 통하여 전파하고 이를 통해 상대
국 국가의 여론에 영향을 미치는 것이라고 할 수 있는데, 어떤 이슈
에 대하여 어떠한 방향으로 여론을 형성해야 하는지와 관련한 공
공외교의 목표는 여기서도 아직 명확해지고 있지 않다.

1990년의 Hans Tuch의 정의는 다시 위의 정의에서 좀 더 진화되

....

[2] U.S. Department of State, *Dictionary of International Relations Terms*, 1987, p.85.

어 공공외교의 목표를 보다 명확히 제시하고 있다. 공공외교는:

> 공식적인 정부의 노력으로서 미국에 대한 오해와 잘못된 인식이 미국과 타국과의 관계를 어렵게 만들지 못하도록 해외에서 미국 외교정책이 수행되는 의사소통의 환경을 우호적으로 만드는 것 ("Official government efforts to shape the communications environment overseas in which American foreign policy is played out, in order to reduce the degree to which misperceptions and misunderstandings complicate relations between the U.S. and other nations.")[3]

이 정의에서는 앞의 다른 정의와 달리 공공외교의 목표를 상당히 구체적으로 밝히고 있는데, 공공외교의 목표는 미국에 대한 오해와 잘못된 인식의 불식이며 그를 통해 타국과의 관계를 원활히 하는 것이다. 물론 공공외교의 주체는 정부이며, 대상과 수단은 유추하건대 상대국의 여론 및 의사소통 매체일 것이다. 상대국 여론을 조성한다는 매우 일반적인 앞선 정의의 목표에 비하여, 미국에 대한 오해와 잘못된 인식의 불식이라는 구체적인 목표가 제시된 것은 공공외교의 목표가 적극적이고 공세적인 차원에서 상당히 방어적인 차원으로 옮겨온 것으로 생각되는데, 아마도 유일 초강대국에 대한 반미감정의 문제를 중요하게 인식하였던 것이 아닌가 생각된다. 물론 이 정의는 미 국무부의 정의가 아니어서 미국 정부가 공공외교를 어떻게 인식하고 있는지는 더욱 최근에 나온 국무부의 정의를 참고하는 것이 정확할 것이다.

....

[3] Hans N. Tuch, *Communicatingwith the World: US Public Diplomacy Overseas* (New York: St. Martin's Press, 1990).

1997년 6월 20일 미국이 정부 차원에서 공공외교를 전문으로 하는 공보국USIA을 국무성으로 통합하려는 계획을 수립하면서 그 계획을 담당하던 통합기획그룹the Planning Group for Integration of USIA into the Dept. of State은 공공외교를 다음과 같이 정의하고 있다. 이 정의는 기왕의 정의보다 공공외교의 정의를 포괄적으로 넓힌 것이 특징이다.

> 공공외교는 외국의 청중을 이해시키고, 정보를 제공하고, 영향력을 미침으로써 미국의 국가이익을 추구하는 것을 의미한다. ("Public Diplomacy seeks to promote the national interest of the United States through understanding, informing and influencing foreign audiences.")[4]

이 정의는 공공외교의 대상이 외국의 청중으로 되어 있어, 일단 자국의 청중은 대상에서 제외되고 있으나 반면 외국의 대상은 다양한 대상으로 포괄적으로 규정되고 있다. 청중audience에는 대중뿐만 아니라 정책결정자, 전문가, 기자 등 정보가 제공될 수 있는, 그리고 영향력을 미칠 수 있는 다양한 대상이 포함될 수 있기 때문이다. 또한 공공외교의 목표는 미국의 국가이익이라고 명시하여 일반 외교의 목표와 동일화되었고, 오해의 불식이나 여론의 조성이라는 기존의 목표를 넘어서서 다양한 국가이익을 달성하는 수단의 하나로 공공외교가 자리매김되고 있다. 공공외교의 주체는 미국의 국무성 혹은 정부라는 점과, 그리고 공공외교의 수단이 정보 혹은 아이디어라는 점에서 이전의 정의와 크게 변화하지 않았다.

글로벌 슈퍼파워가 아닌 한국이 자체적인 공공외교를 연구함에

....

[4] http://www.publicdiplomacy.org/1.htm (검색일: 2006-4-3).

있어서 위와 같이 글로벌 외교를 무대로 하는 미국의 공공외교 개념을 그대로 차용할 필요와 당위성, 그리고 적실성은 없다. 하지만 미국적인 맥락과 특수성을 뛰어넘는 일반화된 공공외교의 몇 가지 구성요소는 미국의 공공외교 개념의 발전사 속에서 찾아볼 수 있다. 우리는 그러한 일반화된 공공외교의 구성요소를 한국화하는 것이 한국적 공공외교의 방향과 전략이 될 것이다.

미국의 예에서 알 수 있듯이 일반적으로 공공외교를 구성하는 주요 요소로는 공공외교의 주체, 공공외교의 대상, 공공외교의 목표, 그리고 공공외교의 수단이라고 할 수 있다. 즉 한국적 공공외교의 방향과 전략을 연구할 때 가장 우선적으로 고려해야 할 사항은 누가 공공외교의 주체가 될 것이며, 공공외교의 대상은 누구이며, 공공외교의 목표와 수단은 무엇으로 할 것인가이다. 물론 이러한 주요 요소는 다양한 시각과 이해관계에 따라 그 내용이 달라지겠지만, 일단 공공외교의 주체가 정부 혹은 외교부가 되어야 한다는 점과, 공공외교의 대상이 상대국의 청중audience이 되어야 한다는 점에서 미국과 별 차이가 없을 것이다.[5] 한국이 미국과 차별화해야 한다면 그것은 공공외교의 목표와 수단이라고 할 수 있다. 왜냐하면 글로벌 슈퍼파워인 미국의 국가이익과 목표가 중소강국인 한국의 국가이익 및 목표와 같을 수 없기 때문이다. 안보환경 역시 매우 다르며, 경제환경 및 기반 역시 매우 다르다. 또한 가용한 공공외교의 자원 역시 미국이 훨씬 풍부할 수밖에 없다. 문화적인 영향

....

[5] 물론 공공외교의 대상에 국내의 청중이 포함될 수 있는데, 한국의 경우에는 뒤에서 설명하겠지만 상대국의 청중 못지않게 국내의 청중이 매우 중요한 공공외교의 대상이 된다.

력이나 학문적, 아이디어의 영향력 면에서 그 깊이와 넓이를 한국이 따라갈 수 없다. 따라서 한국적 공공외교의 특성은 바로 공공외교의 목표 및 수단에서 규정될 수밖에 없다.

그렇다면 한국적 공공외교의 목표와 수단은 어떻게 규정될 수 있을까? 이에 대한 답을 구하는 것이 이 챕터의 주요 내용을 구성하게 되는데, 이에 대한 답을 구하기 이전에 우선 미국적 공공외교 개념과 전략이 한국에 바로 적용될 수 없는 이유를 좀 더 구체적으로 살펴보는 것이 필요하다. 그 과정에서 한국적 공공외교의 방향과 전략에 대하여 구체적인 단서를 얻을 수 있기 때문이다.

2. 미국적 공공외교의 특성과 문제점

앞에서 살펴본 공공외교의 개념은 미국 공공외교의 개념이다. 미국 공공외교는 미국의 특정 국가이익을 달성하기 위하여 사용되는 외교적 수단임에 의문의 여지가 없다. 보통 외교의 대상은 상대국 정부가 외교의 대상이 되어 왔는데, 외교의 대상에 상대방의 정부 이외의 청중, 대중, 민간 영역을 포함시킨 이유가 무엇일까? 그 이유는 바로 미국의 특정 국가이익이라는 공공외교의 목표와 관련되어 있다. 즉 미국의 특정 국가이익을 달성하는 데 있어서 대중, 민간을 움직일 필요가 있기 때문이다. 그렇다면 미국의 공공외교가 추구하였던, 혹은 보조적으로 수행하였던 미국외교의 국가이익은 무엇이었을까?

냉전기간 중 미국이 추구한 가장 중요한 외교의 목표는 사회주의 공산권과의 체제경쟁에서 정치, 안보, 경제, 문화적으로 승리하고 자본주의 경제의 세계적 확산을 꾀하는 것이라고 할 수 있다. 미국은 이를 위하여 전통적인 외교영역에서 유럽에 마샬플랜을 제공하였고, NATO를 창설하였으며, 일본과는 미일동맹을 맺었고, 한국을 포함한 기타 지역에도 동맹 및 경제 원조를 제공하였다. 제3세계에서 공산주의의 확산을 막을 수 있다면 권위주의 정부에 대한 지원도 불사했다는 것은 잘 알려진 사실이다.

이러한 목표 달성은 공세적인 면과 방어적인 면이라는 두 차원으로 전개되는데, 전통적인 외교의 영역, 즉 군사 및 경제 정책의 영역을 넘어서서 비전통적인 공공외교의 영역에서도 공세적인 전략과 방어적인 전략이 구사되었다. 공세적인 전략은 상대편 대중에게 사회주의 체제의 부정적인 면을 부각시키고, 미국적 체제의 우월성을 각인시키는 것이었고, 방어적인 전략은 미국에 대한 반감, 부정적인 인식을 불식시키는 것이다. 전자의 전략은 미국의 영향권에 사회주의의 확산과 소련 영향력의 확산을 방지하고, 소련 영향권에 사회주의의 붕괴 요인을 심어 놓는 것을 목표로 한다. 반면 후자의 전략은 미국 영향권의 국가들과 대중이 미국의 리더십 하에 존속하게 하는 것을 목적으로 한다.

이러한 자본주의 시장경제체제에 대한 방어와 확산, 그리고 미국 리더십의 유지, 확장을 위해서는 상대국 정부뿐만이 아니라 체제 불만세력, 체제 수호세력, 여론을 주도하는 언론인, 지식인들이 모두 외교의 대상이 될 수밖에 없으며 그러한 연유에서 민간영역이 외교의 주요 대상으로 포함되게 된 것이다. 물론 민주주의와 커뮤니케이션 테크놀로지의 발달 역시 공공외교의 중요성을 강조하게 된 배경이다.

제3세계에서 자본주의 시장경제체제의 방어와 확산을 위해서 미국은 불가피하게 권위주의 정부, 군사독재 정부를 지원하는 경우가 발생하였다. 이들 정부가 반공정부임을 내세우고, 미국의 리더십을 추종하는 친미정부일 경우, 억압적인 국내 통치를 용인하게 되었는데, 이는 자연스럽게 제3세계에서 반미감정을 촉발하였다. 반미감정은 항상 대중들로 하여금 대안을 모색하게 하는데, 이러한 대안이 사회주의 혁명이 되지 않도록 미국은 이들 대중을 향한 공공외교를 하게 된다. 자국에 대한 오해와 편견에 대한 불식, 미국에 우호적인 세력에 대한 지원, 미국적 민주주의의 매력에 대한 확실한 인식 확산이 공공외교의 주요 목표가 되었다.

여기서 특기할 만한 사항은 미국 공공외교의 중심에는 항상 미국의 자유에 대한 강조와 존중, 다원주의, 인권, 비판문화 등이 중요하게 자리 잡고 있다는 사실이다. 다시 말하자면 미국 스스로의 부정적인 면을 인정하고, 비판하는 담론과 아이디어, 문화적 상징 등이 미국과 자본주의의 우월성을 부각하는 담론과 아이디어 및 문화적 상징과 함께 수출되었다는 사실이다. 미국 정부의 공식적인 담론만이 전파될 때 생겨나는 반감을 방지하고자 하는 의도가 내포되어 있으며, 다른 한편으로는 미국적 자유민주주의 체제에 대한 자신감이 배어 있는 것을 알 수 있다.

이상의 논의에서 알 수 있듯이 냉전기간에 미국이 공공외교를 통하여 추구하고자 했던 국가이익은 사회주의의 위협 혹은 매력으로부터 미국식 자유민주주의 시장경제를 보호, 방어하는 것과 제3세계 및 사회주의권에 자본주의 시장경제를 확산시키는 것이라 할 수 있다. 미국의 안보이익과 경제이익, 그리고 자유민주주의적인 가치는 모두 이러한 국가이익과 특별한 차이가 없다. 미국의 안보는 곧 미국식 자유민주주의와 시장경제를 채택하고 있는 영향권 혹은 국제질서를 군사적인 방법에 의해서 보호하는 것이고, 미국의 경제이익은 미국식 자유민주주의와 시장경제체제가 제도적, 정치적으로 유지 확장되어야만 확보될 수 있기 때문이다. 자유민주주의적인 가치 역시 미국식 자유민주주의 시장경제와 함께 가는 것인데, 때로는 자본주의 시장경제의 방어를 위한 권위주의의 용인 속에 반독재, 인권에 대한 가치가 동시에 옹호되는 모순적인 면을 보이기도 하여 오히려 공공외교의 내용이 제3세계에서는 그러한 특성에 맞게 조정되었다고 볼 수 있다.

　　이러한 냉전기의 공공외교는 냉전이 종식되면서 새로운 구성으로 변모를 하게 된다. 냉전 종식으로 인하여 공공외교의 주요 대상과 목표가 사라지면서 미 공보국USIA이 국무성으로 통합되는 기능의 축소를 맞게 되는 배경도 여기에 있다. 공보국을 국무성에 통합시키기 위한 통합기획그룹의 1997년 공공외교의 개념이 "공공외교는 외국의 청중을 이해시키고, 정보를 제공하고, 영향력을 미침으로써 미국의 국가이익을 추구하는 것을 의미한다"로 매우 일반적이고 포괄적으로 정의된 이유도 그러한 배경을 반영하는 것으로 생각된다. 후쿠야마가 역사의 종언을 선언하면서 이념의 전쟁이 더 이상 의미가 없어졌다는 주장을 하게 된 시대적 분위기를 반영했다고 볼 수 있다.[6] 공공외교의 특별한 노력 없이 전 세계의 정부와 국민들은 자연적으로, 자발적으로 미국적 자유민주주의와 시장경제체제에 따라올 것이라는 자신감이 묻어 있었다고 생각된다.

　　하지만 이러한 상황은 양극체제의 종식으로 인하여 미국이 일극체제의 핵이 되면서, 그리고 부시 행정부의 등장과 테러와의 전쟁

....

[6]　Francis Fukuyama, *The End of History.*

이 시작되면서 다시 급변하게 된다. 이른바 미국 일방주의unilateralism
에 대한 전 세계적 반감의 확산이 미국외교의 새로운 문제로 부각
되게 된 것이다. 이러한 새로운 상황이 바로 조셉 나이Joseph Nye의
연성권력soft power과 스마트파워smart power 개념이 미국외교가에서
각광을 받게 된 배경이다.[7] 즉 강압적이고 일방주의적인 경성권력hard
power 위주의 미국외교와 테러와의 전쟁이 반미감정의 지구적 확산
을 가져온다는 원인분석 하에 미국의 리더십을 재구축하기 위해서
는 매력attraction, co-option 위주의 연성권력을 중시해야 한다는 주장
이다.

이러한 배경 하에 나온 미국 연성권력 외교는 기왕의 공공외교
와 크게 차이가 나지 않는다. 미국 연성권력 외교의 일차적인 목표
는 미국의 세계적 리더십의 재구축이며, 미국이 주도하는 세계정치,
경제, 안보 체제로부터 기타 국가의 이탈을 방지하는 것이다. 이탈의
방향은 유럽과 같은 지역주의가 될 수도 있고, 중국을 중심으로
하는 새로운 질서가 될 수도 있으며, 이슬람과 같은 종교적 질서가
될 수도 있다. 어쩌면 구 사회주의권의 부활이 될 수도 있을 것이다.
이러한 이탈을 방지하기 위해서는 미국의 매력을 발산하여 이들 국
가를 기존의 질서에 묶어 두어야 한다. 미국 연성권력 외교의 또 하
나의 목표는 테러와의 전쟁이라는 미국의 안보목표에 타국들이 적
극적으로, 자발적으로 협조하도록 하는 것이며, 이를 위해서 강압적

....

[7] Nye, Joseph Nye. *Bound to Lead: The Changing Nature of American Power*
(New York: Basic Books, 1990); *The Powers to Lead* (New York: Oxford
University Press, 2008); *Soft Power: The Means to Succeed in World Politics*
(New York: Public Affairs, 2004); "Transformational Leadership and the U.S.
Grand Strategy," *Foreign Affairs*, vol. 85, no. 4 (July/August), pp.139-148.

인 일방주의를 매력적인 다자주의로 대체해야 한다고 보는 것이다. 물론 이러한 안보목표, 리더십이 매력이라는 연성권력만으로 확보되는 것이 아니기 때문에 나이Nye는 후에 보다 현실적으로 연성권력과 경성권력을 합친 스마트파워 개념을 등장시키게 된다.[8]

결국 미국의 공공외교는 냉전기간 사회주의권과의 경쟁, 미국의 패권구축을 위하여 활발히 전개되다가, 냉전이 종식되면서 잠시 그 기능이 축소되는 듯하였지만, 다시 미국 중심의 일극체제를 관리하기 위하여 연성권력 외교로 부활하게 된다. 나이Nye는 공공외교를 연성권력을 발휘하기 위한 국가의 중장기적 노력이라고 보았는데, 공공외교를 통하여 자국의 긍정적인 이미지 혹은 여론, 아이디어를 전파하고, 그러한 긍정적인 환경 형성을 통하여 자국의 정책목표에 자연스럽게 동조하는 국가군을 만들어 낸다고 보고 있다.[9]

이상에서 알 수 있듯이 미국의 공공외교는 글로벌 무대에서 자국 중심의 국제체제의 방어 및 확산을 위한 외교수단이었다. 사회주의라는 확실한 타도목표, 세계적 리더십 구축이라는 확실한 매력발산의 목표가 존재하고 있었다. 미국은 이를 위하여 타국의 청중을 대상으로 사회주의의 모순, 미국적 자유시장경제의 매력을 발신하였고, 자국 중심의 세계질서에서 이탈하려는 국가에게 오해와 부정적 이미지의 불식을 위한 메시지와 정보를 발신하였다. 매력attraction이라는 연성권력은 이러한 미국의 매우 구체적인 글로벌한 국가이익 및 목표를 위하여 필요한 수단이다.

....

[8] CSIS, *CSIS Commission on Smart Power: A Smarter*, More Secure America, November 2007.

[9] Nye, *Soft Power: The Means to Succeed in World Politics*.

문제는 한국이 이러한 미국적 공공외교 혹은 연성권력 외교를 그대로 수입하여 한국외교의 수단으로 사용할 수 있는가에 있다. 탈냉전기 한국의 공공외교가 전 세계의 사회주의권 국가를 대상으로 행사될 수도 없는 노릇이고, 한국의 공공외교가 글로벌 리더십을 구축하기 위하여 행사될 필요도 없다. 매력이라는 미국의 연성권력은 미국적 국제질서에서 이탈하려고 하는 국가들을 잡아 놓기 위하여, 그리고 미국의 대테러전에 연합국을 끌어들이기 위하여 필요한 힘이지만, 한국의 매력은 과연 어떠한 외교적 목표를 위하여 필요한 것인지 구체적인 목표가 설정되어 있지 않다.

　　다시 말하자면 한국의 공공외교는 미국의 공공외교의 개념이나 모델, 미국의 연성권력 외교 개념이나 모델에서 벗어나 한국이 처한 상황과 맥락을 반영한 한국의 구체적 국가이익, 외교목표를 먼저 설정하고 그에 부합하는 공공외교의 주체, 공공외교의 대상, 공공외교의 가용 자원 혹은 수단, 그리고 공공외교의 전략을 개발하여야 한다. 이를 위해서는 한국적 공공외교의 목표와 가용 수단, 주체 및 대상을 유기적으로 연결시키는 한국적 공공외교의 방향과 전략을 디자인해야 한다. 다음 장에서는 한국적 공공외교의 방향과 전략을 제시하기 위하여 필자가 개발한 연성권력 이론을 소개하고, 그 이론틀 위에서 한국적 공공외교의 모델을 만들고자 한다.

3. 연성권력soft power과 공공외교

조셉 나이의 연성권력 개념은 '매력attraction'이라는, 타국이 자발적으로 끌려오는 힘을 의미한다. 이러한 개념 정의를 있는 그대로 받아들이기 전에 몇 가지 분명히 해야 할 점들이 있다. 첫 번째는 자국이 무엇을 하기 위해서 매력으로 타국을 끌어오는가라는 점이다. 이 점과 관련해서 조셉 나이의 연성권력론은 너무나 분명하다. 나이에게 있어서, 그리고 미국에게 있어서 매력은 미국의 리더십을 보다 수월하게 하는 힘이다. 여기서 미국의 리더십은 전술한 바와 같이 두 가지의 의미이다. 하나는 미국이 구축한 세계질서에 자발적으로 순응하도록 하는 리더십이고, 다른 하나는 대테러전과 관련한 미국의 리더십에 자발적으로 협조하게 하는 것을 의미한다.

그렇다면 한국이 매력을 갖는다고 미국과 동일한 목표를 위하여 매력을 사용할 수는 없을 것이다. 무엇인가 보다 덜 글로벌하고, 보다 한국적 로컬 상황에 맞는 목표를 찾아야 할 것이다. 글로벌한 목표를 설정한다 하더라도 한국에 꼭 필요한, 그리고 감당할 수 있는 목표를 설정해야 한다. 세계적 리더십이나 대테러전의 리더십이 한국의 목표가 될 수는 없다.

두 번째로 분명히 해야 할 점은 어떤 수단을 가지고 매력을 만들어 내는가와 관련된 점이다. 이에 대한 조셉 나이의 견해는 분명한 듯하지만 사실은 상당히 혼란스러운 내용을 담고 있다. 나이에게 있어서 매력을 만드는 수단은 문화, 가치, 정책, 제도 등 非물질적 자산이다. 즉 경성hard자산이 아니라 연성soft자산이다. 여기서 문제는 연성권력은 항상 연성자산으로 만들어 낸다는 매우 단순한 등식이다. 이 부분은 나이 자신도 스스로 인식하지 못하고 있는 치명적 약점이다. 물론 매력, 혹은 자발적으로 협조하게 하는 힘은 연성자산으로 만들어 낼 수 있다. 예를 들어 미국의 민주주의는 많은 국가들로 하여금 미국의 리더십을 받아들이게 하는 매우 강력한 연성자산이다. 하지만 이와 동시에 많은 국가들이 미국에게 끌리는 이유는 미국이 가지고 있는 강력한 경성자산 때문이다. 미국이 강력한 무기체계, 군사력을 보유하고 있기 때문에 동맹국들이 미국에 끌리는 것이고, 미국이 대규모의 시장과 경제력을 가지고 있기 때문에 많은 국가들이 미국에 끌리는 것이다. 최근 중국이 매력적으로 느껴지는 이유는 중국의 연성자산이 매력적이기보다는 놀라운 속도로 성장하는 중국의 시장, 즉 경성자산이 존재하기 때문이다.

마찬가지 이유로 문화, 가치, 정책, 제도 등과 같은 연성자산이 매력적이기보다는 강압적일 수 있다. 애국주의는 일견 매력자산으로 보이지만 많은 개인주의자들에게는 강압적인 연성자산이다. 자본주의는 무산계급에게 있어서는 강압적인 이데올로기이고, 사회주의는 자본가들에게 매우 위협적인 이데올로기이다. 이러한 강압적인 연성자산의 활용은 무수히 많은 사례를 찾아볼 수 있다.

따라서 여기서 한국에게 정책적으로 유의미한 연성권력 논의는, 우리가 원하는 것이 매력attraction인지 아니면 연성자산을 활용하여 단순한 매력을 넘어서는 특정 국가이익을 달성하고자 하는 것인지를 결정하는 것이다. 한국은 미국과 달라서, 단순히 한국이 매력적이 되는 것만으로 공공외교나 연성권력 외교의 목적을 달성할 수 없다. 왜냐하면 한국이 기타 국가들을 한국의 리더십으로 끌어들이지 않으면 한국의 국가이익이 심대한 손실을 보는 그러한 초강대국의 위치에 있는 것이 아니기 때문이다.

이상에서 살펴 본 냉전기 미국 공공외교에 대한 비판적 고찰과 조셉 나이의 연성권력론에 대한 비판적 논의는 한국 공공외교의 방향 및 전략과 관련하여 다음과 같은 시사점을 제공한다.

첫째, 냉전종식과 함께 한국의 공공외교 방향도 이데올로기 경쟁에 집중된 미국의 냉전형 공공외교에서 탈피하여, 탈냉전적이고 보다 포괄적으로 유용한 소프트파워, 연성권력 외교로 방향을 잡아야 한다.

둘째, 연성권력 외교로 방향을 잡을 경우 우리의 공공외교가 매력 추구를 목표로 할 것인지, 아니면 국가이익 추구를 위하여 소프트 자산, 연성자산 활용을 공공외교의 내용으로 할 것인지를 결정하여야 한다.

셋째, 한국의 공공외교가 만일 연성자산 활용을 통하여 다양한 국가이익 추구로 방향을 정한다면, 다양한 국가이익의 종류 및 내용이 어떠한 것이 있으며, 이를 한국이 보유한 어떠한 연성자산으로 어떻게 추구할 수 있을지와 관련된 전략을 개발하여야 한다.

이러한 세 가지의 시사점과 함께, 공공외교의 주체, 공공외교의 대상, 공공외교의 목표, 공공외교의 수단 간의 연계관계를 체계적으로 구축하면, 한국적 공공외교의 모델과 전략을 도출할 수 있다. 여기서 우선 위에서 제시한 세 가지의 시사점을 한국적인 특성에 맞추어 흡수하기 위하여, 연성권력과 관련한 새로운 시각을 소개하고자 한다.

4. 新연성권력soft power론과 공공외교

전술한 바와 같이 조셉 나이의 연성권력론은 지극히 미국적인 글로벌 파워를 위한 논의이기 때문에 한국과 같은 중소강국에게는 직접적인 외교적 효용이 없다. 하지만 상대방에게 문화, 아이디어, 상징과 같은 연성자산을 통하여 영향력을 발휘하고자 한다는 통찰은 군사력과 경제력 등 경성자산hard power asset이 상대적으로 부족한 한국에게 매우 중요한 의미를 지닌다. 특히 한국이 정보/지식 사회로 진입하고 있고, 정보산업, 지식산업, 문화산업이 한국의 새로운 성장동력으로 자리 잡기 시작한 21세기에는 한국에 연성자산이 경성자산에 비하여 상대적으로 풍부할 것이기 때문에 연성자산을 활용하는 한국의 외교, 특히 공공외교가 상당히 중요해질 것이라고 판단된다.

또한 21세기에는 외교 및 안보 정책에 있어서 경성자산의 효용이 상대적으로 줄어들고 있다. 일례로 세계 최대의 경성자산국가인 미국의 경우 타의 추종을 불허하는 군사력과 경제력을 보유하고 있다 하더라도, 외교 및 안보 목표 달성에 있어서 이러한 군사력과 경제력 사용의 한계를 여실히 보여주고 있다. 세계 최고의 첨단무기를 가지고도 이라크와 아프가니스탄에서 원하는 결과를 도출해 내지 못하고 있으며, 대테러전도 답보상태이며, 불량국가로 지정된 북한 및 기타 국가들에 대해서도 체제전환 및 개혁, 개방을 이끌어 내지 못하고 있다. 미국의 동맹국이 미국의 외교 및 안보 정책에 비협조적일 경우에 이들에 대하여 군사력과 경제력을 활용하여 협력을 강제하기도 어렵다. 다시 말하자면, 21세기 외교에 있어서 경성자산의 압도적 우위만으로는 원하는 목표를 달성하기가 쉽지 않다는 것이다. 오히려 국제표준의 창출, 보편적 규범의 활용, 매력적인 아이디어의 활용, 제도적 변화 등을 통하여 원하는 외교적 목표를 달성하는 것이 경성자산의 활용에 못지않게 중요해지고 있다. 특히 경성자산 활용이 인간의 생명과 신체적 상해라는 막대한 코스트를 가져온다는 점에서 연성자산 활용의 중요성과 가치는 지속적으로 상승할 것이다.

따라서 한국의 공공외교는 한국이 가지고 있는, 또 앞으로 갖게 될 비교적 풍부한 연성자산을 활용하여, 한국인이 가장 중요하게 생각하는 이익과 가치를 추구해야 한다. 이를 위해서는 연성자산 활용과 관련한 新연성권력론에 대한 간략한 고찰이 필요하다.

신연성권력론은 조셉 나이의 연성권력론에서 논의의 초점을 권력의 종류에서 권력자산의 종류로 옮기는 작업이다. 즉 매력과 강제력이라는 두 가지 권력의 종류에서, 물질적 권력 자산과 비물질적 권력 자산을 어떻게 활용하여 어떠한 영향력을 발휘하는가를 연구하는 것이다. 기왕의 연성권력론의 연장선상에서, 상대방이 자발적으로 따라오는 매력과 상대방을 강제하는 강제력을 구사하기 위해서 어떠한 물질적 자산과 비물질적 자산을 활용할 것인가를 전략적으로 연구하는 것이다.

예를 들어 내가 원하는 것이 더 많은 부의 축적이라면, 물질적 권력 자산인 무기를 사용하여 상대방의 재산을 강탈하는 방법이 있고, 아니면 상대방에게 자문하거나 지식을 전달함으로써 자문료 또는 투자를 얻어낼 수 있다. 엔터테인먼트와 같은 즐거움을 선사함으로써 부를 늘려 나가는 방법도 있다. 이와 같이 내가 원하는 목표를 물질적, 혹은 비물질적 자산을 활용하여 자발적 혹은 강제적 영향력을 행사함으로써 달성할 수 있다. 이를 도표로 그리면 다음과 같다(그림 1).[10]

여기서 신연성권력론이라 하면, 비물질적 연성자원을 활용하여 국가가 원하는 외교, 안보, 경제의 목표를 달성하는 과정, 원리, 전략을 연구하는 것을 말한다. 어떤 비물질적 자원을 어떠한 대상에

....

[10] Lee Geun, "A Theory of Soft Power and Korea's Soft Power Strategy," *The Korean Journal of Defense Analysis*, vol.21, No. 2 (June 2009), pp.205-218에서 발췌하였음.

〈그림 1〉 연성권력의 변환과정

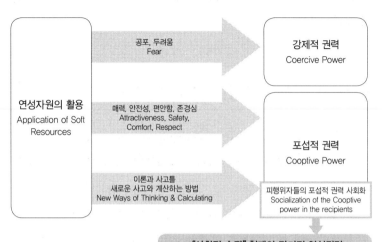

게 어떠한 방식으로 투사하면 어떠한 형태의 권력으로 변환되는가를 연구하는 것이다. 이러한 전 과정을 체계적으로 알기 위해서는 비물질적 자원을 어떠한 형태로 가공하면, 어떠한 집단에서 어떠한 인지과정을 거쳐, 그 집단의 최후의 행동이 어떠한 방식으로 변화할 것인가를 알아야 한다. 정치학, 인류학, 사회학, 심리학, 경영학 등 학제적 연구가 필요한 분야이다. 이 보고서에서는 이러한 체계적 이론을 구축하기보다는, 몇 가지 예시를 통하여 한국의 공공외교모델 구축의 방향을 제시하고자 한다.

신연성권력론에서는 물질적 경성자원을 활용하여 매력이나 강제력을 만들어 내는 과정이나 원리, 전략은 다루지 않는다. 이는 이미 기존의 전략이론strategic theory이나 제재sanction이론, 전쟁론 등에서 많이 다루어져 왔으며, 전술한 바와 같이 21세기 한국에 있어서 비물질적 연성자원 활용보다 영향력 확보에 훨씬 큰 기여를 하기 어렵기 때문이다.

5. 한국적 공공외교의 방향: 문화/지식 외교

한국적 공공외교의 방향은 신연성권력론의 연장선상에서 한국이 보유하고 있는 문화자산, 지식자산을 외교적 목표를 위하여 활용하는 것이 첫 번째 방향이 될 것이다. 한국은 지난 반세기 동안 급속한 경제성장, 정보화, 민주화, 세계화를 이루어 내면서 대단히 많은 문화자산과 지식자산을 축적해 왔다. 특히 한류로 대표되는 대중문화의 발전, 세계 문화계에서 한국인들의 약진, 스포츠의 발전, 경제발전과 민주화의 경험 및 노하우, 세계적인 IT기술과 문화, 기타 수많은 문화 및 지적 활동에 있어서 괄목한 만한 성장을 하였다. 이러한 자산들은 현재 공공외교의 입장에서 볼 때 가공되지 않은 채 자연상태로 보존되어 있다. 한국의 공공외교 전문가들은 이러한 자연상태의 문화 및 지식 자산을 특정 외교목표를 위하여 가공하고 활용하는 방법을 연구하여야 한다.

6. 한국 공공외교의 목표

우선, 한국적 공공외교는 뚜렷한 외교목표를 설정해야 한다. 막연히 한국의 문화를 소개한다거나, 매력적인 국가가 되어야 한다거나 하는 낭만적인 목표를 넘어서서 매우 구체적인 영역별로 외교 목표를 설정하고, 그 목표 달성에 맞는 한국의 문화/지식 자산을 찾아내고, 이를 가공하여 활용해야 한다. 현재 한국의 외교목표로서 구체적으로 생각해 볼 수 있는 목표들은 다음과 같은 것들이 있다.

① 한국에 대한 부정적 이미지를 불식하여 상대방 국가의 여론을 개선하고, 이를 통해 국가 간 관계개선을 도모하거나, 기왕의 관계를 강화하거나, 새로운 국교수립을 하거나, 동맹강화를 도모할 수 있다. 예를 들어 한미관계는 동맹강화로, 한일관계는 관계강화로, 한중관계는 관계개선으로, 한-베트남 관계는 국교수립 등으로 목표를 설정하여 이들 국가에서 한국에 부정적인 이미지나 오해를 불식시키는 공공외교를 하여야 한다. 이때 필요한 문화/지식 자산이 어떠한 것이고, 이를 어떤 국가의 어떤 청중에게 전달하여, 얼마나 빠른 효과를 목표로 하느냐 등이 연구의 대상이다.

② 한국의 우수성을 알려 한국민, 동포들이 해외에서 무시당하거나 차별받지 않도록 하는 소위 해외 한국민 및 민족의 인간안보확보를 공공외교의 목표로 설정할 수 있다. 한국민이 국제적 경쟁에서 우승, 입상하고, 국제적인 인물을 많이 배출해 세계의 귀감이 되는 표준, 경험, 제도, 정책 들을 만들어 내면, 한국이나 한국민이 해외에서 존중받는 분위기가 형성될 것이다. 예를 들어 배용준이 만들어 낸 이미지가 재일동포들의 인간안보 향상에 기여했다거나, 한국의 경제성장 경험이 제3세계에서 한국인의 위상을 높였다거나, 김연아의 활약이 세련되고 예술적인 한국인의 이미지를 만들어냈다는 것 등이 예가 되겠다. 한국의 의료보험제도, 교육열, 정보화 문화 등도 선진국으로서 한국의 위상을 높여 한국인의 해외에서의 위상을 높여주고 있다. 한국의 공공외교는 이러한 문화/지식 자산을 해외에 보다 광범위하고, 깊이 있게 전달하는 역할을 해야 한다.

③ 한국의 안보여건을 개선하기 위하여, 국제사회에서 한국의

외교안보정책과 평화노력에 대한 지지를 확보하는 것을 목표로 할 수 있다, 이를테면 한국이 제시하는 북핵문제 해결책이나 동북아 다자안보협력체, 군축노력 등을 정교하게 이론화하고, 담론화하여 국제사회에서 일종의 표준으로 선택되도록 공공외교를 활용하는 것을 예로 들 수 있다.

④ 한국의 통상환경 개선을 위하여 국제표준 및 제도화의 장에서 한국에 유리한 표준 및 제도를 채택하도록 하는 것을 공공외교의 목표로 할 수 있다. 물론 이러한 목표는 전통적인 통상외교의 목표이지만 국제회의, 전문가 활용, 담론 및 이론의 개발 등은 공공외교가 한국의 문화/지식 자산을 활용하는 경우이다.

⑤ 한국 국민의 긍지를 높이는 것 자체를 공공외교의 목표로 설정할 수 있다. 한국 국민이 원하는 것은 반드시 구체적인 경제적 이익이나 군사적 이익만이 아니라 긍지, 존중, 인정과 같은 가치 중심적인 것들이 있다. 한국이 세계로부터 매력적인 국가로 인정을 받으면 한국 국민들이 긍지와 자존심을 살릴 수 있다. 이러한 경우 한국의 매력을 높이는 것 그 자체가 공공외교의 목표가 될 수 있다.

⑥ 한국으로의 관광객 및 투자의 유치가 공공외교의 목표가 될 수 있다. 이는 전통적인 통상외교의 영역이지만, 역시 한국의 매력을 높이고, 한국의 제반 표준 및 문화가 선진화되면 관광객과 투자유치가 늘어날 수 있다.

⑦ 이상의 목표는 몇 가지 중요한 외교적 목표를 예시적으로 뽑아낸 것이고, 이외에도 거시적, 미시적, 기능적, 로컬, 지역, 글로벌, 단기, 중기, 장기로 나누어 다양한 외교적 목표가 존재할 것이다.

7. 한국 공공외교의 주체

두 번째로, 한국 공공외교의 주체를 명확히 설정하여야 한다. 공공외교의 주체를 논할 때, 복잡하고, 다원화된 민주주의 국가의 공공외교는 정부뿐만이 아니라 비정부부문, 사적 영역 등이 공공외교의 주체로 등장한다고 주장하는 사람들이 있다. 물론 이러한 비정부부문이 과거에 비하여 독자적으로 활동할 수 있는 공간과 영역이 확대된 것은 사실이다. 하지만 비정부부문이 정부부문을 대체하여 체계적인 국가이익의 달성을 위하여 통합된 전략을 추구하기는 어려운 것이 현실이다. 공공외교가 작동할 수 있는 국가이익의 영역은 워낙 복잡다기하여 이를 중앙에서 조정, 통제하는 콘트롤 타워가 존재해야만 하는데 이러한 기능은 정부기관이 가장 효과적으로 수행할 수 있다.

이 시각에서 볼 때 비정부부문의 경우 하위 수준에서는 독자적인 외교의 주체가 될 수 있으나, 국가적인 차원에서 볼 때는 정부의 공공외교 수단으로 보는 것이 정확할 것이다. 물론 수단이라 하여 이들 비정부부문의 활동을 정부가 통제하거나 강제하는 것이 아니라, 이들의 활동을 정부가 적재적소에서 활용하고 또 협조를 구해야 한다. 또한 자유민주주의 국가라는 매력을 키우기 위해서는 정부 비판적인 활동에 대해서도 관용을 견지하여 표현의 자유를 최대한 보장하고 또 그러한 인식을 국제사회에 심어 주어야 한다.

현재 한국 정부조직상, 외교부가 공공외교의 콘트롤 타워가 되고, 여기에 한국 국제교류재단이 협력하여 정부 및 정부부문을 연결하는 역할을 하는 것이 바람직하다고 판단된다.

8. 한국 공공외교의 대상

공공외교의 대상은 공공외교의 주체와 달리 통일된 하나의 대상
이 존재할 수 없다. 공공외교의 대상은 상대국의 정치 및 경제 체
제, 그리고 사안별로 대상을 달리해야 한다. 예를 들어 상대국이 전
체주의, 권위주의 국가일 경우 국민 여론도 중요하지만 파워 엘리트
를 중심으로 하여 공공외교를 전개해야 한다. 여론이 선거를 통하
여 반영되어 국가 정책이나 정향을 변화시키기 어렵기 때문이다. 반
면 민주주의 국가에서는 국민 여론이 중요하고, 다양한 시민사회단
체나 이익단체의 영향력이 크기 때문에 대중, 오피니언 리더, 언론인,
시민사회단체, 이익단체, 그리고 개별 정치인, 관료 등이 모두 공공
외교의 대상이 된다. 개별 정치인이나 관료 등이 공공외교의 대상이
되는 이유는 이들도 문화/지식 자원을 전달하여 이들의 견해를 바
꿀 수 있는 대상이기 때문이며 또한 이들과 비공식적인 준민 간 채
널에서, 예를 들면 1.5 track 회의에서 접촉이 가능하기 때문이다. 왕
정국가에서는 왕족과 측근들이 공공외교의 주요 대상으로 포함될
수 있으며, 싱크탱크think tank의 전통이 강한 나라에서는 싱크탱크가
공공외교의 주요 대상으로 포함된다. 조합주의Corporatist 전통이 강
한 국가에서는 노동자 단체와 경영자 단체를 주요 공공외교의 대
상으로 삼을 필요가 있다.

　사안별로 대상을 달리해야 할 이유는 사안에 따라 전문가만이
주요 공공외교의 대상이 될 수도 있고, 또 어떤 경우에는 국민대중
전체, 아니면 노동조합 등이 공공외교의 대상이 될 수 있기 때문이
다. 예를 들어 한미 FTA의 미국에서의 비준을 공공외교를 통하여
지원하고자 한다면, 한미 FTA가 왜 미국에도 유리한 협정인지를

최대의 비토그룹veto group을 대상으로 하여 설득하여야 한다. 자동차 산업이 문제일 경우 자동차 노조가 공공외교의 주요 대상이 된다. 반면 한미동맹이 이슈인 경우에는 미국의 한반도 전문가, 군 관계자, 언론인, 의회 보좌관 등이 주요 공공외교의 대상이 된다. 한일관계에서 교과서문제가 발생할 경우, 공공외교의 대상은 일본의 역사학자, 시민단체, 학계와 언론계 등이 주요 공공외교의 대상이 될 것이며, 필요한 경우에는 극우단체까지도 공공외교의 대상이 될 수 있다.

이상에서 보았듯이 공공외교의 대상은 국가별, 사안별로 변화하게 되는데, 한국의 경우 공공외교의 대상에 국내 청중이 포함되는 경우가 발생한다. 외교안보정책에 관한 국내 여론이나 청중의 전폭적인 지지는 외교적 자산이 된다. 따라서 국내 청중에 대하여 외교안보정책의 오해나 오류를 불식시키는 노력이 공공외교의 주요 내용이 된다. 또한 한국이 해외에서 인정받고, 매력국가로 인식되는 것이 국민들이 원하는 가치이고 또 국가가 이러한 가치를 충족시켜주고자 한다면, 한국의 공공외교는 한국의 매력도를 국민에게 충분히 전달할 책임이 있다. 이 경우에도 공공외교의 대상에 한국의 청중이 포함된다.

9. 한국 공공외교의 수단

한국 공공외교의 수단은 전술한 바와 같이 지식/문화 자산의 활용이다. 지식경제, 문화산업의 발달로 한국은 과거에 비교하여 풍부한 문화/지식 자산을 보유하게 되었고, 또한 빠른 경제성장과 민주화, 금융위기의 극복 등 제3세계에 귀감이 될 만한 경험과 지식을 가지고 있다. ODA에 있어서도 세계 최초로 수원국에서 원조국으로 전환한 국가라는 귀중한 경험을 자랑할 수 있다. 이러한 한국이 보유한 문화/지식 자원을 모아보면, 전부를 모은 것은 아니지만, 다음과 같은 것들이 활용 가능한 자산들이라고 생각된다.

- 한류: 지역별로 특화된 스타들, 대중음악, TV 드라마, 영화, 비보이
- 특정 브랜드: 삼성, LG, SK, etc
- 민주화 및 근대화의 경험
- 금융위기 극복의 경험, G20
- IT와 정보화
- 태권도, 스포츠 스타(김연아, 박지성, 추신수 등), 붉은 악마, 올림픽, WBC, 월드컵
- PKO, ODA
- Dynamic Korea 이미지, 인적자원이 풍부하다는 이미지, 안전하다는 이미지
- 정, 애국(금 모으기), 추진력
- 방문화: 노래방, 찜질방, 빨래방, 비디오방 등
- 교포 네트워크
- 스타 학자, 언론인, 전문가, CEO

한국의 공공외교는 위의 문화/지식 자산들을 활용하여 전술한 한국의 공공외교 목표에 맞게 내용을 가공하고, 국가별 체제 유형에 따라 적절한 대상target audience을 선정하여 가공된 문화/지식 자

산을 전달하여 원하는 외교적 목표를 달성하면 된다. 재외 공관이나 문화원은 이러한 공공외교가 소기의 성과를 거두는지 수시로 점검하고, 본부로 점검사항을 보고한다. 외교부 본부는 이 보고사항에 기초하여 공공외교를 보완, 강화하거나, 수정하는 작업을 한다.

일례로 한국 공공외교의 목표가 한국-중앙아시아 관계의 중장기적 강화에 있다면, 한국의 우수성과 매력을 한류, 기업 브랜드, 근대화와 민주화의 경험, IT기술, 다이나믹한 이미지, 인적자원 등으로 포장하고, 이를 중앙아시아국가의 파워 엘리트, 대중에 적절한 매체를 통하여 전달하는 전략을 채택한다. 대학의 교재나, 드라마, 국제회의, 언론매체 등이 효과적일 것이며, 교포 네트워크를 활용하는 것도 방법이다. 전달 매체와 효과에 대해서는 중앙아시아의 지역 전문가에게 조언을 구하는 것이 필요하며, 교포 네트워크나 전문가를 적극 활용하는 것도 도움이 될 것이다.

II. G2 시대의 한국의 공공외교

1. 한국 공공외교의 글로벌 차원과 한미관계

서론에서 지적한 바와 같이 한국외교에 있어 공공외교의 영역은 이제 막 시동을 걸었다고 할 수 있다. 더욱이 객관적으로 판단하자면 한국이 글로벌 차원에서 독자적으로 효과적인 공공외교를 수행하기를 기대하는 것은 아직 무리다. 이런 맥락에서 일단 한국의 공공외교는 전 세계적 맥락을 염두에 두고 역량을 분산시키기보다는 한미관계의 맥락에서 우선적으로 다루는 것이 효과적이다. G2 시대가 본격화된다는 측면을 고려해도 그러하고, 결국 미국에 대한 공공외교는 한미 간에 머무르지 않고, 글로벌한 함의를 가질 수밖에 없기 때문이다.

공공외교라고 한다면 상대국의 국민들에게 한국이 원하는 이미지를 고양시키는 것이다. 이를 미국에 한정시킨다면, 미국인들이 한국에 대해서 가지고 있는 이미지를 말하는데, 양면성을 가지고 있다고 볼 수 있다. 한미동맹은 한미관계 있어 가장 핵심적인 축이라고 할 수 있으며, 서로에 대한 인식은 여기서 시작한다고 해도 과언이 아닐 것이다. 그런데 한국의 대외적 이미지에 있어서 한미동맹은 양날의 검이었다고 할 수 있다.

긍정적인 측면은 2차 대전 이후 미국이 이끄는 자본주의 진영의 쇼케이스로서 성공적인 결과를 가져왔다는 부분이다. 아시아, 아프리카, 남미로 대변되는 제3세계가 가난과 저발전, 독재로 점철되는 동안, 한국은 여러 가지 난관에도 불구하고 민주화와 경제발전에 있어 괄목할 성과를 거두었던 것이다. 이는 동유럽과 북한 등 사회주의 블록에서의 실패와 비교하면 그 성과는 더욱 두드러진다. 이렇게 한국은 2차 대전 이후 패권으로 등장한 미국이 세계를 향해 주장하는 반공주의와 근대화 논리를 정당화하는 데 큰 역할을 하였다. 최근에도 한국외교는 미국 패권에의 편승bandwagonning을 통하여 국제사회에서 목소리를 높이고 있는 것이 사실이다. 구체적으로 G20 회의 개최, UN 사무총장 역임, 핵안보 정상회의, APEC 정상회담 등에서 중요한 역할을 하고 있는 것은 한국이 스스로 이룬 역량강화의 결과이기도 하지만, 미국의 힘에 편승한 결과라는 부분도 무시할 수 없다.

그러나 한국외교에 있어서 한미관계는 긍정적 측면만 있는 것은 아니다. 안보는 물론이고, 경제, 정치, 문화 거의 모든 영역에서 작동하는 미국의 범위는 곧 한국에게 일정 정도의 무임승차 또는 편승이익을 주었지만, 그 이상으로 나가지 못하게 하는 제약조건constraints으로도 작동했다. 냉전기간에는 미국과 서구 자본주의 진영에 철저하게 편입함으로써 제3세계로부터는 소외되었다. 그 결과 70년대 제3세계의 입장을 조직적으로 대변하는 비동맹운동이나 G77에는 명함도 내밀지 못했다. 그들에게 한국은 미국의 속국 정도로 취급받았다. 이는 북한과의 적대적 대치로 인해 불가피한 면도 없지 않았지만, 중국과 소련에 대한 북한의 의존도와 비교해도 한국의 대미의존도는 훨씬 더 강했다.

냉전이 종식된 이후에도 한국은 쉽게 이 구도를 탈피하지 못하고 있다. 여기서도 분단 지속이 근본 원인이겠지만 한국의 대미의존성은 오히려 심화되는 경향을 보인다. 그런데 한미동맹의 근본적 정체성은 냉전적이며, 또한 전형적인 안보 중심의 외교인데, 공공외교의 함의는 보다 탈냉전적인 정체성을 지닌다는 것에 주목할 필요가 있다. 유의미한 공공외교를 위해서는 한미동맹의 성격변화가 동반되어야 한다는 것이다.

2. 한미 전략동맹과 공공외교

이런 맥락에서 한미동맹의 미래비전은 한국의 공공외교의 발전과는 상당한 관련성을 가지고 있다. 과거 냉전적 동맹관계를 유지하고, 대결적이고 안보지배적인 외교를 고수할 경우, 새로이 추진하고 있는 공공외교의 의미는 반감되기 때문이다. 한미동맹의 미래비전으로 제시된 전략동맹은 '가치동맹', '신뢰동맹', '평화구축동맹'의 3가지 중심축으로 구성되어 있다. 그러나 한미 전략동맹은 한미관계의 격상과 군사동맹을 넘어 다양하고 심화된 관계를 표방하지만, 전략동맹의 추진배경과 의도, 그리고 최근 동북아 질서와 남북관계 등으로 인해 오히려 냉전적 성격과 비대칭성을 오히려 강화할 가능

성이 있다.[11]

먼저 한미 전략동맹에서 말하는 '가치동맹'은 민주주의와 시장
경제 가치를 공유하는 동반자관계를 설정하고 있다. 동맹은 군사안
보가 중심 개념임에도, '가치'가 지향점으로 제시된 것은 역설적이다.
게다가 따지고 보면 그 가치들은 이미 오랜 시간 공유하고 있는 가
치라는 점에서 새로운 것은 아니다. 그런데 주목해야 할 것은 이 가
치동맹이 등장한 배경이다. 10년간의 소위 진보정권이 추진했던 민
족공조와 자주성 모색이 한미동맹을 약화시켰다고 판단하고 이
를 뒤집겠다는 의도를 가지고 있다. 이는 곧 대북강경책 복귀를 통
해 공통의 적에 대한 위협인식을 재정비하겠다는 것을 가치동맹의
가장 중요한 출발로 삼고 있기 때문에 과거 회귀적 성격을 내포한
다. 동맹이론가 월트가 지적하듯이 위협에 대한 인식의 변화가 분명
기존 동맹관계가 파기되는 데 영향을 미치는 주요 원인이기는 하지
만,[12] 한미동맹의 군사안보적 성격을 강조하는 것은 공공외교가 추
구하는 것과는 상당한 불일치를 노정한다.

한미동맹의 두 번째 신뢰동맹인데, 이 역시 미래 대안보다는 기
존 군사동맹구조를 심화시킬 가능성이 높다. 동맹의 전형적인 연루
와 방기 사이의 딜레마 중에서도 강대국과 약소국 간에 이루어지는
보장조약이기에 한국은 유난히 방기에 대한 두려움에 치중하였다.[13]
신뢰동맹을 강조하는 것은 한국이 미국으로부터의 방기를 회피하

....

[11] 김준형, "동맹이론을 통한 한미전략동맹의 함의 분석," 『국제정치연구』 Vol. 12, No.
2, 2009, p.103.

[12] Stephen M. Walt, "Why Alliances Endure or Collapse," *Survival*, Vol. 39, No.1
Spring 1997, pp.156–179.

[13] Glen H. Snyder, *Alliance Politics* (Ithaca: Cornell University Press, 1997), pp.12–13.

기 위해 미국의 이익과 관련된 영역을 적극 지원할 것을 약속하는 의도가 매우 강하다.

한미 전략동맹은 마지막으로 평화구축동맹을 추구한다고 되어 있다. 한미동맹은 원래 안보·자율성의 교환동맹의 전형이었다. 즉 한국은 미국이 제공하는 안보우산을 받는 대신, 일정부분 자율성의 제한을 수용하는 경우다. 이것이 냉전기에는 불가피한 측면이 있었다. 그러나 위계적 한미동맹이 개선되지 않은 상태에서 평화구축동맹이라는 목표는 동맹의 목적을 모호하게 만듦으로써 한국에 대한 미국의 통제력의 범위와 강도를 한층 더 커지게 만들 가능성이 크다. 평화구축동맹은 구체적으로 전략적 유연성 개념을 통해 한국이 한반도 외에 미국 주도의 대테러전쟁과, 핵확산 방지, 대량살상무기 확산방지구상PSI, 미사일방어체계MD에 동원될 가능성을 높이고 있다.[14]

이런 이유들을 고려한다면, 한미 전략동맹은 한미관계를 군사동맹에서 영미수준의 격상된 포괄적 동맹이라기 보다는 기존의 군사동맹을 재정비하는 방향으로 전개될 수도 있다. 미국의 일반국민들에게 비치는 한국의 이미지가 가치, 신뢰, 평화구축이라면 이는 그야말로 공공외교의 목표로 삼을 만한 좋은 연성가치가 아닐 수 없지만, 현재 전략동맹가 담고 있는 함의는 결국 미국의 세계전략의 부분으로 인식될 가능성이 더 크다. 물론 대테러전이나 평화유지군 등의 활동들을 미국과 함께 수행하는 것이 평화의 이미지를 제고시킬 수 있는 여지가 있지만, 현재의 한미 간 위계적 구도에서는 득보

....

[14] Larry A. Niksch, "Korea: U. S.-Korean Relations-Issues for Congress," *Congressional Research Service Report*, (July 21, 2006), p.15.

다 실이 많다. 특히 2010년 이후 동북아와 동남아에서 미중 2강이 힘겨루기 양상을 보이면서 신냉전적 구도가 부상하는 상황에서 한국은 이들의 갈등 속으로 끌려들어갈 수 있는 위험이 있다.

3. 이스라엘의 교훈

한국이 공공외교에서 성공적인 결과를 얻기 위해서는 이스라엘로부터 받을 교훈이 적지 않다. 이스라엘 하면 우리는 미국 내 정치에서 강력하고 효과적인 영향력을 행사하는 것을 떠올린다. 하지만 의외로 공공외교분야에서는 내외부의 평가가 그리 좋지는 않다. 이스라엘은 소수민족 로비ethnic lobbying에서 강점을 가진다.[15] 그러나 공공외교는 예상과는 달리 벤치마킹보다 반면교사로서의 가치가 더 크다.

아랍은 물론이고 국제사회의 이스라엘에 대한 이미지는 특히 2000년 2차 인티파다 이후 꾸준히 악화되었다.[16] 이는 팔레스타인에 대해서는 오히려 우호적이며, 동정을 표시하는 사람들이 증가한 것과는 반대 현상이다. 이를 심각하게 받아들인 이스라엘 정부는 2009년 공공외교부를 신설하고, 초대장관으로 유리 에델스타인Yuli Edelstein을 기용했다.[17] 공공외교부는 이스라엘의 이미지에 대한 재브

....

15 John Mearsheimer and Stephen M. Walt, *The Israel Lobby and U.S. Foreign Policy* (New York: Farrar, Straus and Giroux, 2008).

16 Eytan Gilboa, "Public Diplomacy: The Missing Component in Israel's Foreign Policy," *Israel Affairs*, Vol. 12, No 4, 2006, p.715.

17 에델스타인은 구소련에서 태어나 살다가, 시온주의 운동을 이유로 KGB에게 체포되어 3년간 복역한 후 87년 이스라엘로 이주했다. 그의 이러한 시온주의적 배경은 공공외교의 주무장관으로 부적격이라는 논란이 있기도 했다.

랜드화Re-branding의 기치 아래 국제적 고립을 타파하고 우호적 이미지를 확산하기 위해 다양한 노력을 경주하고 있다. 예를 들면 아름다운 해변을 홍보하고, 화려하고 열정적인 나이트라이프를 강조하며 관광을 장려하고 있다. 또한 유튜브, 트위터, 페이스북 등 소셜네트워크들을 총동원해서 이스라엘의 이미지 개선을 위한 전방위 공략에 나서고 있다.

이러한 이스라엘의 새로운 움직임은 그 나름의 의미를 부여할 수 있으나, 야심찬 계획에도 불구하고, 공공외교의 측면에서 3가지 심각한 문제점을 가지고 있다. 첫째, 이스라엘의 공공외교도 전통적인 정부 대 정부의 외교와 마찬가지로 미국과 유럽에 절대적으로 편중되고 있으며, 주변 아랍국들은 무시하거나 아니면 적대적 태도를 고수하고 있다. 둘째, 공공외교가 공식적인 국가 간 외교정책을 벗어날 수는 없지만, 이스라엘의 공공외교는 외교정책과 너무나 동떨어져 있다는 것이 문제다. 예를 들면, 이스라엘 외교부의 홈페이지에는 자신들이 평화를 위한 노력이 얼마나 많은가에 대해 거의 모든 페이지를 할애하면서 선전하고 있지만, 실제로는 팔레스타인을 포함해서 주변 아랍국들과 협상을 전면적으로 거부하는 모순적 행보를 보이고 있다. 그뿐 아니라, 이런 관계단절의 책임을 전적으로 아랍국의 위협 때문이라고 주장한다. 최근에는 그동안 좋은 관계를 맺고 있었던 터키와 이집트와의 갈등도 고조되면서, 중동에서 이스라엘은 스스로 고립을 심화하고 있다.

이스라엘 공공외교의 세 번째 문제는 소위 '하스바라Hasbarah'의 틀을 벗어나지 못하고 있다는 점이다.[18] 즉 이스라엘의 공공외교가

....

[18] 히브리어로 '설명' 또는 '정보'를 뜻하며, 선전·선동에 대한 완곡어법으로 잘 쓰인다.

여전히 자신의 입장만을 일방적으로 알리는 선전propaganda의 차원을 넘지 못하고 있다.[19] 아랍국가들의 입장이나, 미국 등 서구국가들의 관점은 등한시하고, 예를 들면, 홀로코스트나 이슬람의 테러 행위만 강조하며 이스라엘은 철저히 피해자인양 하고 있다. 이 때문에 가장 공을 들이고 있다는 미국에서조차 최근에는 '편협한 이스라엘'에 대한 비난이 커지고 있다. 특히 팔레스타인의 정착촌 건설이나 국경에 대한 강력한 봉쇄 등으로 미국 내 여론은 악화되고 있으며, 이런 대 이스라엘 이미지의 악화를 미국 정부의 중동정책 실패 원인으로까지 지목하는 사람들이 많아지고 있다.[20]

이스라엘 공공외교의 문제점을 돌아보면서 우리가 교훈으로 삼아야 하는 부분은 다음과 같다. 먼저, 이스라엘이 미국과 서유럽에만 치중하고, 주변국들과의 관계개선에는 등한시하는 것을 반면교사로 삼아야 한다. 그러나 현실은 오히려 이스라엘과 매우 유사하다. 특히 이명박 정부는 친미 및 친일본적인 외교에 집중해 온 것이 사실이다. 미국이 가장 중요한 우방이며, 또한 진보정권 10년간 한미

....

이스라엘 정부는 자국의 입장을 강변할 때마다, 국제사회에 상황을 '설명'하고 '정보'를 제공하는 것이라고 말한다. 전쟁 역사상 처음으로 동영상 공유사이트 '유튜브'에 별도 채널을 마련한 이스라엘 군부가 세계 네티즌을 겨냥해 퍼뜨리고 있는 최신 '하스바라'는 "멕시코가 샌디에이고를 향해 일삼아 로켓을 쏘아댄다면, 미국 정부는 이를 좌시하고 있겠는가?"이다.

[19] Ron Schleifer, "Jewish and Contemporary Origins of Israeli Hasbara", *Jewish Political Studies Review*, Vol.15 (2003), p.123.

[20] 미국도 오바마 행정부에 와서는 이스라엘에 대한 비판이 심심치 않게 등장한다. 힐러리 클린턴 외무장관이 이스라엘의 비민주적 정책에 대한 비판적 입장을 표시한 것이나, 주 벨기에 대사인 하워드 굿만은 오늘날 유럽에서의 '반유대주의(anti-semitism)'는 과거와 달리 유럽의 백인들이 아닌, 유럽의 아랍 이민자들 사이에 일어나고 있는데, 여기에는 대 팔레스타인 강경책 등 이스라엘이 원인제공을 한 측면이 있다고 언급해서 큰 파문이 일기도 했다.

관계가 악화된 것을 회복시킨다는 차원이라고 하더라도, 우리 외교의 친미편향성은 반드시 개선되어야 할 것이다.

두 번째 교훈은 이스라엘처럼 공공외교를 한쪽 방향으로만 아웃리치outreach하거나, 자신의 입장만을 변호하는 선전외교가 되어서는 곤란하며, 대상국과의 상호적 관계two-way engagement가 되어야 한다. 공공외교는 국가 사이의 공식외교의 보조수단이라는 점에서, 그리고 국가의 이익을 위해 이미지를 제고시킨다는 것을 목표로 하기에 언제나 자국의 입장을 일방적으로 전하고 싶은 유혹에 빠지기 쉽다. 그러나 이는 현재 이스라엘의 공공외교가 그렇듯 상대국에게 큰 효과를 발휘하지 못할 뿐더러, 오히려 반감마저 초래할 수 있다는 점을 명심해야 할 것이다.

세 번째 교훈은 이스라엘이 팔레스타인에 대한 강경책을 고수하고, 협상에 대해 미온적일 경우 공공외교의 효과는 반감될 수밖에 없다는 점에서 찾을 수 있다. 물론 이스라엘이 처한 지역적 환경은 매우 어렵다. 그러나 공공외교가 이런 상황을 개선시킬 수 있는 역할을 주문받고 있지만, 여전히 한계를 벗어나지 못하고 있는 것이다. 여기서도 한국은 닮은꼴이다. 물론 공공외교만으로 안보문제나 민감한 외교문제를 모두 해결할 수는 없다. 하지만 긴장완화의 계기가 될 수 있으며, 관계개선에 도움을 줄 수 있음에도 큰 진전이 없다. 반대로 최근 이스라엘과 한국은 공히 대북 강경책과 대 아랍 강경책으로 상황을 더 악화시키고 있다. 이스라엘의 경우, 세계적인 지지를 받고 있는 아랍의 민주화에 대해 소극적, 관망적 자세를 견지하거나, 오히려 위협으로 인식함으로써 주변국들의 반발까지 사고 있는 실정이다.[21] 아랍국가들의 정권교체를 기회 삼아 관계 및 이미지 개선을 이룰 수 있는 절호의 기회가 될 수 있다. 특히 상대적으로 덜 민감한 공공외교가 수행할 수 있는 역할이 분명 있다. 한국도 크게 다르지 않다. 선핵폐기론과 대북강경책의 원칙만 내세우며 어떤 대화의 재개도 고려하지 않고 있다. 미국 정부의 전략적 인내를 이끌어 내어 한미관계가 상당히 복원되었다고는 하나 과연 한국의 이미지를 개선했을 것인가에 대해서는 상당한 의문이 있다.

한국과 이스라엘의 이러한 자세는 전형적 이미지 극복에도 마이너스이다. 이스라엘의 경우 분쟁, 강력한 무장, 삼엄한 경계, 무차별 공습 등의 이미지가 너무 강력해서 최근 공공외교에서 강조하는 아름다운 해변, 이스라엘의 우수한 과학기술, 평화노력 이미지 제고에 공감하기 어렵다. 한국 역시 다르지 않다. 휴전선의 중무장, 상호 비방전 가열, 서해에서의 교전 등이 주는 이미지와 공공외교가 강조하는 이미지들과는 전혀 어울리지 않는다. 천안함이나 연평도 포격 사건도 마찬가지다. 북한의 호전성을 강조하는 데는 효과가 있을지 모르지만, 보다 긍정적인 대한민국의 이미지에는 결국 손해라고 볼 수밖에 없다. 연평도 포격 이후 한동안 정부 내에서는 이스라엘을 모델로 해야 한다는 주장이 나왔다. 그러나 과연 그것이 우리의 모델이 될 수 있는가? 이스라엘이 적대적 안보환경 속에서 살아남은 사실은 대단한 일이지만, 긴장과 대립 속에서 사는 것이 과연 우리

....

[21] 이스라엘 부수상인 Silvan Shalom은 한 이스라엘 라디오방송에서 "아랍국가들의 민주화로 인해 이스라엘의 안보는 더 위험해졌다"고 언급하였다. 또한 그는 민주화된 아랍의 정권들도 결국 이슬람 근본주의적 성향을 가지게 될 것이고, 이는 이스라엘의 안보에 위협이 될 것이라고 말함으로써 아랍권 국가들의 반발을 샀다. Saleh Naami, "Israel Dreading a Democratic Arab World" *Al Ahram(English)* January, 2011. http://english.ahram.org.eg/News/3926.aspx (검색일: 2011-11-15).

가 지향해야 할 목표는 아닐 것이다.

4. 한국 대글로벌 및 대미 공공외교의 개발 및 전략

한국외교에 있어 공공외교는 이제 막 출발점에 선 걸음마단계이다. 새로운 인식의 지평을 열었다는 것에는 의미를 둘 수 있지만, 과도한 기대나 목표설정은 삼가야 할 것이다. 효과적인 공공외교의 수행이 얼마나 어려운 일인지 객관적이고 현실적인 인식이 우선되어야 한다. 일찍부터 공공외교를 시작했으며, 다양한 소프트파워에서 우위를 확보하고 있는 미국과 프랑스 등도 기대만큼 성과를 올리지 못하고 있는 실정임을 인식할 필요가 있다.

또한 공공외교와 일방적 선전·홍보 외교와의 차별화의 측면에서, 다른 나라 사람들도 공감할 수 있는 접점을 제대로 파악하는 것이 무엇보다도 중요하다고 생각한다. 이런 맥락에서 미국을 포함한 글로벌영역에서 우리가 시도해볼 만한 공공외교의 중점 테마를 본질적 영역에서의 3가지 가치와 비근본적 영역에서의 3가지 가치로 생각해볼 수 있다. 먼저 본질적 가치substantive values로서는 경제발전 근대화, 민주화, 평화가 그것이다. 전쟁의 폐허로부터 반세기 만에 엄청난 경제발전을 이룬 것과 군사독재의 사슬을 끊고 민주화를 이룬 역사는 이미 자타가 공인하는 내세울 만한 훌륭한 가치이다. 세 번째 가치는 평화인데, 앞의 두 가치에 비해 유보적 상황이라고 볼 수도 있다. 분단현실에서 평화의 이미지를 추구하는 것이 모순적으로 보일 수 있지만, 이를 역으로 해석한다면, 지구상 마지막 남은 분단국이자 냉전의 잔재를 극복하려는 노력을 세계에 적극적으로 알림으로써 평화의 이미지를 강하게 각인시킬 수 있다고 본다. 이는 또한 한미동맹의 틀에만 갇혀 있던 한국의 이미지를 탈피하는 중요한 관건이 될 것이다.

한편, 비본질적 가치non-substantive values라고 해서 중요하지 않다는 의미는 아닐 것이다. 오히려 논란이 되거나 상반된 평가를 받을 여지가 많은 본질적 가치보다 접점을 찾기가 쉽고 의외의 큰 효과를 기대할 수도 있다. 사실 한류, 교육열, 그리고 IT강국의 이미지는 최근 공공외교를 언급할 때마다 단골메뉴로 등장하는 것들이다. 먼저 한류는 동남아나 일본, 중국과 비교해 미국 내에서는 미약하지만, 그렇다고 해서 가능성이 없는 것은 아니다. 또한 드라마나 케이팝은 이미 글로벌한 트렌드로 자리 잡아 가는 상황이라, 미국에도 본격적인 바람이 불 가능성은 충분하다. 더불어 한국 음식 역시 한국의 이미지를 알리는 데 큰 기여를 하고 있다. 2011년 여름에는 〈김치연대기The Kimchi Chronicles〉라는 한국의 음식관광 다큐멘터리가 공영방송인 PBS를 통해 미국 전역에 방송되어 큰 반향을 불러일으켰다.[22] 또한 오바마 대통령이 미국의 교육개혁에 대해서 한국의 교육을 벤치마킹해야 한다는 언급을 반복적으로 하면서 이에 대한 관심도 커지고 있다. 마지막으로 삼성과 LG가 휩쓸고 있는 IT제품 역시 한국의 이미지 제고에 큰 역할을 하고 있다.[23]

....

[22] 〈김치연대기〉는 유아 시절 미국으로 입양된 한국 태생의 '마르자'가 한국의 맛과 아름다움을 찾아다니며 자신의 뿌리를 발견하는 여정을 담은 다큐멘터리로서, 13편으로 이루어져 있다. 세계적 셰프이자 그녀의 남편인 '장 조지'가 공동 주연했으며, 할리우드 스타 휴 잭맨과 헤더 그레이엄도 특별출연했다.

[23] 그런데 아직 삼성이나 LG를 미국인들 중에 상당수가 일본기업으로 인식하고 있다는 점은 개선되어야 할 부분이다.

지금까지 살펴본 바와 같이 최우선적으로 한국의 공공외교의 목표가 분명하게 정립되어야 한다. 공공외교를 통해 얻고자 하는 이미지를 면밀하게 검토한 후에 추진해야 한다는 말이다. 또한 현재의 이스라엘이 하고 있는 것처럼 일방적 선전외교가 아니어야 한다. 조셉 나이는 행동이 말보다 더 큰 효과를 발휘하며, 단순히 하드파워를 치장하는 식의 공공외교는 성공하기 어렵다고 지적한 바 있다.[24] 또한 지금까지의 비대칭적 한미관계로는 미 국민들에게 한국의 이미지를 제고하는 데 근본적 한계가 존재한다. 특히 미국 정부는 물론이고, 미국의 국민들은 매우 지역적, 국내적 마인드를 가지고 있다. 패권국의 공통적인 특징이기도 하지만, 다른 국가에 관심을 가지기 힘들다.

....

[24]　Joseph Nye, "Public Diplomacy and Soft Power," *The Annals of the American Academy of Political and Social Science*, Vol. 616, No. 1, 2008, p.102.

Ⅲ. G2 시대의 대 자국민 공공외교

1. 한국 공공외교의 국내 차원

앞서 살펴보았듯이 G2 시대를 맞아 한국의 공공외교는 특히나 미국과 중국 국민을 대상으로 자국에 우호적인 이미지를 창출하고 한국형 매력을 발산함으로써 보다 넓은 의미의 한국외교 목표를 달성하는 데 그 목적이 있다. 이러한 공공외교의 성공 여부는 상대국 국민들이 공감할 수 있는 접점을 찾는 것과 더불어 자국민의 지지를 확보하는 데 있다. 공공외교를 통해 투사하고자 하는 자국의 이미지가 국내에서, 혹은 해외에서 자국민들이 만들어 내는 이미지와 일치하지 않을 때 그 효과가 반감됨은 두말할 필요가 없다. 따라서 공공외교를 효율적으로 추진하기 위해서는 자국민에 대한 공공외교의 국내 차원을 동시에 고려해야 한다.

사실 공공외교의 국내적 차원에 대한 고려는 전적으로 새로운 것은 아니다. 앞서 살펴본 바와 같이 미국 공공외교의 정의에서도 외교의 대상에 상대국 민간영역뿐 아니라 자국의 민간영역도 포함하고 있다. 외교부가 제시한 공공외교의 정의에서도 "소프트파워 자산을 활용하여 우리나라와 상대국 국민에게 올바른 정보를 제공하고 이해시킴으로써 국익을 증진시키는 외교활동"이라고 규정된 바 있다.[25] 이러한 접근법은 공공외교 틀 안에서 자국민을 타국의 국민과 같은 선상에 놓고 공공외교의 대상으로 간주하는 것이다. 자국민에게 필요한 정보를 제공함으로써 궁극적으로 "공공외교에 대한 국민대중의 인식을 높여야"하며 "국내적 지지기반을 확보해야" 한다는 것이다.[26]

여기서 더 나아가면 공공외교 수행에 있어서 자국민, 혹은 민간영역을 외교의 협력파트너로 상정하는 관점도 가능하다. 한국국제교류재단과 외교부가 공동주최하고 있는 한국공공외교포럼에서는 "공공외교는 외교관과 정부 관료에 국한되지 않는 다층적, 복합외교"라며 공공외교의 기획, 조정, 실행에 있어서 관민협력형 거버넌스 시스템이 제안되기도 하였다.[27] 한국 초대 공공외교대사인 마영삼도 "우리 국민들이 공공외교에 있어 주인의식을 갖는 것이 매우 중요"하며 "일반시민, 학계, 언론계, NGO, 기업과의 소통을 강화"하여 "정부-민간의 협력체제를 원활히 운영"할 필요성을 강조하였다.[28] 또한 21세기형 신공공외교에서는 20세기 공공외교와는 달리 정부뿐 아니라 다양한 비정부행위자가 외교의 주체가 될 수 있다는 지

....

[25] 외교부 문화외교정책과 보도자료 2010.5.12.

[26] 마영삼, "우리 외교전략으로서의 공공외교," 국제정치학회 발표문, 2011.10.23.

[27] 박철희, "한국공공외교의 거버넌스 시스템 개혁," 한국국제교류재단 한국공공외교포럼, 2011.1.19.

[28] 마영삼, "우리 외교전략으로서의 공공외교," 국제정치학회 발표문, 2011.10.23.

적도 있었다.[29]

전자가 외교정책 일반, 특히 대외 공공외교에 대한 자국민의 이해도 및 지지도를 높이는 것을 목적으로 한다면, 후자는 공공외교 실행 시 민간외교역량을 활용하여 외교의 효율성을 제고하는 것을 목적으로 한다. 전자가 대국민 홍보 및 소통을 강조한다면, 후자는 '국민과 함께하는 복합외교'라는 측면을 강조한다. 현재 한국외교계에서는 이 두 가지 접근법이 공존하고 있는 상황이다.

G2 시대의 공공외교와 관련해서, 본고에서는 주로 전자에 초점을 맞추어 논의를 풀어 나가고자 한다. 탈냉전 이후 빠르게 변모하는 국제정세로 인하여 외교정책의 방향 전환이 요구되고 있지만, 이에 대한 국민 대중의 합의 내지 지지가 없는 경우 정부와 국민 간의 불협화음이 발생할 수 있기 때문이다. 세계화, 정보화의 진전으로 말미암아 국내와 국외의 구분이 모호해지고 국민들이 국제적 요소(자국 정부의 외교정책 포함)의 영향을 직접적으로 받게 됨으로 인하여 국민들의 자국 정부 외교정책에 대한 관심은 그 어느 때보다도 고조되어 있다. 그러나 국민 대중이 자국 외교정책에 관한 정확한 정보를 갖지 못하거나 특정 외교정책을 추진하는 정부를 불신할 때 정부는 효율적으로 외교정책을 실행할 수 없다. 이것은 G2 시대의 공공외교분야에서도 마찬가지이다.

정부가 G2 시대를 맞아 미국과 중국 사이에서 균형 있는 외교정책을 추진하고자 적극적인 공공외교를 펼칠지라도 자국민이 이를 이해하고 지지하지 않는다면 대외관계에서뿐 아니라 대내 정치적으로도 갈등을 빚을 수 있다. 특히 한국전쟁 이후 50여 년간 대미 일

....
[29] 김태환, "21세기 신공공외교의 특징과 의미," 국제정치학회 발표문, 2011.10.23.

변도의 외교정책 노선을 따랐던 한국의 경험으로 말미암아 다수의 국민들은 고정된 세계관을 가지고 있고 이에 기반한 국가선호도를 지니고 있다. 따라서 G2형 외교정책으로의 방향 전환은 단순히 정책상의 문제가 아니라 국민 대중의 인식의 전환을 요구하는 복잡한 문제이다. 바로 이러한 점 때문에 G2 시대의 공공외교는 자국민까지도 그 대상으로 포함하여야 하는 것이다.

2. G2 공공외교의 대국민 설득 및 지지 확보

자국민을 대상으로 하는 G2 공공외교의 목표는 미중관계의 변화에 따른 국제정치의 패러다임 변화 양상을 자국민에게 설득하고 G2 외교에 대한 지지를 확보하는 것이다. 특히 외교정책 방향을 둘러싼 자국민의 분열을 방지하는 것이 매우 중요하다. 한국의 정치지형상 친미 성향이 강한 보수세력과 반미 성향의 진보세력 간의 갈등은 쉽게 예측할 수 있는 요소이며, 여기에 친중국 대 반중국 성향의 분열이 중첩된다면 상황은 더욱 복잡해진다. 이처럼 자국민이 분열된다면 국내정치적으로도 바람직하지 못할 뿐 아니라 국제정치적으로도 G2형 외교가 지향하는 바를 달성하는 데 큰 장애 요인이 될 것이다. 따라서 G2 외교에 대한 대국민 설득은 G2 공공외교의 핵심적 부분을 차지한다고 해도 과언이 아니다.

그러나 대국민 설득은 일방향적인 대중 홍보와는 다른 차원에서 이루어져야 한다. 미국 국민, 혹은 중국 국민을 향한 공공외교에서와 마찬가지로 대국민 공공외교는 국민과 정부 간에 공감대를 형성할 수 있는 접점 찾기에 초점이 맞추어져야 한다. 이것은 왜 G2

시대에 걸맞은 새로운 외교전략이 필요한가와 같은 보다 본질적인 문제에 대한 정확한 정보와 아이디어를 국민들에게 제공하고 국민들과의 소통을 통한 공감대 형성을 목표로 삼아야 한다. 즉 G2 시대에 들어와서 미국과 중국 중 어느 한 국가를 양자택일적으로 선택하는 외교정책으로는 한국의 국가이익을 최대한 실현할 수 없다는 현실에 대해 공감대를 형성하여야 하는 것이다. 이것은 한국외교정책이 단순히 친미·반미, 친중·반중 차원에서 규정되는 것이 아니라 이슈별, 사안별로 국가이익의 관점에서 규정되어야만 한다는 점을 국민들에게 이해시키는 것이기도 하다.

지난 10여 년간의 한국외교를 돌아보면, 정부가 추진하는 외교정책에 대한 대국민 설득 내지 지지 확보를 위한 노력에 소홀했음을 알 수 있다. 예컨대 김대중, 노무현 대통령 시절의 대북 햇볕정책은 국내의 보수세력을 설득하는 데 실패하였고 대북정책을 둘러싸고 국론의 분열을 가져왔다. 노무현 대통령의 동북아균형자론 외교정책도 그 내용이 국민들에게 충분히 전달되지 못하였고 이로 인해 국내적 지지를 획득하는 데 실패하였다. 더욱이 '균형자balancer'라는 용어를 사용함으로써 미국의 오해와 반감을 샀다. 이라크전 파병 결정에서도 볼 수 있듯이 노무현 정부 시절 미국과의 동맹에 기초한 우호적 결정이 이루어졌음에도 불구하고 노무현 정부는 '반미'라는 인식과 낙인이 붙여졌던 것도 사실이다. 한편 이명박 정부에 들어와서는 앞선 시기의 외교정책과는 방향을 전혀 달리하여 친미일변도의 외교정책을 펼치고 있는데, 이것이 한미 FTA 반대 촛불집회와 같은 거대한 저항을 낳기도 하였다. 이러한 사례 등은 외교정책의 국내적 차원이 매우 중요하며 앞으로 더욱더 중요해질 것이라는 점을 시사하는 동시에 G2 외교에 대한 대국민 설득이 쉽지 않을 것이라는 점을 보여준다.

그러나 G2 외교에 대한 대국민 설득이 불가능한 것은 아니다. 우리는 노태우 대통령 시절의 북방외교에서 중요한 시사점을 찾을 수 있다. 당시 냉전이 완전히 해체되지 않은 시점에서 노태우 대통령 은 소련, 중국, 동유럽국가 등 공산주의 국가와의 관계개선을 도모 하여 이들 국가와의 국교 정상화를 이루었다. 노태우 정권의 북방 외교는 두 가지 점에서 매우 주목할 만한데, 첫째는 시대적 흐름을 미리 읽었다는 점과 한국이 주도하는 외교였다는 점이고, 둘째는 북방외교가 그간 지나치게 친서방정책에 편중해 온 외교정책의 일 대 전환을 의미하는 것이었음에도 불구하고 국내 보수세력 및 미국 의 반발을 불러일으키지 않았다는 점이다. 북방외교가 실상 공산권 외교 임에도 불구하고 공산권이라는 용어 대신 북방이라는 용어를 사용함으로써 불필요하게 자극적인 요소를 배제하는 등의 세심함 을 보였기 때문이다. 또한 북방외교가 한반도의 평화와 안정을 유 지하는 데 도움을 주며 사회주의권과의 경제협력을 통한 경제이익 의 증진과 남북한 교류, 협력관계의 발전에 기여한다는 논리가 설득 력 있게 다가왔기 때문이다.

여기서 G2 시대의 대국민 공공외교의 효율성 제고를 위해 다음 과 같은 교훈을 얻을 수 있다. 첫째, 이름붙이기naming의 중요성이다. 특정 단어는 이와 연관된 많은 이미지들을 동반한다. 따라서 국내 특정 세력의 반발을 불러올 수 있는 용어를 회피함으로써 불필요 한 갈등을 유발하지 않는 것이 현명하다.

둘째, 정부가 추진하는 특정 외교정책이 국가이익에 부합한다는 점을 설득력 있게 설명할 수 있어야 한다. 여기에서 국가이익에 대한 명확한 정의 및 재정의가 필요하다. 이 부분에 대한 합의가 없기 때문에 외교정책을 둘러싸고 분열과 갈등이 빚어지고 있는 것이다.

셋째, 정부(외교부)가 국민 일반을 일방향적인 홍보를 통해 설득하는 것으로는 충분하지 않다. 정부는 온라인과 오프라인 매체를 동시에 이용하고 국민들과는 쌍방향 커뮤니케이션을 추구해야 한다.[30]

넷째, 정부가 외교정책 수립 시 국민들의 의견을 수렴하는 과정이 필요하다. 외교정책이 국민들의 여론에 따라 좌지우지될 수는 없겠지만, 외교정책의 방향을 설정하거나 특정 정책을 추진하는 과정에서 국민들의 여론을 수렴하기 위해 여론조사 활용, 정책자문회의에의 전문가 의견 수렴(외교정책 방향(어젠다)을 선 결정한 후 관련 전문인의 자문을 구하는 방식에서 탈피), 공공외교포럼의 확대 강화(정계, 재계, 언론계 인사 및 NGO 참여) 등을 추구해야 한다. 예컨대 한미 FTA의 경우 국민들의 반대 여론이 거셌음에도 불구하고 국민들의 의견을 수렴하거나 혹은 국민들을 설득하기 위해 공청회를 개최하는 등의 노력을 기울이지 않은 점이 아쉽다.

다섯째, 외교정책의 내용 그 자체만큼이나 외교정책 결정과정의 투명성과 민주성이 확보되어야 대국민 설득력이 높아진다. 모든 국민이 만족하는 외교정책 방향을 설정하기란 사실상 불가능하다. 따라서 절차적 투명성을 확보해야만 반대의견을 가진 국민들도 특정 외교정책에 대해 납득, 수긍하게 된다.

이와 같은 노력을 기울인다면, 정부는 국민들로부터 신뢰를 받으며 국제무대에서 적극적으로 G2형 외교를 펼쳐 나갈 수 있을 것이다.

....
[30] 김상배, "21세기형 외교인프라 구축 방안," 공공외교포럼 발제문.

참고문헌

CSIS, *CSIS Commission on Smart Power: A Smarter*, More Secure America, November 2007.

Eytan Gilboa, "Public Diplomacy: The Missing Component in Israel's Foreign Policy," *Israel Affairs*, Vol. 12, No 4, 2006, p.715.

Fukuyama, Francis., *The End of History and the Last Man*. 1992.

Gilboa, Eytan. "Public Diplomacy: The Missing Component in Israel's Foreign Policy," *Israel Affairs*, Vol.12, No.4, 2006.

Lee, Geun, "A Theory of Soft Power and Korea's Soft Power Strategy," *The Korean Journal of Defense Analysis*, Vol.21, No.2 (June 2009).

Mearsheimer, John and Stephen M. Walt, *The Israel Lobby and U.S. Foreign Policy* (New York: Farrar, Straus and Giroux, 2008).

Naami, Saleh, "Israel Dreading a Democratic Arab World" *Al Ahram(English)* January, 2011. http://english.ahram.org.eg/News/3926.aspx (검색일: 2011-11-15).

Niksch, Larry A. "Korea: U. S.-Korean Relations-Issues for Congress," *Congressional Research Service Report*, (July 21, 2006).

Nye, Joseph. *Bound to Lead: The Changing Nature of American Power* (New York: Basic Books, 1990).

_____. *Soft Power: The Means to Succeed in World Politics* (New York: Public Affairs, 2004).

_____. *The Powers to Lead* (New York: Oxford University Press, 2008).

_____. "Transformational Leadership and the U.S. Grand Strategy," *Foreign Affairs*, vol. 85, no. 4 (July/August, 2006).

_____. "Public Diplomacy and Soft Power," *The Annals of the American Academy of Political and Social Science*, Vol. 616, No. 1, 2008.

Schleifer, Ron. "Jewish and Contemporary Origins of Israeli Hasbara," *Jewish Political Studies Review*, Vol.15 (2003).

Snyder, Glen H. *Alliance Politics* (Ithaca: Cornell University Press, 1997).

States Information Agency Alumni Association, "What is Public Diplomacy?," Washington DC, http://www.publicdiplomacy.org/1.htm (검색일: 2006-4-3).

Tuch, Hans N. *Communicating with the World: US Public Diplomacy Overseas* (New York: St. Martin's Press, 1990).

U.S. Department of State, *Dictionary of International Relations Terms*, 1987

Walt. Stephen M., "Why Alliances Endure or Collapse," *Survival*, Vol.39, No.1 Spring 1997.

김상배, "21세기형 외교인프라 구축 방안," 공공외교포럼 발제문.

김준형, "동맹이론을 통한 한미전략동맹의 함의 분석," 『국제정치연구』 Vol.12, No.2, 2009.

김태환, "21세기 신공공외교의 특징과 의미," 국제정치학회 발표문, 2011.10.23.

마영삼, "우리 외교전략으로서의 공공외교," 국제정치학회 발표문, 2011.10.23.

박철희, "한국공공외교의 거버넌스 시스템 개혁," 한국국제교류재단 한국공공외교포럼, 2011.1.19.

외교부 문화외교정책과 보도자료 2010.5.12.

21세기 외교환경과 외교역량 강화방안

신성호

문제인식

* 현황 평가 및 전망에 기초한 계획 수립이 필요
  - 한국의 외교 역량을 강화하기 위해서는 현재 우리가 처해진 상황이 어떠한지를 객관적으로 파악하고 외교를 통해 확보해야 할 이익과 목표가 무엇인지를 명확히 설정하고 이를 달성하기 위한 전략이 전제되는 가운데 어떠한 역량과 체제가 요구되는지를 파악하여 제시해야 함
  - 국가 차원의 외교전략이 우선 설정되고 이를 추진하기 위한 체제와 능력을 확보하는 형식으로 접근해야 함.
  - 우리는 hardware적인 측면보다는 software적인 측면에 보다 많은 관심과 노력을 기울여야 할 것임. 특히 외교정책커뮤니티라는 개념을 도입하여 국가적 외교역량을 결집·활용에 관심을 가져야 하며, 전략형 전문가를 육성·활용하고, 유연한 조직운영, 책임감과 창의적인 조직문화, 단기와 장기 이슈의 조화와 조정, 기획과 대비 등을 중점적인 이슈로 설정하고 추진

* 한국 외교부와 외교의 문제점
  - 경직된 종적 조직구조와 폐쇄적·배타적인 조직문화 및 소통부재
  - 지나친 중앙집권화 형태의 의사결정체제
  - 단기 현안 중심의 업무로 예방적 대응에 취약
  - '디지털 시대'에 '아날로그식 업무 프로세스와 형태'의 지속
  - 정책 커뮤니티 개념이 희박 및 유관부처가 협조에의 한계
  - 외교인력의 전문성 미흡 및 경쟁력 부족
  - 인력구조 조정이 필요(종형구조에서 피라미드형 구조로)

추진방향

* 외교부와 외교역량 강화 관련 기본방향 및 추진전략
  - 기본에 충실한 외교부를 만드는 것을 지향해야 함.
  - 외교 대상 혹은 영역이 포괄적으로 확장되고 다원화되는 경향이 노정됨에 따라 이슈의 사전 식별과 예방적 접근에 중점을 둠과 동시에 고도의

전문성을 추구함(예측 및 전문성).
- 행위자들의 다변화를 고려하여 대상에 따른 적합한 형태의 외교기법을 개발하고 역량을 활용하며, 효율적인 분업체계를 구축하는 것으로 지향함(포괄성과 균형 및 조화).
- 외교부는 관련 수단을 총 결집하여 사용하는 force multiplier, linker, 혹은 지휘 및 조율자의 역할을 해야 함.
- 외교를 적극적·효율적으로 추진하기 위한 공감대 형성과 지지 확보를 위해 주요 행위자들이 참여하는 국내 외교 정책 커뮤니티 형성을 적극적으로 추진함.

주요 추진과제

• 제도/조직, 인력, 업무와 관련된 3개 분야로 분류하여 개선방안을 추진

• 제도/조직 개선 방안
  - 지역국 중심으로 외교부 조직을 재편
    · 현재 외교부의 조직은 크게 지역과 기능으로 구분되어 있으나, 이를 지역을 중심으로 재편하고 기능은 다자외교라는 차원에서 통합
    · 지역국내에서 정무, 통상, 영사, 공공외교라는 4개 부분으로 구분하여 업무를 체제로 구축하여 지역에서 발생하는 문제를 종합하고 처리하는 구조로 전환
    · 지역구분은 동북아(중국, 일본, 대만, 몽골), 서남아 및 대양주(인도, 파키스탄, 동남아 및 대양주 국가군)), 북미(미국 및 캐나다), 중남미, 중동(터키 포함), 아프리카, 유럽, 유라시아(러시아 및 중앙아) 등으로 설정
    · 다자외교 담당 부서는 국제기구(인권, 군축, 기후 및 환경 포함)를 중심으로 하고, 경제통상(에너지 및 자원 포함), 조약 및 국제법 등을 이에 배치
    · 통상교섭본부 업무를 경제통상국으로 이관하여 통상교섭본부는 분리·독립하고 장관급 통상교섭대표직을 설치(유관부처의 통상 관련 기능을 통합하는 것이 필요)

- Team 혹은 Task Force 제도 활성화
  - 기존 조직 체계와 인력 편성을 유지하는 가운데(행정상 조직으로 유지) 글로벌 이슈와 어젠다를 중심으로 인력을 탄력적으로 배치·운용하기 위해 Team 혹은 Task Force 제도를 도입
  - 팀장은 직급이나 직책과는 무관하게 이슈의 중요도나 성격에 따라 선별하고 필요할 경우 민간 자문관을 위촉하고 유관부처 인원을 배속받아 업무를 처리하고, 부족한 전문성을 보완하기 위해 해당 분야별 유관기관, 외부 전문가 및 시민사회단체와의 상시 협력 네트워크를 구축·운영을 활성화
- 장관 직속의 정책기획·조정실(선임차관보) 신설
  - 기획기능을 실질적으로 수행하기 위해 기존 조직의 골간을 유지하고 기존 조직은 현안 업무를 수행하도록 하되, 장관 직속의 정책기획·조정실(차관보급)을 신설하여 일종의 콘트롤 타워 역할을 수행하며, 정세 분석·평가·전망, 이슈 식별 및 개발, 중장기 외교정책 기획(업무의 70% 수준) 및 현안 업무 조정·조율 임무(30% 수준)를 부여
  - 정책기획조정실 하에 정책기획팀(기획과 조정), 정세분석팀I전망 및 이슈 발굴), 공공외교팀(現 문화외교국을 흡수하되, 기타 공공외교업무를 강화) 등 3개팀을 설치하고 장관을 보좌
  - 정책기획실에는 다수의 민간 전문가 및 유관부처 인력을 영입하여 민관협력 및 유관기관협조 네트워크를 구축

- 인력운영 개선방안
  - 새로운 외교관 충원 제도 도입 및 사전직무 교육 강화
    - 국립외교원 설립에 관해 아직도 많은 저항과 부정적인 인식이 존재하고 있고, 본래의 취지와는 달리 변형된 형태로 결과가 나타날 가능성이 증가
    - 본래의 목적에 부합될 수 있도록 국립외교원의 조직, 인력, 예산 등이 배정되어야 하며, 석사 학위과정으로 변환하여 공부하는 외교관으로서의 자격을 갖출 수 있도록 조치
    - '직급별 맞춤형 평생교육' 시스템 구축 및 권위 있고 공정한 외교역량 평가를 통한 외교관의 전문성과 자질의 향상을 도모. 이를 위해서는 교육정원을 별도로 배정하는 조치가 있어야 한다. 과장급 및 국장급 교

육 기간을 늘리고 내실화추진(최소 3개월이상)하며, 공관장 발령자에
대한 현지 교육을 강화
- 외교부내 일반직 특수 공무원 배치, 업무의 연속성 및 일관성 유지
  · 외무직 공무원과는 달리 공관근무를 하지 않고 본부에서 특수업무(정
    보 및 정세를 중심)를 담당하는 인력을 확보
  · 특정 지역이나 정보업무를 담당하는 인원을 별도로 배치하여 업무의 연
    속성을 보장하고 전문성을 제고, 따라서 각 과에 최소 1~2명을 고정적
    으로 배치하는 방안을 고려
- 적정 외교인력 소요 판단 및 확보 시스템 구축과 인력구조 개선
  · 업무 특성 및 양 변화에 대한 판단과 예측에 따라 어느 시점에서 어떠
    한 인력이 어느 정도 필요할 것인지를 과학적·체계적으로 판단하는 것이
    필요
  · 승진과 직급 정년제를 재도입하여 선별·퇴출을 보완하는 방법도 고려하
    고, 이를 통해 피라미드형 구조로 점진적으로 변화
  · 보직을 늘리고 특히 고위직을 늘리는 것에 관심을 둘 것이 아니라 실제
    로 일하는 사람의 수를 늘리는 것에 조직개편의 중점
- 특정 대사직·직위의 인사청문회 제도 도입 검토
  · 4강 대사 및 유엔 대사 등에 대해 인사청문회를 개최하여 인사검증을
    실시하는 것을 도입

• 업무추진 개선방안
  - 외교기본정책서(가칭)를 포함 주요 외교기획문서 작성
    · 과거의 성과를 종합하는 '외교백서(外交白書)'보다는 앞으로 무엇을 할
      것인가를 제시하는 '외교청서(外交靑書)'를 작성·발간하는 것이 필요하
      며, 상위의 '국가안보전략'에 기초하여 이를 구현하기 위한 실천방안을
      담은 '외교기본정책서(가칭)'를 정기적으로 작성·발간을 추진
  - 민관(民官) 협력체제 강화와 외교정책커뮤니티 형성 노력
    · '민간외교단,' '국제관계자문교수(각 대학에 배치)' 제도, '공공외교포럼
      (Public Diplomacy Forum)'을 확대·강화
  - 외교부-지자체 간 협의기구 발족을 통해 지자체의 대외활동 지원 강화
    · 지자체의 대외활동이 증가하고 있는 바, 자문대사 파견 이외에 외교부-

지자체 간 정례적인 협의를 실시하고 협조할 수 있는 기구를 설치
- outreach program을 포함한 공관의 역할·기능 강화
  · 공관의 역할과 기능이 과거에 비해 상대적으로 위축되어 있는 것이 사실
    이나, 정보화시대에서 오히려 공관의 활동은 더욱 강조되어야 함. 특히 정
    보 분석과 네트워크 활동을 강화하고, 영사업무도 강화하는 것이 필요
  · 언어, 문화, 예술 분야 등으로 확대하고 현지에서의 접촉 및 홍보 활동
    을 강화

• 기타사항
  - 외교부 예산(ODA 부분 제외)을 OECD 국가 평균수준으로 상향하고 인
    력을 최소 3,500명 수준으로 확대하는 것이 요구됨.
  - 특히 예산중 경상비보다는 사업비를 확대하여 외교활동을 활성화하는
    데 집중해야 하며, 인력증원의 경우 분야별 소요인원을 판단하여 연차적
    으로 증원하는 것을 추진해야 할 것임.

I. 향후 외교환경 전망

21세기에 들어서 외교환경은 급변하고 있으며 이러한 외교환경 변화는 새로운 도전을 부과하고 있고 이에 대처하기 위해 새로운 방안과 실행이 필요한 상황이며, 주요국들은 이러한 변화에 맞추어 보다 효과적인 대응책을 강구하고 있는 실정이다. 가장 대표적인 것이 '스마트외교smart diplomacy'를 지향하고 있는 미국이라 할 수 있으며, 기타 주요 국가들도 빠르게 그리고 각국별 상황과 목적에 부합되는 체제를 갖추고 적합한 방안을 강구해 나가고 있는 상황이다. 따라서 한국의 외교역량을 제고하는 방안을 모색하기 이전에 변화된 환경이 어떠한 특성을 가지고 있는가를 분석·평가하고 이러한 것이 지금 그리고 미래의 한국외교에 시사하는 바가 무엇인지를 식별하는 작업이 우선되어야 한다.

국제사회는 주요국들 간의 역학관계의 조정으로 인해 구조적 변화를 거듭하고 있고 그 결과 국제사회는 유동성, 불안정성과 불예측성이 증가하는 경향을 보이고 있다. 이러한 유동성이 증가하는 상황이 증가하는 현상은 현재보다는 미래에 대한 예측과 이를 대비하는 외교의 중요성을 더욱 강조하고 있다. 즉 주요 국가들은 현상을 관리하고 당면 현안을 해결하는 것 못지않게 중장기적으로 미래를 준비하고 개척하는 외교에도 관심과 노력을 집중하고 있으며, 주어진 여건에 순응하는 것이 아니라 국가이익을 극대화하기 위한 여건을 만들어 나가기 위한 방향에서 외교력을 집중하고 있다. 즉 과거에 비해 국가전략이나 외교 전략 및 정책을 보다 치밀하게 구성하고 방향성을 가지고 집행해 나가는 노력이 더욱 절실히 요구되는 상황이 전개되고 있다.

두 번째 특징은 새로운 이슈와 도전의 등장으로 인해 외교의 영역이 확장되고 있다는 점이다. 새로운 이슈와 도전의 특성은 어느 특정한 영역에 국한된 것이 아니라 여러 영역에 걸쳐 결합된 형태로 나타난다는 점이다. 즉 군사문제가 단순히 군사영역에 국한된 것이 아니라 경제와 사회 등과 같은 비군사적 분야에도 영향을 미치고, 반대로 비군사적 이슈가 군사영역에도 영향을 미친다는 점이다. 원인, 현상 그리고 결과가 특정 영역에 국한된 것이 아니라 여러 영역에 산개되어 동시다발적으로 연계되어 나타난다는 측면에서 문제의 성격이 단순한 것이 아니라 매우 복잡함complexity과 다면성을 가지고 있다. 따라서 대책을 강구함에 있어서 이러한 연계성을 파악하고 포괄적이고 입체적인 접근을 추구해야 한다는 점이다. 이는 과거 정무업무political affairs가 주류를 이루던 외교 형태의 변화를 요구하고 있으며, 외교의 영역이 정무나 통상을 넘어 보다 다양한 영역으로 확장되어야 한다는 점을 의미한다.

세 번째, 21세기에 들어서 외교업무를 수행함에 있어서 보다 높은 수준의 전문성이 요구되고 있다. 이는 외교업무가 보다 세분화되고 각각의 세분화된 분야에서 이슈 혹은 문제에 대한 정확한 이해와 판단에 따라 업무의 효율성이 결정되고 정책의 성패가 좌우됨을 의미한다. 따라서 상식적인 수준에서 문제를 파악하고 대처하는 일반적인 접근generalist approach으로는 목표를 달성하는 데 많은 제약이 따르게 된다. 환경, 기후, 에너지, 자원, 보건 및 위생 등과 같은 인간안보human security의 중요성이 지속적으로 제기·강조되고 국제사회의 주요 이슈로 자리 잡음에 따라 이러한 문제에 대한 축적된 지식과 전문성이 뒷받침되지 않을 경우 선도나 주도하는 것이 아니라 그냥 '따라가는 입장'에 놓이게 된다. 즉 외교의 새로운 영역과 이슈에서의 협력이 강조되지만 다른 한편에서 주도권 경쟁이 치열해질 것으로 예상되는 바, 이러한 경쟁에서 우위에 위치하기 위해서는 축적된 지식과 경험을 바탕으로 하는 전문성이 더욱 절실히 요구된다.

네 번째는 외교 행위자들의 다변화와 이로 인한 정책결정 커뮤니티의 확대이다. 과거 우리는 국가 중심의 국제질서 속에서 살아왔고, 외교는 국가 혹은 정부의 전유물처럼 여겨 왔다. 그러나 20세기 후반 그리고 21세기에 들어서 개인, 집단, 기업, 지역통합체 등 다양한 행위자가 국제질서·규범에 중요한 영향을 행사하게 되었고 이러한 경향은 더욱 강화될 것으로 전망된다. 테러집단, 조직범죄집단, 종교집단, 시민사회단체, 다국적기업 등이 이미 국제정치에 중요한 영향을 미치고 있고 개인도 이에 합류하고 있다. 따라서 국가와 비국가 행위자non-state actor 간 영향 수준과 영역 구분이 불명확해지는 현상이 심화(국제, 지역, 국가, 사회, 개인이 복합적으로 작용)되고, 비국가 행위자들의 정치세력화 경향이 강화되고 있다. 또한 과학·기술·정보에 대한 접근의 용이성 및 확산 가능성 증가함에 따라 국가의 독점영역이 잠식되고 국가와 사회의 취약성이 증가함과 동시에 구성의 최소단위인 인간안보문제가 부각되고 관심이 증가하고 있다. 특히 정보통신기술의 발달로 인해 국가 혹은 정부가 외교정책을 수행함에 있어서 보다 많은 행위자들과 소통은 물론 시간과의 싸움에서 이들을 앞서 나가야 목표를 달성할 수 있을 것이라는 점을 의미한다. 따라서 소통의 중요성, 의제의 선점, 여론 형성 등에 대해 과거보다 많은 관심과 노력이 기울여져야 한다.

다섯째, 앞서 언급한 상황과 전망을 반영하여 다수의 국가들은 외교조직을 개편·확대하고 탄력성을 제고해, 새로운 외교환경에서 업무를 수행할 외교 인력을 육성·확보하는 것에도 노력을 기울이고 있다. 우선적으로 외교관의 어떠한 자질을 보유하여야 하는 것과 관련하여 미국은 문화와 언어를 강조하고 있고 이를 기반으로 '스마트외교smart diplomacy'를 수행할 것을 기본방향으로 설정하였으며, '공공외교public diplomacy'를 강조하고 있다. 이는 외교관이 상대방 국가의 정부만을 상대하는 것이 아니라 일반 대중과의 접촉을 통해 자국의 이미지를 개선하고 업무를 수행하는 데 필요한 우호적인 여건을 조성하는 데 힘을 기울여야 한다는 것을 의미하며, 이러한 업무를 수행함에 있어서 요구되는 자질을 구비하여야 함을 강조하고 있다. 이러한 차원에서 문화에 대한 이해, 언어 구사능력, 소통communication능력 등이 외교관이 갖추어야 할 소양으로 강조되고 있다. 또한 업무 형태에서의 변화도 요구되고 있는 바, 적확한 상황 판단, 빠른 결정과 이행 등이 절실히 요구된다. 이를 위한 구조적 변화가 필요한 상황이다. 또한 국내적으로도 외교정책 커뮤니티가 확장되고 요구가 증대할 것이라는 점에서 국내기반을 확충하고 지평을 넓히는 작업도 필요할 것으로 예상된다.

결론적으로 상기와 같은 대내외적 외교환경은 향후 우리 외교가 질적·양적, 내용과 형식에서 과거와는 다른 방향으로 변화해야

함을 의미하며, 이는 외교부 차원을 넘어서 범정부 혹은 국가적 차
원에서 검토하고 추진되어야 함을 의미한다.

II. 한국 외교부 및 외교의 현황 평가

1. 조직 관련 사항

가. 지역·양자 및 기능·다자를 기준으로 한 경직된 종적 조직구조

현재 외교부는 1970년대에 도입된 지역과 기능을 기준으로 편성된 조직을 근간으로 구성되어 있고, 지역국은 양자관계와 관련된 정무 중심의 업무를, 기능국은 다자관계 및 기능과 관련 업무를 담당하고 있다. 또한 1998년 통상업무가 외교부(당시 외무부로) 이관되어 외교와 통상업무를 동시에 추진하는 형태로 확장되기는 하였으나, 통상 관련 업무는 사실상 통상교섭본부를 중심으로 이루어지고 있다. 이는 기본적으로 외교부의 업무가 정무와 경제·통상이라는 두 개의 축을 중심으로 추진되고 있음을 의미한다.

제1차관은 외교부 행정업무를 담당하고 부서와 양자관계 업무를 담당하는 부서를 관장하고 있고, 제2차관은 국제기구, 다자관계, 영사 및 재외동포와 관련된 업무를 수행하고 있다. 통상교섭본부장은 다자통상, 지역통상, 국제경제 등을 관장하고 있다. 이에 추가하여 북핵과 북한 문제를 전담하는 한반도 평화교섭본부차관급가 설치되어 업무를 수행하고 있다.

이러한 조직체계는 양자관계에서의 발생하는 문제와 이슈의 복합성을 이해하고 대처할 수 있기는 하나 양자관계를 넘어선 차원(이슈의 수준이 다를 경우)에서 발생하는 문제와 이슈의 연계성과 복합성적인 측면을 식별하고 해결하는 데에는 취약함을 드러내고 있고, 반대로 다자관계 혹은 국제기구에서 발생하는 이슈가 양자관계에 미치는 영향을 파악하고 대처하는 데에도 취약함을 가지고 있다. 이는 연통형stovepipe 혹은 종적 구조로 인해 업무의 독점화가 심화되고, 소통부재의 배타적 조직문화, 결과적으로 외교부 내 여타 실·국·과 간 업무협의와 협조에 한계가 초래된 것으로 평가된다.

이러한 외교부의 경직된 조직 구성과 운영은 정보 공유를 제한하여 문제의 사전 식별, 효과적인 정책 조율 및 입안, 정책 실패와 문제 발생 시 책임회피 및 전가 등과 같은 결과를 초래할 가능성이 높다. 과거 ABMAnti-Ballistic Missile 사건이 가장 대표적인 예가 될 수 있다. 한러 정상회담에서 한국은 ABM과 관련하여 러시아의 입장을 지지하는 것으로 발표되었다. 결국 구주국의 책임으로 결론이 났으나, 조약국을 비롯한 여타 관련 부서가 전혀 책임이 없다고는 할 수 없다. 즉 구주국에서 러시아 측이 이 문제를 제기할 가능성이 있다는 점을 제기하였고 이 문제에 관한 검토를 조약국에 의뢰하였으나 조약국은 문제가 없다는 것으로 입장을 정하였던 것으로 알려지고 있다. 그러나 간과한 점은 북미국이 배제됨으로써 이러한 해석과 입장이 한국과 미국 사이에 어떠한 외교적 파장과 영향을 미칠 것인지를 판단하지 못하였다는 점이다. 또 하나의 예는 지역국들 간에서 조차도 핵심사항에 대해서는 정보 공유를 하지 않고 있다는 점이다. 1998년부터 1999년 사이 남·북·미·중 4자회담이 진행될 동안 회담과 관련된 정보는 북미국이 독점하였고 여타 유관국(특히 아태국, 유엔국 및 조약국)과는 정보를 공유하지 않았다.

지금도 이러한 현상은 계속되고 있는 것으로 파악되고 있으며, 정보 독점을 통해 상대적인 영향력을 확보하려는 경쟁이 치열하고 그 결과 조직이 통합·결집하기보다는 분열 현상을 보이는 경향이 나타나고 있다. 즉 외교부 내에서 종합적인 조율·조정과 통합 과정이 결여되어 있고 이 모든 것이 외교부 조직상 최상위에 있는 장관에게 일임되어 있음에 따라 누가 장관에게 접근성을 가지고 있는가로 정책이 결정되는 경향을 보이고 있고 이를 두고 경쟁하는 상황이 발생하고 있다. 따라서 이러한 경향을 해소할 수 있는 조정기구나 조직을 설치하는 방안을 검토하는 것이 필요한 상황이다. 물론 장관실에 보좌관과 정책특보가 있기는 하나, 모든 안건을 사전 조율하고 조정하는 것에는 한계가 있으며, 장관의 지시를 수행하는 것에 치중하고 있음에 따라 전반적인 외교정책에서 사안을 식별하고 부내 조율을 시행하는 것에는 많은 제약이 따르고 있는 것으로 파악된다.

나. 폐쇄적·배타적인 조직문화

이러한 횡적 소통 부재의 문제는 단순히 조직구조와 체계상의 문제이기도 하지만 외교부 조직문화에도 원인이 있기도 하다. 외교부 인력의 대부분은 외무고시를 통해 충원되어 왔고, 언어와 특수 분야의 필요성에 의해 일부 인원들은 특별채용(혹은 2부)을 통해 임용되었다. 임용과정이 다른 인원들 간 차별 문제점, 즉 외무고시 출신 대 비非외무고시 출신을 가르는 배타적인 '외교부 순혈주의' 혹은

'엘리트주의'에 대해 외부에서는 많은 비판을 제기해 왔다.

또한 외무고시를 통해 외교부에 들어온 외교관들 사이에도 특정 학교·학과 출신이나 특정 부서 출신을 중심으로 보직과 주요 임무가 부여된다는 문제점이 지적되기도 했다. 이는 결과적으로 다수의 직원들이 상대적 박탈감을 가지는 결과로 나타나고 조직에 대한 애정과 열의의 저하, 그리고 조직의 약화로까지 연결되었다.

물론 이러한 폐습이 많이 사라지고 여건이 개선되기는 하였으나, 과와 과, 국과 국, 실과 실 간의 벽은 여전히 존재하고 이질감도 남아 있다. 더욱 문제가 되는 것은 이러한 인맥이 인사에 반영되고 있으며, 이로 인해 부내 구성원은 물론 조직 간 갈등과 소외감이 조장된다는 점이다. 소위 말하는 핵심 보직에 관한 인사가 특정 인맥을 중심으로 운영되어 왔다는 점은 인사 공정성에 대한 문제를 야기하였고, 많은 외교부 직원들로 하여금 자신들이 맡고 있는 업무와 조직에 대해 회의를 갖게 하는 경우가 빈번하게 발생하였다. 물론 이러한 문제점을 해결하기 위해 여러 가지 제도적인 장치(역량평가, 직위공모제 등)를 도입하기는 하였으나 아직도 젊은 직원들 사이에서는 인맥이 주요하게 작용할 것이라는 인식이 팽배해 있다. 이러한 인식은 조직에 대한 충성, 업무에 대한 열정을 낮게 하고 있다.

사실 여부를 떠나 개인의 능력과 성과보다 학연과 인맥이 중요하게 작용하고 있다는 인식은 외교부 조직에 대한 외부의 불신을 조장하는 것은 물론 내부에서의 분열과 견제를 초래하여 업무의 효율성과 조율에도 상당한 지장을 초래하고 있다.

외교부 업무가 확장·분업화되고, 그 결과 부서 간 소통, 협의, 조율이 매우 어렵게 된 상황이다. 상황이나 문제를 다면적으로 파악하는 것이 아니라 부서의 입장에서만 문제를 보고 부서 간의 벽이 오히려 더욱 두꺼워지는 경향을 보이고 있다고 평가된다. 예를 들어 청와대나 총리실에서 특정 사안과 관련하여 통합된 보고서를 받아보지 못하고 있는 상황이라는 점이 문제로 지적되고 있다. 이는 실국 간 정보 공유가 되지 못하고 있음에 기인하고 있으며, 이러한 문제를 극복하고 조율할 외교부의 입장이 필요하다. 때문에 이를 위한 조직을 설치하는 것을 검토해야 하며, 업무영역은 존중하되 횡적인 협력이 가능하도록 조직을 개편하는 것이 필요할 것이다.

다. 해외 공관의 역할과 기능 약화

정보·통신 기술이 발달함에 따라 정보에 대한 접근이 용이해지고, 여타 정부 부처를 포함하여 다수의 외교 행위자들이 나름대로의 역할을 수행함으로써 본부와 상대방 국가와의 직접 협의가 더욱 증가함에 따라 공관과 외교관의 역할과 기능이 위축되는 현상이 발생하고 있다.

이러한 문제는 본부에서 해당 지역의 특성에 맞게 공관을 어떻게 활용하고 어떠한 임무를 부여하여야 할 것인지에 대한 구상이 부재하기 때문인 것으로 평가된다. 21세기 외교환경에 맞게 어떠한 역할을 공관이 수행해야 하는지에 대한 구상이 없는 상황 하에서 과거 외교의 형태는 다수의 행위자에 의해 잠식당하고 중요한 사안과 관련해서 본부는 공관을 통하기보다 정보·통신 기술을 활용하거나 직접 나서서 협의하는 경우가 증가함에 따라 재외공관의 위상과 역할이 매우 흔들리고 있는 것으로 평가된다.

재외공관의 역할과 기능을 새로운 외교안보환경 하에서 조망하고 규정하는 작업을 통해 공관의 임무와 위상을 재정립하는 것이 우리 외교의 발전을 위해 필요하다. 이미 미국은 전진배치외교forward deployed diplomacy라는 개념을 도입하고 재외공관의 역할을 강화하고 있다. 이는 부시 정부의 변환외교transformational diplomacy와 오바마 정부의 스마트외교smart diplomacy에 개념적으로 기초하고 있다. 또한 이는 '소프트파워soft power'의 중요한 요소로서 외교를 평가하고 중시하는 것에 기인하고 있기도 하다. 우리의 외교도 이러한 차원에서 조망되어져야 하며 이러한 측면에서 재외공관의 역할과 기능을 설정하고 강화를 모색하여야 한다. 즉 정보화 사회에서 외교는 기존 영역을 넘어서 차원에서 임무를 설정하고 이와 같은 맥락에서 공관의 임무와 기능이 설정되어야 한다.

2. 업무 관련 사항

가. 단기 현안 중심의 업무로 예방적 대응에 취약

현재 외교부 업무는 당시 현안을 처리하는 것에 치중되어 있는 바, 중장기적으로 발생할 수 있는 문제나 이슈를 선별하고 대비하는 것에는 한계가 있음을 지적할 수 있다. 즉 일과성적인 업무처리방식(단기성과에 집중)에 집중됨에 따라 단거리 경주에는 강하나 장거리 경주에서는 취약하고, 예방보다는 관리에 치중한다. 그리고 근본적 해결보다는 임시방편적 해결을 모색하는 경향을 보이고 있음에 따라 현실을 따라가기에 급급한 상황이다. 또한 단기 현안에 업무가 집중됨에 따라 부작용도 발생하고 있다. 즉 이슈나 문제 자체가 특정 부서에만 부여되고 처리되는 바, 이슈 간 연계성을 파악하고 포괄적으로 대응하는 것에도 지장이 초래되고 있다는 점이며 유관부서 간의 협의에도 미흡함이 있고, 그 결과 예기치 않은 문제에 봉착

하는 경우가 발생하는 경향이 있다.

물론 이러한 문제를 극복하고자 일부 부서에 대해 정보 및 정세 분석과 장기대책 업무를 부여하고 있기는 하나 거의 형식적인 수준에 머물고 있고, 현업에서 제외되어 있는 부서의 업무 중요성이나 위상은 평가받지 못함에 따라 외교부 직원들의 기피부서가 되고 있고 창의성과 열의를 찾아보기 힘든 실정이다.

현재 그리고 미래의 외교환경은 문제가 발생하기 이전부터 가능한 문제를 식별하고 이에 대한 대비를 하는 것을 요구하고 있다는 점이 외교부의 현실과 매우 배치되고 있다.

현안 처리 중심의 업무는 또 다른 문제를 야기하고 있는데 그때 그때 발생하는 당면 문제에 집중하는 경향을 가짐에 따라 업무의 쏠림 현상이 발생하고 업무가 단절되기도 한다. 따라서 이는 업무의 연속성과 지속성의 결여라는 문제점을 초래하고 있다.

이러한 점을 고려할 때, 외교부 나아가 한국의 외교는 미래를 대비하는 데 보다 많은 관심과 노력이 경주되어야 하며 문제를 다면적·다차원적 차원에서 분석·평가하고 대처하는 것이 필요하고, 이를 위해서 외교부가 가지고 있는 잠재역량을 복합적·탄력적·유기적으로 결합하여 충분히 발휘할 수 있는 체제로의 전환이 요구된다. 또한 업무의 중점 역시 단기 현안은 물론 문제의 사전 식별과 대비 및 장기 대책 수립에도 두어져야 할 것이다.

나. '디지털 시대'에 '아날로그식 업무 프로세스와 형태'의 지속

정보와 통신 기술의 발달로 인해 오늘날 외교는 시간 그리고 아이디어와의 싸움이라고 해도 과언이 아니다. 정보 취합, 분석·평가, 융합·생산, 전파는 물론 신속한 의사결정과 집행이 앞으로 더욱 요구

될 것임에도 불구하고 전반적인 외교부의 업무시행 절차와 형태는 과거에 머물고 있는 것으로 평가된다. 외교부가 정보·전산화가 되었다는 것은 다분히 하드웨어에 집중된 것이고 소프트웨어 측면에서는 아직도 아날로그 방식을 고수하고 있음에 따라 신속한 의사결정과 시행에 어려움이 발생하고 있는 것으로 평가된다.

일반적인 사안에 관한 의사결정을 하는 데 거쳐야 할 절차와 과정이 과거와 거의 차이가 없다. '담당자의 기안→(차석)→과장→(심의관)→국장→차관보→차관→장관'에 이르기까지 거쳐야 할 행정적 절차와 시간이 아직도 너무 많이 존재하고 있고, 권한위임도 매우 제한적이다. 문제는 이러한 의사결정 순서와 체계가 어느 중간과정에서 차질이 발생할 경우 더 이상의 진전이 있을 수 없는 상황이 발생하거나 시급을 요할 경우 계선상의 절차문제로 인해 시기를 실기할 가능성이 내재되어 있다는 점이다. 이러한 문제점을 해결하고 의사결정체계를 개선하기 위해 페이퍼리스paperless 전자결재와 같은 수단이 도입되었으나 널리 활용되지 못하고 있고, 아직도 문서를 작성·수정하고 보고와 결재를 득하는 과거의 형태를 유지함에 따라 불필요한 시간과 노력이 투여되고 있다고 평가된다.

이러한 의사결정체제와 업무의 중점으로 인해 문제를 식별·분석·대안수립에 투입하는 시간보다는 단순한 문서 작성작업에 많은 시간과 노력이 투입되고 있다. 즉 내용보다는 절차와 형식에 더 많은 시간이 든다는 문제점을 여전히 가지고 있는 것으로 파악되며, 이러한 업무 절차, 형식의 개선은 21세기 정보화 사회에서 외교부 그리고 한국외교가 발전하기 위해 반드시 요구되는 사항이다.

그렇다고 문서 작성이 과거 아날로그 시대의 유물이라고 하여 소홀히 다루어져서는 안 된다. 어떠한 것을 문서로 작성하고 남기느

냐 하는 것을 판별하고 작성이 필요하다고 판단되는 것에 대해서는 심혈을 기울여 소중한 자산으로의 활용가치를 가지도록 작성되고 활용되어야 한다. 즉 '양'보다는 '질'이 우선되는 문서 작성이 되어야 하고, 이를 통해 정보를 공유하고 대책 수립을 고민하는 수단이 되어야 한다.

다. 정책 커뮤니티 개념의 희박 및 유관부처 협조의 한계

이미 앞서 언급한 바와 같이 외교는 이제 외교부만의 전유물이 아니라 다양한 행위자들이 개입하고 영향을 미치는 영역이 되었다. 그럼에도 불구하고 외교부는 독점성을 유지하려는 경향을 보이고 있고, 그 결과 외교부의 고립을 초래하고 국민의 이해와 지지를 얻는 데 실패하였다. 또한 국가가 보유하고 있는 국가 차원의 외교적 자산을 결집하고 활용함에 취약함을 보이고 있다.

국민과 같이하는 '열린 외교'를 지향함에도 불구하고 실질적으로 '열린 외교'를 지향하기보다는 과거와 같은 폐쇄적인 업무형태를 유지하고 있는 것으로 평가된다. 외교는 정부 혹은 외교관이 하는 것이라는 고정관념에서 크게 탈피하지 못하고 있는 것으로 판단된다. 따라서 다수의 행위자와의 갈등을 초래하고 외교와 외교부에 대한 불신을 조장하는 경향이 나타나고 있다. 물론 외교부에서 정책자문위원회를 운영하고 있고, SNS 등을 활용하여 정보를 제공하며 국민과 소통하는 모습을 취하고 있는 상황이다. 그러나 대부분의 경우 정책자문은 형식적인 면에 그치고 사전 협의보다는 사후에 설명하여 협조를 요청하는 일방적인 형태로 추진되고 있음에 따라 정책자문위원들이 비판의 대상이 되고 있다. 최근 들어 SNS와 같은 수단을 활용하는 것에는 적극적인 모습을 보이고 있으나, 제공되는

정보도 국민이 궁금해 하는 것을 제공하기보다는 특정 사안에 대한 외교부의 입장을 설명하는 것에 그치고 있다는 점에서 큰 호응을 받고 있지 못하고 지식 및 정보 제공 측면에 있어서도 국민이 원하는 수준에 이르지 못하고 있다. 국민과의 소통을 강조함에 있어서 내용이 중요한 것임에도 불구하고 내용보다는 수단에 치중하고 있고, 국민이 이해하도록 노력하기보다는 국민이 왜 이해를 하지 못할까하는 입장을 보이고 있는 것도 문제점으로 지적할 수 있다.

이러한 문제점은 21세기형 외교를 정부, 작게는 외교부가 하는 것이 아니라 다수의 행위자가 상호 작용하면서 이루어져 나간다는 사실과 그러한 다이나믹스를 이해하고 활용해야 한다는 점에 대한 중요성을 인식하지 못하고 있는 것에 기인한다고 볼 수 있다. 따라서 형식적인 공개성보다는 정책의 수립단계에서부터 이행 그리고 결과의 피드백feedback에 이르기까지 대내외 주요 행위자들과 같이한다는 인식과 접근이 도입되어야 한다.

이와 같은 문제는 유관부처와의 업무 협의·협조·조율상에서의 어려움이 발생하는 것에서도 찾아볼 수 있다. 이슈를 중심으로 유관부처와의 협의·협조·조율의 필요성이 갈수록 증가하고 있으나, 유관부처 간 원활한 협의와 협조에는 한계가 있는 것으로 파악된다. 특히 다수의 부처와 연관된 이슈의 경우 이슈에 관한 관할권 및 주도권 문제를 둘러싼 부처 간 경쟁과 갈등은 물론 정보 공유에도 문제가 발생함에 따라 이러한 부작용을 최소화하기 위해 외교부의 중재임무 수행 필요성이 증가하고 있는 상황이다. 그럼에도 불구하고 외교부 업무 중 유관부처의 업무협조가 필요한 경우에도 한시적·제한적으로 특정 이슈에 관해서만 협조가 이루어지고 정보 공유를 의도적으로 제한하거나 회피하는 경향이 나타나고 있으며,

전문분야의 경우 외교부의 전문성 부족으로 인해 협의·조율·조정·협조에서 한계가 발생하고 있다. 따라서 배타적·폐쇄적 업무 형태와 조직문화를 지양하는 가운데, 전문성과 정보력을 중심으로 유관 부처와의 협의·협조를 적극 주도하고 추진하는 조정 및 중재자 역할을 모색하는 것이 필요하다고 판단된다.

국가가 발전함에 따라 민간분야의 외교 자산과 역량(정보력, 국가이미지를 포함한 소프트 파워, 민간 네트워크-온라인 및 오프라인 등)과 영향력(NGO를 포함한 행위자의 다양화, 여론형성 등)이 증대하고 있음에도 불구하고 이러한 외교자산과 역량을 식별·융합·활용하는 것에는 소홀하였다. 민간과 정부가 협력관계를 개발·유지하기보다는 배타적인 관계로 고착화하는 경향을 보이고, 민간분야를 정책구성의 동반자가 아닌 단순한 홍보의 대상으로만 간주하는 성향을 보인다. 또한 전문가 풀을 활용하는 것 역시 형식적인 수준에 머묾(형식적인 자문위원 제도)에 따라 외교부의 대내적 고립을 초래·심화하고 비판적인 시각과 세력만을 양성하는 상황에 이르게 되었다.

따라서 이슈를 중심으로 하는 국가 차원에서 외교적 자산과 수단을 결집하고 활용하는 방안을 강구하는 것이 요구되며(외교부는 force-multiplier 혹은 force provider의 역할을 수행), 모든 것을 외교부나 정부가 하는 것으로 상정하는 것이 아니라 민간과 정부가 같은 목적 달성을 위해 협력하는 동반자·협력자 관계로의 발전을 모색해야 한다. 이러한 차원에서 NGO를 포함하여 비정부 행위자에게도 필요한 정보와 지원을 제공하여 국가 차원에서의 외교력 제고에도 관심을 가져야 한다.

3. 인력 관련 사항

가. 외교 인력의 전문성 제고 및 전문 인력 확보 필요

현재 외교업무 중 경제·통상, 에너지, 자원, 기후, 환경 등과 같은 문제들 보다 높은 수준의 전문지식을 요구하고 있고 해당분야 주요 행위자(전문가·기구·국가)들 간의 협력 네트워크 형성이 절대적으로 필요한 상황이다. 상기와 같은 분야에서 단순 참여외교에서 주도하는 외교로 전환하여 한국의 위상과 영향력 제고 및 국익 창출을 도모하기 위해서는 해당분야에서의 전문지식과 경험이 요구된다. 즉 '전문성 있는 접근professional approach'을 통해 전문 네트워크를 형성하고 담론화를 도모하는 주도적 외교활동을 모색해야 하는 상황이다. 이를 위해서는 전문성 있는 외교 인력을 확보·육성하는 것이 관건이다.

외교 인력의 전문성을 강조하는 입장에 대해 외교부에서는 기존 외교 인력이 나름대로의 전문성을 가지고 있으며 특별채용을 통해 전문 인력을 보완해 왔다는 주장을 한다. 물론 특정 국이나 과에 배속되어 업무를 통해 해당 전문지식을 습득할 수 있고 나름대로의 전문성을 배양할 수도 있다. 그러나 이러한 지식은 단기속성과정을 통해 얻어지는 실무형 혹은 현안 대처형 지식이라는 한계를 가지고 있다고 평가된다. 즉 지속적으로 제기되는 현안과 이를 다루는 과정에서 습득되는 지식으로 깊이가 있거나 포괄성이 있다는 평가를 하기는 곤란하다. 또한 이렇게 얻어진 전문성은 지속될 수 없다는 한계를 가지고 있다.

단기 속성형 전문성이라는 점을 보완하기 위해 특별채용으로 전문성이 있는 인력을 확보하는 시도도 있었다. 그러나 특채는 실패한 것으로 평가된다. 특별채용을 통해 외교부에 입부한 인력들은 임용 목적에 맞게 운용되기보다는 전혀 다른 업무에 투입되어 전문성을 발휘할 수 있는 기회를 찾지 못하거나, 외교부 내의 벽(외무고시 출신 대 비외무고시 출신)을 실감하고 이직한 상태인 것으로 파악된다.

물론 전문성만을 강조하는 것에도 문제가 있을 수 있으나, 해당 업무나 이슈의 배경과 역사를 알고 본인의 관심과 열의가 전제되지 않는 한 좋은 정책대안을 수립하는 것을 기대하는 것은 무리가 있다. 더욱이 앞서 언급한 바와 같이 현재 그리고 앞으로 외교분야에서 제기되는 문제들이 고도의 전문성과 축적된 지식을 요할 것이라는 점에서 전문성은 아무리 강조해도 지나침이 없을 것이다. 전문성, 건전한 상식과 전략적 사고를 갖춘 외교관을 확보하기 위한 노력이 과거 어느 때보다 절실한 상황이다.

나. 인력구조 조정이 필요(중장기 인력 소요 판단 부재 및 간부인력 과다)

현재 외교부의 인력구성은 업무의 특성상 공관장급 간부인력이 많은 반면 실무를 담당하는 중간 혹은 기본인력(각 과에서 차석급 이하를 지칭함) 절대적으로 부족한 종형구조를 가지고 있다. 이러한 문제점은 150여 개의 공관을 운영해야 하는 외교부의 입장에서는 어쩔 수 없는 것이라고도 할 수 있다.

본부의 경우 실무인력은 부족한데 간부인력은 남는 상황이다. 그 결과 오버헤드overhead가 과다하게 발생하고 있고, 정식 직제에도 없는 OO대사직이 편법으로 양산되는 상황이 발생하고 있다. 물론 'OO대사직'은 필요에 의해 만들어지기도 하나, 본부 근무의 명분을 제공하는 목적으로도 사용되는 일이 발생하고 있다. 실제 본부의 간부직은 한정되어 있는데 공관 근무를 마친 고위공무원단 소속 대사 혹은 이에 준하는 외교관들을 본국으로 귀환시키고 새로운 공관장을 임명하기 위해 사용되는 경우도 있다. 즉 인사순환을 위해 편법적으로 OO대사를 임명하고 활용하고 있는 것으로도 해석할 수 있다. 그 결과 대부분의 경우 'OO대사직'은 실제로 각 실과 국에서 하는 업무와 중첩되는 일을 하거나 각 실국으로부터 지원을 받아 업무를 수행하고 있음에 따라 사실상 유명무실 혹은 옥상옥으로 작용해 업무분장, 책임소재 등에서 혼선이 생기기도 한다. 재차 강조하지만 이는 간부급 인력규모와 본부 보직수 간의 불균형 혹은 불일치로 인해 발생하는 문제로 볼 수 있다.

종형 인력구조를 만드는 이유 중 하나는 승진과 탈락, 경쟁이 외교부에 없다는 점이다. 1999년 이후 사무관, 서기관, 부이사관, 이사관, 관리관으로 이어지는 직급체계와 승진이 총 14개 등급으로 구분된 단일 월급호봉체계로 대체되었다. 2006년에 고위공무원단 제도가 도입되어 9등급 이상의 고위공무원직에 적합한지를 평가하는 기회가 마련되었기는 하나 탈락되는 경우는 거의 없다. 그 결과 일단 외무고시를 통해 외교부에 입부하게 되면 특별한 결격사유가 없는 한 대사직은 2번 정도 하고 외교관 생활을 마칠 수 있다는 것이 보장되어 있는 셈이다. 이러한 점은 도덕적 해이라는 현상으로 나타날 수 있다. 물론 공관장을 외부전문가에 개방하여 경쟁을 도입하려는 정책도 있기도 하다. 그러나 실질적으로 외부 인사들이 경륜과 전문성이나 능력을 고려해서 임명되어도 정치적으로 결정되는 경우가 많음에 따라 본래의 취지와는 달리 문제점을 초래하기도 하였다. 외부 인사들이 중간직급에 임용되기보다는 바로 고위직으로 임명됨에 따라 실무에서 능력을 발휘하고 조직을 장악하는 것에는 한계를 드러내고 있다는 점도 지적되지 않을 수 없다. 민民과 관官이 실무급에서부터 인사교류를 실시하여 각각 업무와 조직에 대한 이해와 경험이 쌓기보다는 고위급에서 이루어짐에 따라 이해도와 업무 충실도가 낮고, 물과 기름처럼 겉도는 경향이 나타나고 있다. 고위직급(대부분의 경우 국장급이상 혹은 공관장)에 외부 인사를 영입하는 것은 외교부의 기존 종형 인력구조를 개선하는 것이 아니라 오히려 종형구조를 더욱 고착화하는 방향에서 작용하고 있다는 점도 지적할 수 있다.

또 다른 문제는 외교부 실무 인력이 절대적으로 부족하다는 점이다. 현재 외교부의 인력규모는 약 2,000명에 달하고 있고, 매년 약 40명가량의 신임 외교관들이 채용되고 있다. 이미 앞서 언급한 바와 같이 우리의 외교업무는 지난 30년간 엄청나게 증가하였으나 인력규모는 30년 전과 동일하고, 우리의 주主 비교대상이 되는 네덜란드에 비해 50%에 달하는 수준에 머물고 있다. 국장급 이상의 고위직급은 늘어난 반면, 실제로 일을 해야 하는 서기관급의 수는 과거와 동일한 상태에 머물고 있다는 점에서 실무진 1인이 담당하는 업무량은 과거와 비교할 수 없을 정도로 증가하였다. 이러한 상황에서 외교관들에 대해 전문성을 기대하기는 곤란하고 장기 전망과 전략을 수립하라는 요구는 현실적 한계를 가지고 있다. 매일매일 폭주하는 현안을 처리하는 것에도 힘겨운 상황이기 때문이다. 이러한 문제를 조금이나마 개선하고자 인턴 제도, 공익근무요원, 특채 제도 등을 도입하였으나 원래 목적과 달리 운용되거나 부작용이 발생하였다. 특채의 경우 이미 앞서 언급한 것과 마찬가지로 특책의 목적에 부합되게 인력을 배정하는 것이 아니라 그냥 인력이 필요한 부서에 인력을 배치하여 전혀 무관한 업무를 수행토록 하거나, 인턴 제도나 공익근무요원의 경우도 정규직원이 해야 할 일을 하도록 조치하는 경우가 많이 발생하고 있다. 이러한 좌충우돌식 임시방편형 인력 운용으로 인해 발생할 수 있는 문제를 보여준 것이 FTA 번역 오류일 것이다.

지금까지 여타 부서와 마찬가지로 외교부는 업무 개선을 위해 인력과 예산 증원이 필요하다는 점을 주장해 왔다. 물론 이러한 주장에 타당성이 전혀 없는 것은 아니지만 자체적으로 어떠한 인력이 얼마만큼 필요할 것인지에 대한 분석과 판단을 가지고 정확한 인력소요를 판단하고 실질적으로 업무를 개선할 수 있는 방향에서 이 문제는 접근해야 한다. 결론적으로 해외근무 인력의 필연적 발생이라는 외교부의 특성을 고려하면서도 고위급에서의 인력낭비와 실무급에서의 인력부족 현상을 해결하는 방안을 포함한 외교부 인력구조 선진화 혹은 개선 방안을 보다 적극적으로 추진할 필요성이 증가하고 있다.

다. 중견간부 및 직무교육 강화의 필요성 대두

외교부 입부한 이후 과장급에 이르기까지 중간에 교육이나 훈련을 할 수 있는 기회가 제공되지 않음에 따라 특정 분야나 관심사항에 대한 전문성과 리더십을 배양할 수 있는 기회를 갖지 못한다는 문제점을 안고 있다. 군의 경우 사관학교 졸업 후 육대, 합참대, 국방대 등 보수교육이 지속적으로 이루지는 바, 중견간부 나아가 핵심인력으로 능력을 배양할 수 있는 기회를 갖는 반면 외교부 직원들은 그러한 기회를 전혀 갖지 못한다는 문제점을 가지고 있다.

입부 후 지속적으로 현업에만 몰두하여 자신의 진로와 전문성을 개발할 수 있는 기회가 전무全無하다는 것은 우수인력을 도태시키는 결과를 초래하고 경쟁력을 낮추는 문제점을 유발한다. 아무리 전문성을 가지고 있다 할지라도 지속적인 교육과 훈련의 기회가 주어지지 않는다면 전문성이 점차 약화되고 새로운 영역을 개발하지도 못하는 상황을 초래할 것이다.

III. 주요국의 사례

1. 미국외교 개혁

가. 부시 행정부의 변환외교

(1) 개요

21세 미국외교 개혁의 첫 화두는 변환외교Transformational Diplomacy
로 시작되었다. 2006년 1월 당시 국무장관이었던 콘돌리자 라이스
는 조지타운대학에서 행한 연설을 통해 미국은 단순히 군사적 수
단에 중점을 둔 강압, 힘의 균형, 강대국 중심외교에서 벗어나 중동
등 미국의 새로운 전략적 이익으로 떠오른 지역의 근본적인 변환,
즉 그 지역 내부의 민주주의 증진을 위한 외교에 역점을 두어야 한
다고 주장하였다. 여기에는 다음과 같은 자각이 주요 시발점이 되
었다. 9·11 사태로 드러난 서구와 미국을 향한 극단적 증오와 테러
의 근본은 중동을 비롯한 많은 국가들이 겪고 있는 경제난과 빈
부격차, 부정부패, 권위주의, 이들 사회 내부의 불만이 폭발하고 있
는 상황에 있다. 문제는 이들 정부와 우호적 관계를 맺은 미국이 이

러한 문제의 원흉으로 여겨진다는 것이다. 따라서 이를 해결하기 위한 근본적 처방은 이들 지역이 스스로 민주화를 이루고 책임 있는 정부가 들어서는 것을 도움으로써 일반 시민들이 자신들의 문제를 부정한 정부와 미국의 탓으로 돌리지 않도록 하는 것이다. 이를 위해 미국외교는 전 세계의 다양한 파트너들과 함께 민주주의를 건설하고, 이를 지속하려는 노력을 경주하여, 이들 국가가 자국민들의 요구를 수용하며, 책임 있는 국제사회의 일원으로 행동할 수 있도록 도와야 한다고 주장한다. 위와 같은 목표를 실현하기 위해 라이스 국무장관이 제시한 구체적 개혁노력의 방향을 요약하면 다음과 같다. 첫째, 지금까지 유럽을 위시한 강대국과 워싱턴을 중심으로 이루어지던 이전의 외교적 관행, 시각, 문화를 타파하기 위해 워싱턴과 해외의 외교 조직과 제도의 구조를 변화한다. 둘째, 외교관들의 해외 파견과 파견지에서의 역할을 변화한다. 셋째, 외교의 주요 수단으로 재건과 안정화 노력, 해외원조, 공공외교에 대한 새로운 중요성을 부과한다.

이러한 기본 개혁의 원칙과 방향을 달성하기 위한 구체적 노력은 다음과 같이 시행되었다. 첫째, 유럽이나 아시아의 주요 강대국과 수도를 중심으로 파견된 인력과 주요 보직들, 테러와 분쟁의 온상지로 부상한 중동, 아프리카, 동유럽, 서남아시아, 중앙아시아, 남미 등 새로운 전략적 지역을 중심으로 재배치하였다. 둘째, 각 국에 파견된 외교 인력 자체의 활동도 수도와 대사관 건물에만 상주하며 현지 고위관료만 상대하는 정부 중심외교에서 탈피하고, 인구가 밀집된 주요 지방에 분산 배치시켜 일반인들과의 직접적인 소통과 만남을 추구할 것이 강조되었다. 셋째, 소수의 엘리트보다 일반인들의 광범위한 지지와 이해를 구하기 위해 이들의 삶에 실질적인 도움을 주는 해외개발원조와 공공외교에 새로운 강조가 주어졌다. 이를 위해 차관급의 해외원조 담당관이라는 직제를 신설하기도 하였다.

(2) 조직 개혁

첫 번째로 신설된 해외원조 담당관은 차관급으로 국무부와 미국 해외원조청의 업무를 관장하며 이외에 18개 원조 관련 각종 연방정부의 프로그램을 외교정책의 목표와 조화되도록 조정, 총괄하는 업무를 담당한다. 연 200억 달러에 달하는 해외원조 예산을 관장하여 평화와 안보, 민주적이고 정의로운 통치, 인력 개발, 경제개발, 인도적 지원이라는 다섯 개의 변환외교 목표 달성을 위한 주요 수단으로써의 해외원조 업무를 수행한다.

두 번째로, 2004년 콜린 파월 국무장관 당시 신설된 재건과 안정화 담당 조정관실의 역할을 강화한다. 수단, 코소보, 라이베리아, 아프가니스탄 등의 분쟁지역에서 이들 국가와 사회의 안정화와 재건 노력을 지원하여, 이들 지역에서 미국의 군사임무와 함께 민군합동은 물론 각기 다른 임무를 띤 정부기관이 협력하여 민간인이 주도하는 정치, 외교적 목적을 함께 달성하는 데 기여할 것이 요구된다.

세 번째로, 공공외교의 새로운 중요성과 업무의 변환을 인식하고 이에 맞는 접근법을 편다. 단순히 정부나 관료들을 대상으로 미국의 정책이나, 문화, 사회, 가치 등에 대한 인식에 영향을 미치려던 과거의 관행을 넘어서, 정보와 통신 혁명을 적극적으로 활용하는 새로운 공공외교를 통해 미국에 대한 대중의 오해와 편견을 불식하고 이들의 신뢰를 회복하는 목표를 달성한다. 새로운 공공외교의 목표는 외국의 대중들에게 공동의 관심과 가치를 공유토록 하고, 폭력적인 극단주의자들을 고립, 소외, 부인토록 만들며, 자유나, 평등, 인권과 같은 미국적 가치에 대한 긍정적인 비전을 기르도록 하는 데 있다. 이를 위해 외국의 방송이나 블로그를 모니터하여 그때그때 한두 장의 보고서를 만들어 배포하는 신속대응팀 신설, 전 세계 국무부 내 통신망에 주요 이슈에 대한 통일된 메시지를 공유하고 전파하기 위한 '에코 방Echo Chamber' 기법 도입각국의 대사나 주요 외교관에 대한 사전검열 제도를 폐지하여 이들이 현지에서 대중이나 언론들과 보다 즉각적이고 직접적으로 소통할 수 있도록 하는 정책이 새로이 채택되었다. 마지막으로 런던, 두바이, 브뤼셀에 지역 공공외교 허브를 설립하여 전통적인 양자외교 대신, 알자지라와 같은 지역 단위의 뉴스 창출자들에 초점을 두고 이들 네트워크의 라디오나 TV 뉴스프로그램, 토크쇼에 미국 관리들이 정기적으로 참여할 수 있는 기회를 제공하는 방안이 시도되었다.

네 번째로, 변환외교관의 기본 임무인 외국 시민들이 자국의 경제발전과 법치, 보건, 교육개혁 등을 추진하는 것을 적극적으로 돕기 위해서는 이제까지와는 다른 공공외교 기술, 언어나 정보기술능력 등이 요구됨에 따라 이를 함양하기 위한 연수 제도를 강화하는 것이 추진되었다. 미국 외교관들의 연수기관인 외교원Foreign Service Institute의 연수생 수와 기간을 늘임을 물론, 이들 기관에서의 새로운 어학 프로그램, 특히 아랍어와 같은 전략지역의 언어 교육을 강화하였다. 또한 분쟁지역의 안정화와 재건 지원에 필요한 지식을 함양하기 위해 해외원조와 개발, 공공외교와 미디어 관련 새로운 과목을 신설하였다. 그리고 이러한 프로그램에 참여하는 인력의 공백을 보완하기 위해 104명의 연수생을 추가로 선발토록 예산 증액을 요청하기도 하였다.

다섯 번째로, 앞서 언급된 외교관들의 전략지역 재배치를 통해 주요 정치, 경제, 공공외교 분야를 담당하는 수백 명의 외교관들이 워싱턴과 유럽에서 차출되어 중근동, 아시아, 아프리카, 남미 지역으로 파견되었으며, 이들은 파견지역의 수도보다 지방의 무역과 여론의 중심지에 APPAmerican Presence Posts란 이름의 1~2명으로 구성된 소규모 사무실에 근무하면서 미국외교의 '현지화'를 추진하였다. 또한 각 지역의 특성과 변화하는 상황에 맞추어 필요에 따라 현지에 전염병 확산에 대한 신속전문대응팀을 파견하는 것 등이 시도되었다.

여섯 번째로, 정보기술의 변화를 적극적으로 활용하는 가상주재소VPP: Virtual Presence Post와 디지털 소통팀Digital Outreach Teams이 운영되었다. VPP는 1~2명으로 구성된 홍보전문가들이 대사관의 인터넷을 운영하면서, 미국의 정책 홍보와 함께 양국관계는 물론 현지인들의 질문에 대답하고 자료 요구에 응답하는 역할을 한다. 디지털 소통팀의 경우 워싱턴 본부에서 아랍어 관련 블로그나 포럼에 미국의 정책을 적극적으로 홍보 소개하는 역할을 한다.

나. 오바마 행정부의 스마트외교

(1) 개요

현 오바마 행정부 외교의 새로운 화두는 복합적인 세계와 스마트외교이다. 오늘날 미국이 처한 상황은, 기존 외교의 중심이던 국가 간 관계뿐 아니라 개인이나 기업, 비정부단체, 종교단체, 초국가 네트워크 등 다양한 형태의 비국가 행위자가 국제정치의 새로운 주역으로 떠오르고 있다. 새로운 강대국의 도전과 더불어 핵확산, 지구적 차원의 전염병, 기후변화, 테러리즘 등을 상대해야 하는 미국외교의 과제는 그야말로 복합적이다. 문제는 이러한 복합적 세계와 도전에 대응한 미국외교의 전략이 지금까지 너무 단순했다는 점이다. 힐러리 클린턴 장관은 출범 초기부터 이전의 외교정책이 지나치게 군사력과 하드파워에 의존한 경향이 있었음을 비판했다. 미국외교의 불균형을 해소하기 위해서는 군사력을 보완할 수 있는 외교의 역할이 강조된다. 그리고 미국의 강압적인 외교에 대항하는 개념으로 연성외교를 강조하며, 여기에서 개발원조가 주요한 수단이자 목적으로 부각된다. 미국외교는 앞으로 어느 한쪽에 치우치지 않고 모든 요소를 총합적, 유기적으로 결합하는 스마트외교를 펼쳐야 한다는 것이다. 이를 위해서 미국이 가지고 있는 외교, 경제, 군사, 정치, 법, 문화의 모든 요소와 수단을 상황에 따라 적절히 선택 혹은 배합해야 한다. 즉 경성권력의 요소인 군사적 강압, 억제, 경제제재와 함께 연성권력의 요소인 교육, 의료나 인도주의 지원, 문화적 영향력, 도덕적 권위 등을 복합적으로 활용하는 외교를 지향한다. 이는 3D, 군사 defense, 외교diplomacy, 개발development의 3요소를 통합적으로 적용하는 것으로도 이해된다. 즉 외교의 3위 일체를 추구하는 것이다.

「4개년 외교 및 개발 검토: 민간역량을 통한 선도Leading Through Civilian Power: The First Quadrennial Diplomacy and Development Review 2010」는 힐러리 클린턴 국무장관이 2009년 취임한 이래 강조한 외교방향을 정리한 보고서이다. 클린턴은 발간사에서 정부의 리더들도 기업의 CEO들이 매일같이 어떻게 하면 일을 더 잘할 수 있을까를 고민하듯이 그렇게 생각하고 고민해야 한다고 강조한다. '클린턴 독트린'으로도 불리는 이 보고서는 클린턴 국무장관이 미 국방부의 4개년 국방검토 보고서에 착안하여 야심차게 작성한 계획서이다. 제목에서 볼 수 있듯이 문민외교를 강조하고 있으며, 클린턴이 강조하는 스마트외교가 구체적으로 설명되어 있다. 이 보고서의 목적은 미국인들의 이익을 보호하고 21세기에 미국의 리더십을 국제사회에서 발휘하는 데 있다. 이를 달성하기 위한 외교부 개혁의 기본 방향은 다음과 같다. 첫째, 급변하는 국제사회에서 더 앞서 나가기 위해서는 문민력(민간역량)을 더 키워야 한다고 강조한다. 전통적인 군사나 외교 이외에 농업, 보건, 법률 등 다양한 미국 정부기관들이 미국 외교의 주역으로 긴밀한 협력을 해야 되며, 또 다양한 민간분야들과 함께 연대하여 개발 프로젝트를 이행하고 위기대처를 함께함으로써 미국외교의 궁극적 목표인 국가이익 확보를 해야 한다는 것이다. 이는 현존하는 수많은 기관들 간에 업무를 추진함에서 통일성, 집중력, 그리고 효율성을 갖출 필요가 있음을 강조하는 것이다. 둘째, 국무부가 그 중심에서 전략적 틀을 제공하여 미국의 민간역량이 충분히 발휘되도록 한다. 이를 위해 각국에 파견된 대사들은 대사관에 파견된 다양한 정부 조직들 간의 원활한 소통과 조율을 담당하는 최고관리자 CEO의 역할을 수행해야 한다. 동시에 현지의 목소리가 워싱턴의 정책 수립과정에 반영되도록 하는 통로의 역할을 해야 한다. 셋째, 이전 부시 행정부의 변환외교에서 중시된 개발과 해외원조의 중요성을 더욱 강조하여, 이를 전통 외교 및 군사 부분과 더불어, 미국 대외정책의 3대 축으로 삼는다. 구체적으로 미국 해외원조청의 역할과 위상을 대폭 강화하고 원조와 개발 임무를 미국외교의 새로운 핵심 전략수단으로 적극 추진하여 활용한다.

(2) 조직 개혁

이를 실행하는 구체적 방법으로 다음과 같은 사항들이 강조된다.

첫 번째로, 성공적인 문민외교의 시행을 위해 대사의 최고경영자로서의 권한과 책임을 강조한다. 해외에 파견된 다양한 정부기관들 간 업무의 효율적 통합과 조율을 위해 해외에 파견되어 있는 인사들에 대한 인사평가에 대사들이 영향을 끼칠 수 있도록 한다. 동시에 대사들이 워싱턴에서 행해지는 중앙정책 수립과정에 직접 참여하도록 한다. 이는 대사들이 각 기관들의 업무를 파악하도록 돕고, 현지에서 얻는 정보 및 지식을 중앙정책 수립에 기여할 수 있도록 하기 위함이다. 이를 위해 대사들은 영상회의 등을 통해서 워싱턴과 수시로 소통할 수 있도록 되었다. 또한, 모든 관련 기관들 간의 보고구조를 보다 명확하게 수립하여 보고가 중복되지 않도록 한다. 이와 관련하여, 대사 및 부대사를 임명하고 훈련시킬 때에는, 이전에 얼마나 유관기관과의 업무 협조를 이끌어 냈는지 그 경력 및 능력을 주요 고려사항으로 삼도록 했다. 이는 각 연방 정부기관들이 업무추진을 위해 외부 민간기업에 용역을 의뢰하기 전에 해당 부처와의 업무협조를 통해 업무를 해결함으로써 인력과 예산의 낭비를 막는 효과를 일으킬 것으로 예상된다. 그 예로는, 최근 이라크 형사사법제도를 수립하는 데 법무부와 협력하여 만든 프로그램이 있다. 두 연방 부처 간에 겹치는 업무를 효율적으로 처리할 수 있도록 했으며, 각 기관의 유능한 인재를 활동할 수 있도록 했다.

두 번째로, 초국경 이슈들을 보다 효율적으로 다루기 위해 새로운 부서들을 신설, 확대, 통합하였다. 이 과정에서 새로운 인원을 충당하기보다는, 현재 진행되고 있는 일들을 통일성 있게 정리하고, 겹치는 부분들은 과감하게 통합하였다. 구체적으로, 첫째, 경제발전, 에너지 및 환경 차관직을 신설하여 글로벌 이슈로 떠오른 이 세 분야의 연관성을 고려한 효과적인 정책이 수립 시행되도록 한다. 둘째, 에너지 자원 담당부서를 신설하여 석유, 천연가스, 석탄, 전기, 재생가능 에너지, 에너지 거버넌스, 전략 자원, 에너지 빈곤 등에 대한 외교 업무를 통합하였다. 유관기관의 협력을 이끌어 내어, 재무부의 경험을 통해 수익을 어떻게 경영해야 하는지 배우고, 내무부와 농무부의 도움으로 자원경영을 배워 국제에너지 기술협력, 에너지정책, 에너지시장에 대해서는 자원부의 조언을 활용하는 등 각 부서의 장점을 활용할 수 있도록 하기 위함이다. 셋째, 미 외교정책의 핵심요소로 떠오른 경제외교를 강화하기 위해 수석경제관을 임명하고 경제관이 주요 경제문제에 대해 분석하여 장관을 자문할 수 있도록 하였다. 경제 전문적인 부분뿐 아니라, 정치 안보적인 문제로 보이지만, 추후에 경제적으로 영향을 끼칠 수 있는 문제들에 대해서까지도 장관이 다각적인 방면으로 문제를 인식하도록 돕는다. 현 국제질서에서는 점점 안보와 경제의 구분이 모호해지고 있는 상황이다. 이를 고려하여 에너지, 무역, 통상외교, 투자, 과학, 환경안보, 기후변화, 및 경제 발전 등 시장과 외교정책의 범위를 아우르는 분야들에서도 국무부의 역할을 강화하기 위한 조치이다. 넷째, 민간안보, 민주주의, 인권 관련 차관 자리를 신설하여 갈등지역 및 취약국가들이 민주화 과정을 이행할 수 있도록 돕고, 인권이 보호되고, 인도주의적 정책 및 프로그램들이 잘 이행되도록 하는 역할을 수행한다. 다섯째, 군축협정 및 국제안보 담당차관의 역할을 확대하기 위해 군축, 검증, 이행과Bureau for Arms control, verification, and compliance를 신설하고, 국제안보 비확산과Bureau of International Security and Nonproliferation의 구조 조정을 실시하였다. 여섯째로, 테러방지과를 신설하기 위해 의회와 협의하며, 사이버문제 담당조정관 자리를 신설하여 국무부의 사이버안보 및 기타 사이버문제들을 관리하고, 여타 연방 정부기관들 간의 소통 및 기밀 보안을 위한 역할을 담당토록 하였다.

세 번째로, 다양한 비국가 행위자들과 적극적으로 소통하고 이들에 대한 공공외교를 외교의 핵심 업무로 강화한다. 특히 21세기 눈부시게 발전하는 새로운 기술, 특히 정보화 기술을 적극적으로 활용하여 대중에게 보다 직접적으로 다가가는 외교를 지향한다. 소위 e-외교와 인터넷이나 SNS를 적극 활용하여 외교 위키피디아인 디플로피디아Diplopedia, the DipNote, 오바마 오늘 블로그Obama Today blogs, 미국의 소리 포드캐스트 등 다양한 인터넷 소통수단을 개발하였으며, 페이스북, 유튜브, 트위터 등을 적극적으로 활용하여 전세계 대중과의 직접적이고 즉각적인 소통을 시도한다. 이를 위해 첫째, 보고시스템 간소화를 추진하여 현지 외교관들이 담당 관계자들 및 대중을 만날 수 있는 시간을 더 가질 수 있도록 한다. 이중적으로 작성되는 보고서 결제시스템을 통합하도록 하고, 보고서 길이를 제한시키도록 한다. 또한 의회와 협력하여 의회에 제출해야 하는 필수 보고서들은 간소화할 수 있도록 한다. 둘째, 외교관들이 현지에서 시민들, 다양한 단체들, 기업들과 관계를 맺는 데 필요한 소통수단을 제공한다. 이메일뿐 아니라 페이스북, 트위터, Flicker 등에서도 언제든지 필요할 때 소통할 수 있도록 하기 위해 2012년까지 모두 디지털 통신수단을 갖출 수 있도록 했다. 셋째, 위험관리에 대한 새로운 글로벌 기준을 수립하여 현지 업무를 수행함에 있어서 외교관들의 신변을 최대한 보호하면서도 필요한 업무가 진행될 수 있도록, 각 부분별 기준들을 재수립토록 한다. 예를 들어, 외교관이 어느 지역까지 이동이 허용되고, 대화 중 어느 부분의 보안까지 노출할 수 있으며, 또한 워싱턴 본부와의 역할을 어떻게 나눌 것인지에 대한 글로벌 기준을 수립하여 현지 대중과의 소통을 원활하게 한다.

네 번째로, 개발 어젠다와 해외 원조의 중요성을 미국외교의 새로운 전략 핵심으로 각인하기 위해 해외원조청과 그 역할을 대폭 강화한다. 먼저 개발외교에서 그 초점을 지속가능한 경제성장, 식량 안보, 지구보건, 기후변화, 민주주의와 통치, 인도적 지원의 6개 핵심 분야에 집중하고, 이 모든 분야에서 여성의 역량 강화에 집중 투자한다. 이를 위해 해외원조 지부장을 각 대사관 개발 업무의 핵심 참모로 강화하고, 해외원조청의 예산권을 강화하며, 인력을 확충한다. 현재 1,200명의 개발분야 외교 인력을 새로 선발함으로써 미국 해외원조청의 개발 인력을 두 배로 늘리는 작업이 진행 중이다. 동시에, 고위외교관들이 개발 업무에 더욱 관심과 시간을 할애토록 하며, '개발외교'를 국무부의 주요 분야로 확립한다.

다섯 번째로, 스마트외교 인력의 개발과 스마트한 업무 수행을 위한 조치이다. 이는 외교 업무의 계획, 조달, 인재관리에 걸쳐 광범위한 개혁을 통해 추진된다. 적절한 전문성을 갖춘 최고의 인재를 선발하고 능력을 함양하도록 한다. 이를 위해 첫째, 복합적이고 기술적인 업무를 다룰 인력을 적재적소에 배치해야 할 때, 필요한 인력이 국무부 자체 내에서 공급되지 않으면, 여타 연방 정부 민간관료 전체Civil Service에게 해외배치 기회를 제공하고, 고도의 전문성을 필요로 하는 부문에서는 계약직으로 인력을 충당한다. 이를 위해 각 인재의 특이사항들을 잘 정리해 둔 데이터베이스를 구축한다. 둘째, 전문성을 가진 인력을 구축하기 위해 현지에서 채용된 인력들은 재훈련시키고, 국제개발처의 중간관리자급 인사를 3배로 확충시키며, 국제개발처의 논 캐리어non career 쪽 인력 고용을 확충한다. 또한 기관 간 순환인사를 확대하며 고위외교관 승진 기회가 있는 기술부문 트랙을 해외원조청에 신설한다. 셋째, 외교관 채용시험을 수정하여 보다 혁신적으로 사고할 수 있고, 경영마인드가 있는 리더를 선정할 수 있도록 한다. 리더십이 있는 인사들 중 혁신을 잘 수행한 경우 보상을 할 것이며, 비판적 사고능력을 함양시키도록 교육하고, 개발관련 프로그램들도 개설한다. 넷째, 민간 인력의 확충과 개발을 통해 군에 비대칭적으로 집중된 예산과 인력의 균형을 확보한다. 이를 위해 먼저 1,108명에 달하는 국무부의 외교 인력 확충예산을 의회에 신청하였다.

(3) 총평

오바마 행정부의 스마트외교는 이전 부시 행정부에서 시작된 변환외교를 더욱 확장 심화하는 모습을 보인다. 개발원조를 미국외교의 새로운 핵심 전략분야로 추진, 해외 현지의 일반 대중에 대한 공공외교의 중요성 강조, 이 과정에서 새로운 정보통신기술을 적극 활용하여 대중과의 직접 소통 강조, 새로운 전략적 이해지역으로 부상한 중동, 아시아, 아프리카, 남미 지역의 정치, 경제, 언어, 문화에 대한 전문지식과 이 지역의 경제발전과 재건에 필요한 구체적 실무능력에 대한 강조, 전문 인력 양성, 그리고 국방부 대비 국무부의 역할, 위상 강화를 위한 조직 개편과 인력 확충 등은 변화외교에 의해 시작된 미국외교의 개혁방향과 전반적으로 일치한다. 그리고 300여 쪽에 달하는 새로운 4개년 외교 및 개발 보고서의 많은 내용은 이미 누구나 알고 있고 공감하는 관료조직의 개혁에 관한 내용이다. 문제는 지금까지 수없이 제기되고 개혁이 시도된 조직운영의 개선, 인력 충원과 전문성 함양, 부처 간 효율적 업무 협조 등이 얼마나 현실적으로 개선될지이다. 정치적 배경과 역량이 역대 가장 뛰어난 클린턴 국무장관이 추진하는 미국외교의 혁신과 강화가 4년

후에 또 다른 보고서에서 어떻게 이어질지, 그리고 어떻게 평가될지 기대되는 이유이다.

2. 싱가포르 외교 개혁

(1) 개요

싱가포르는 서울보다 조금 큰 영토에 약 440만의 인구가 살고 있는 도시국가이다. 1인당 국민소득은 약 3만 달러로 아시아에서 일본 다음으로 가장 소득이 높은 선진경제국가이다. 말레이시아의 영토에서 강제로 독립하게 된 싱가포르는 주변의 동남아시아국가들에 비해 절대적으로 열세인 영토와 국력에도 불구하고 눈부신 경제발전과 함께 동남아시아를 대표하는 국가로 자리 잡는 외교적 성과를 이루었다.

싱가포르 외교부는 1965년 말레이시아 연방으로부터의 독립과 함께 설립되어 효율적인 외교정책을 바탕으로, 작은 도시국가였던 싱가포르가 금융과 물류의 중심지 역할을 하며 "아시아의 네 마리 호랑이the Four Asian Tigers" 중 하나로 성장하는 데 뒷받침해 왔다. 1965년 설립이라는 비교적 짧은 역사에도 불구하고 싱가포르 외교부는 "싱가포르의 국익을 보호하고 증진시키는 외교기관"으로 거듭나기 위해 많은 노력을 기울이고 있다. 싱가포르는 도시국가라는 표면적 국력의 약세를 아세안국가 중심의 적극적이고 공격적인 외교를 통해 극복함으로써, 작은 도시국가를 동남아시아는 물론 아시아를 대변하는 목소리로 전환시킨 대표적인 성공사례로 여겨진다. 특히 1967년 아세안ASEAN 창립의 주도적인 역할을 시발로 GATT,

IAEA, ARF, ASEAN+3 등과 같은 다자적 외교에 적극적으로 참여하여 강대국과 약소국 사이의 의제를 설정하고, 각종 국제회의를 주관 및 유치함으로써 자신들의 국제적 존재감과 위상을 마음껏 발휘하고 있다. 2000년대 이후에는 개방경제에 역점을 두고 동남아 이웃국가들은 물론 유럽, 미국, 아시아 오세아니아의 주요 국가들과 자유무역협정을 활발히 추진하여 세계화globalization가 가져오는 기회와 거센 도전에 가장 적극적으로 대처하는 국가들 중 하나로 여겨진다.

(2) 조직

싱가포르 외교부는 17개 부서로 구분되어 있다. 정책, 계획 및 분석 부서들The Policy, Planning & Analysis Directorates은 세계 여러 지역의 정치, 경제와 관련된 업무를 맡고 있다. 기능 부서들The Functional Directorates은 의전, 공관 업무, 공보업무, 정보 관리, 그리고 싱가포르 협력 프로그램the Singapore Cooperation Programme과 관련된 업무를 책임진다. 기업 업무와 인사 부서들The Corporate Affairs and Human Resource Directorates은 인력관리, 교육, 재정 및 사무 행정과 관련된 외교부의 운영을 맡고 있다. 외교부 3분의 1에 해당하는 직원들이 아시아, 유럽, 북미, 남태평양, 아프리카, 중동에 퍼져 있는 45개 재외공관에서 근무하고 있다. 2011년 현재 외교부의 조직도는 다음과 같다.

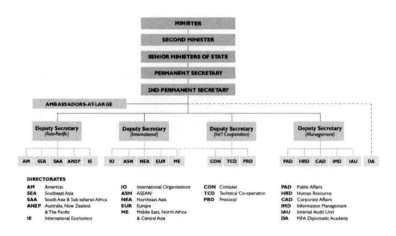

　　싱가포르는 175개국과 외교관계를 맺고 있다. 싱가포르의 해외 거주 공관으로 7개의 고위 위원단High Commission, 19개의 대사관, 2개의 UN 영구 대표부Permanent Representations, 13개의 총영사, 그리고 4개의 영사를 유지하고 있다. 이에 더해 38개의 비거주 고위 위원단과 대사를 두고 있으며, 29개의 명예 총영사와 영사를 임명하였다. 2011년 현재 싱가포르 재외공관의 현황은 다음과 같다.

(3) 조직 개혁Administrative reforms in Singapore

1965년 말레이시아에서 분리, 독립한 싱가포르의 초대 총리 리콴유는 능력주의meritocracy를 국가운영의 중요한 기초 중 하나로 삼았다. 싱가포르의 공무조직을 청렴하고 효율적으로 만든 가장 중요한 관행 역시 능력주의였다. 리콴유가 2002년 26년간의 총리직을 그만두고 선임장관Senior Minister으로 물러날 때, 그는 고위공무원들이 모두 모인 자리에서 "오늘날 싱가포르는 여러분의 부모님이 아니라 바로 여러분들이 이룩한 것이며, 이것이 내가 나라에 남겨 줄 수 있는 유산이다"라고 말하며 능력주의에 대한 그의 신념을 확인한 바 있다.

싱가포르 공무원 사회에서 능력주의 원칙은 교육에 대한 혜택으로 이루어졌다. 18세에 달한 학생들 중에서 가장 우수하고 똑똑한 학생들을 선발, 장학금을 지급하여 세계 유수의 대학에서 공부할 기회를 제공하였으며, 이들이 학업을 마친 이후에는 국가기관에서 8년 정도 일하게 하는 교육 프로그램을 운영하였다. 그리고 승진 시에는 업무경력뿐만 아니라 직무 성취도와 잠재력이 동시에 고려되었다. 그리고 고위직으로 진출되는 공무원들에게는 대학원 학위교육을 제공하기도 하였다.

이후에도 싱가포르의 공무 사회는 선진경영기법을 도입하며 더욱 쇄신을 거듭하여 왔다. 특히 1980년대 초 성과주의 예산performance budgeting 제도를 도입한 이래 외교부를 포함한 싱가포르 행정조직은 공무원의 무사안일 관행을 타파하기 위한 능력과 성과 위주의 조직운영을 펼치고 있다. 능력 있는 최고의 인재들을 영입하기 위해 민간부분을 능가하는 보수체계를 도입하는 대신 임용과 승진, 연봉 등에서 철저하게 실적 위주의 평가제도를 도입하여 경쟁과 효율성을 제고하고 있다. 효율적 조직운영으로는 1982년 비거주 대사NRAs: Non-Resident Ambassadors 제도 도입을 통해 인력난 극복과 예산 감축을 달성한 조치를 예를 들 수 있는데 이후 40개국의 비거주 대사는 평상 시 싱가포르에 있다가 필요한 경우 해당 국가로 파견되었다. 이후 1980년대 말까지 지속적으로 관리회계management accounting 제도와 활동기준 원가activity-based costing 제도를 도입하고 성과지표performance indicators를 예산보고서budget book에 포함시키면서 행정조직 경영선진화를 추구하였으며, 1990년 초에는 공무원 급여를 민간부분 급여처럼 개정하고 공무원 평생고용보장 제도일명, iron rice bowl를 폐지하기도 하였다. 한편 90년대 중반에 이미 "21세기를 위한 공공 서비스Public Service for the 21st Century"라는 전략을 도입하여 외교부의 끊임없는 개혁을 시도해 왔다.

21세기를 바라보는 싱가포르의 외교전략은 외부 자본과 투자자들에게 항상 가장 최적의 그리고 매력적인 투자환경을 제공하는 것으로 요약된다. 해외기업들을 국내로 유치하기 위해서 어떻게 기업 친환경적 여건을 조성할 것인지 고민하고, 국외적으로는 어떻게 하면 지역 내외 국가들과 우호적인 관계를 유지할 수 있을지 끊임없이 연구하고 있다. 특히 최근 싱가포르의 외교전략은 자유무역협정의 확장을 통해 기존의 개방경제와 시장우선정책을 지속적으로 추진하는 데 중점을 두고 있다. 한편 국제사회의 일원으로서 기후변화와 같은 새로운 지구적 문제에 능동적으로 대처함으로써 국제사회의 노력에 동참함은 물론 기후변화와 관련하여 새로운 성장 잠재력을 선점하고자 하는 공세적 모습도 동시에 보여주고 있다.

(4) 인재 채용 및 훈련

위와 같은 목표 달성을 위해 싱가포르 외교부는 무엇보다 인재의 양성과 활용에 중점을 두고 있다. 이는 외교 인력의 선발과정에서부터 시작되는데 외교에 가장 적합한 인성과 능력을 갖춘 인재를 선발하기 위한 맞춤형 채용 제도를 운영한다. 싱가포르 외교부가 추구하는 인재상은 자신의 재능과 잠재력을 최대한 개발할 수 있는 능력cultivation, 다양한 문화권의 사람들과 친밀하고 유기적인 관계를 구축하는 능력people skills, 그리고 협상능력negotiation을 갖춘 인력이다. 물론 업무를 추진함에서 진정성integrity와 환경적응능력ability to adapt to different environment 역시 외교부 직원의 가장 기본적인 소양으로 강조되고 있다.

인력채용은 필기시험과 실무그룹시험 및 인터뷰로 진행된다. 전공과 관계없이 누구나 지원할 수 있으며, 선발 전 과정을 통해 강조되는 것은 특정한 지식이 아닌 공직자 혹은 외교관으로서의 기본 인성과 자질, 창의성, 그리고 잠재력이다. 1차 필기시험은 심리측정psycho metric 유형의 시험으로 2시간 동안 100문항을 답해야 한다. 시험은 단순한 지식의 측정보다는 상황대처능력, 논리적 사고, 침착성 등을 평가할 수 있는 일종의 인성테스트에 가깝다. 그러한 인성테스트를 통해서 개인의 적성, 인성, 논리력을 측정하고자 한다. 외교부는 대부분의 지원자들이 학문적 소양은 기본적으로 어느 정도 갖추고 있다고 전제하기 때문에 학식의 정도보다는 논리적으로 생각할 줄 아는 능력을 더 높게 평가한다. 1차 필기시험 이후의 본격적인 2차 시험은 인터뷰를 통한 실무그룹 시험working group test으로 구성된다. 그룹당 6명의 인원이 면접관들 앞에서 시험을 치르게 되는데, 면접관들은 이들을 3명씩 두 그룹으로 나누어 특정한 과제를 주고 서로 협상을 하도록 함으로써 팀으로 일할 수 있는 능력, 문제인식과 해결능력, 협상능력 등을 평가한다. 그룹 과제 이후에는 개별과제로 프레젠테이션 임무를 부여하여 개인의 발표능력을 평가한다. 지원자들에게 특정한 이슈에 대한 자료를 제공한 다음 그 내용을 얼마나 잘 소화하여 상대방, 특히 외국 청중들에게 얼마나 설득력 있게 자신의 주장을 펼치는지를 평가한다. 마지막 3차는 심층인터뷰이다. 인터뷰 시에는 각 부서별 장들이 5명의 패널을 구성하여 심층면접을 진행함으로써 지원자의 인성 및 상황대처능력을 평가한다. 위원장은 중립적인 태도를 취하고, 2명씩 나누어진 양측의 패널들은 주어진 주제에 대해 각기 상반되는 입장에서 심도 있고 공격적인 질문을 한다. 지원자가 자신의 주장을 폄에 있어서 시험관의 공세적인 비판과 날카로운 질문에 어떻게 효과적으로 대응하는지가 집중적으로 평가된다. 여기에서 중요한 것은 정답이 아니라 어떻게 문제에 접근하고 패널의 공격에 대응하는지를 보는 것이다.

싱가포르 외교부는 미국이나 한국의 경우와 같은 초급 외교관 연수 제도를 시행하지 않는다. 일단 시험을 통과한 인력은 풀타임 연수 대신 채용 즉시 현장 업무에 투입된다. 즉 현장실습이 최고의 연수라는 것이다. 첫 1년 동안 본부의 각 부서에 배치되어 전반적인 실습과 훈련을 받는다. 이 1년 동안에 연 2회 실시되는 실무 위주의 4주 기본연수과정foundation course을 밟는 것이 재교육의 전부이다. 기본연수과정에는 기본적인 작문 및 협상에 대한 교육과 윤리 교육 등이 포함된다. 이와 동시에 국제회의나 해외공관 출장을 통해 국제외교 실무능력도 배양하게 된다. 외교부 채용은 수시채용으로 이루어지기 때문에 채용 즉시 본부에서 현장실습을 받고, 1년에 2번 이뤄지는 기본연수과정과 일정이 맞으면 그때그때 자신의 선택에 따라 기본연수과정을 밟는다. 이후 기회가 되는 대로 해외 훈련도 받도록 하여 1년간의 훈련을 마친다. 이렇게 선발되고 훈련된 신임 외교관은 곧바로 업무에 투입되어 실무 경력을 쌓게 된다. 싱가포르 외교관의 인사고과와 보상은 철저하게 능력과 성과주의에 의해 이루어진다. 능력에 따라 일찍 대사가 될 수 있으며, 해외 공관장의 기회도 특정한 횟수의 제약이나 연공서열에 구애 없이 주어진다. 예컨대 2013년 현재 주한 싱가포르 대사는 46세인데, 본인의 성과에 따라 은퇴연령인 62세까지 수차례 더 대사의 기회가 주어질 수 있다.

싱가포르 외교부가 보는 한국외교의 개선점은 한반도를 중심으로 지나치게 북한과 그 주변국과의 외교에만 치우쳐 있다는 것이다. 이러한 한반도 중심적 접근은 충분히 이해할 수 있는 상황이지만 한편으로는 한국외교가 가진 가능성과 기회를 스스로 제약하는 측면도 있다고 판단된다. 한국이 가진 위상과 역량을 고려할 때 한국외교는 한반도를 넘어서는 보다 넓고 장기적인 안목을 가져야 할 필요가 있다고 생각한다.

3. 덴마크 외교 개혁

(1) 개요

덴마크는, 위로는 스칸디나비아 삼국과 아래로는 프랑스, 영국, 독일을 이웃으로 둔 반도와 섬으로 구성된 작은 나라이다. 대한민국의 반이 채 안 되는 영토에 약 550만의 인구를 가지고 있으며, 1인당 국민소득 3만 7천 달러의 선진국이다. 흔히 안데르센 동화와 풍차의 나라로 알려진 덴마크는 유럽의 강대국 사이에서 나름 자신들의 위상을 확립하고 지역과 국제평화에 기여하기 위해 노력하여 왔다. 미국을 포함한 주변의 주요국 외교는 물론 다자외교에 적극적으로 참여하였으며, 오래전부터 인권과 민주주의 신장과 함께 개발원조를 국가외교의 주요 전략으로 활용하여 온 것이 특징이다. NATO의 회원국이며 27,000여 명의 병력 중 750명의 전투병을 아프가니스탄에 파병 중이다.

덴마크 외교부는 2009년 연간보고서를 통해 다음과 같은 사항을 주요 외교목표로 삼고 있다. ① 지구화된 세계에서 경쟁적, 가시적 그리고 능동적인 덴마크 ② 유럽의 중심에 있는 덴마크 ③ 국제안보 및 안정 추구 ④ 더 자유롭고 공정하며 경제 및 환경적으로 더 지속가능한 세계 ⑤ 국민을 위한 외교 서비스 ⑥ 정부 전체를 위한 유연한 글로벌 네트워크. 이러한 목표를 달성하기 위해 다음의 주요 기능을 설정하였다. 첫째, 해외 정부와 국제기구EU, UN, NATO 등 그리고 노르딕 국가와의 협력 등 덴마크의 해외 공식관계를 조정한다. 둘째, 해외에서 곤경에 처한 국민을 원조한다. 셋째, 덴마크 기업계의 수출활동 및 명확한 상업적 이해가 존재하는 부분에 대한 국제활동을 원조하고 해외투자를 유치한다. 넷째, 통상정책을 조정한다. 다섯째, 개발원조를 운영한다. 마지막으로 덴마크 및 상대국 문화의 인식 보급 기여를 통해 공공외교public diplomacy 정책을 펼치고 있다.

(2) 조직

외교부의 운영상황은 다음과 같다. 덴마크 외교부는 코펜하겐 본부, 대사관, 영사관, 해외통상위원회, 그리고 기타 대표단으로 구성된다. 보고서에 따르면 덴마크 외교부는 78개국에 대사관을 두고 있고 다자 간 기구에 파견한 대표부는 브뤼셀EU 및 NATO, 제네바UN, 뉴욕OECD, 파리OECD, 스트라스부르크유럽이사회, European Council, 비엔나OSCE, IAEA 및 CTBTO로 총 7개이다. 그 밖에 영사관 8곳, 통상위원회 19곳, 혁신센터 3곳으로 구성되어 있다.

덴마크 외교부의 고용인은 약 2,700명이며 이 중 950명이 코펜하겐 본부에서 근무하고 있다. 1,750명의 해외근무원 중 1,200명이 해당지역에서 고용된 사람들이다.

(3) 조직구조 개혁

2009년 덴마크 외교부는 대대적인 개혁을 단행하였다. 이는 탈냉전과 함께 나타난 새로운 세계질서를 반영하였던 1991년의 개편 이

DENMARK'S MISSIONS

March 2010

■ embasssies (78)

Accra	Dublin	Ouagadougou
Addis Ababa	Hanoi	Paris
Algiers	Helsinki	Prague
Amman	Islamabad	Pretoria
Ankara	Jakarta	Rabat
Athens	Kabul	Reykjavik
Baghdad	Kampala	Riga
Bamako	Kathmandu	Riyadh
Bangkok	Kiev	Rome
Beijing	Kuala Lumpur	Santiago
Beirut	La Paz	Sarajevo
Belgra	Lisbon	Seoul
Berlin	London	Singapore
Bern	Ljubljana	Sofia
Brasilia	Lusaka	Stockholm
Bratislava	Luxembourg	Tallinn
Brussels	Madrid	Tehran
Bucharest	Managua	Tel Aviv
Budapest	Maputo	The Hague
Buenos Aires	Mexico DF	Tirana
Cairo	Moscow	Tokyo
Canberra	Nairobi	Vilnius
Cotonou	New Delhi	Warsaw
Damascus	Nicosia	Washington DC
Dar Es Salaam	Oslo	Vienna
Dhaka	Ottawa	Zagreb

■ multilateral missions (7)

Brussels	Permanent Representation of Denmark to the EU
	Permanent Representation of Denmark to NATO
Geneva	Permanent Mission of Denmark to the UN
New York	Permanent Delegation of Denmark to the OECD
Paris	OECD-delegation
Strasbourg	Permanent Representation of Denmark to the European Council
Vienna	Permanent Delegation of Denmark to the OSCE, IAEA and CTBTO

■ MISSION OFFICES (4)

Niamey	Ramallah
Phnom Penh	Thimphu

□ consulates general (8)

Flensburg	Hong Kong	São Paulo
Guangzhou	Milan	Shanghai
Hamburg	New York	

□ trade commissions with consular services departments (8)

Chicago	Munich	Taipei
Dubai	Saint Petersburg	Toronto
Istanbul	Sydney	

■ other trade commissions (11)

Ahmedabad	Bangalore	Ljubljana*
Almaty	Barcelona	Zagreb*
Atlanta	Bratislava*	Yekaterinburg
Auckland	Chongqing	

○ innovation centres (3)

Munich	Silicon Valley
Shanghai	

*) Located at the Embassy.

후 가장 큰 규모로 이루어진 사업이었다. 특히 지구화된 세계의 새로운 도전과 기회를 가장 잘 다룰 수 있는 조직을 창설하는 데 그 초점이 맞추어졌다. 한 가지 예로서 덴마크 외교부는 안보와 개발 문제를 엮는 새로운 조직구조를 설립하였다. 특히 이 사업에는 아프가니스탄이 포함되어 있다. 또 다른 예로서 '글로벌 난제 센터 Centre for Global Challenges'에서는 글로벌 경제, 환경, 기후, 보건 및 성평등 문제를 다룬다. 이는 이러한 문제들이 다자적 해결책을 필요로 하며 큰 맥락에서 상호 연관되어 있기 때문이다.

조직 개편을 위해 덴마크 행정부는 다음과 같이 사업을 진행하였다. 우선, 세계화 전략Government's Globalisation Strategy의 일환으로 덴마크 외교부가 대규모 분석을 실시하였다. 이 결과로서 덴마크 외

교부의 세계화 분석MFA's Globalisation Analysis이 도출되었다. 그 결과
영사업무 관련 상시운영 센터24/7 Operation Centre 설치, 세계화 주요
지역에의 대사관 신설, 공공외교 향상 등이 새로이 추진되었다. 둘
째, 2008년 내부 실무그룹을 형성하고 세계화 분석에 따른 세부사
업 연구를 실시하여 보고서를 도출하였으며 이에는 세계화에 따른
문제점, 조직문화, 공공외교, 엄격한 임명 절차difficult posting, 인적 자
원, 외교부 조직구조 등이 포함되었다. 셋째, 실질적으로 가장 중요
한 변화는 실무그룹 보고서에 따라 외교부 조직구조가 근본적으
로 재편성된 것이다. 기존 조직은 크게 유럽과, 미국, NATO 등 주
요국 외교를 담당하던 북반구와 나머지 모든 지역 및 개발원조를
담당하던 남반구로 이원화되어 비교적 단순한 구조로 존재하였다.
이러한 2원 조직은 이후 기능과 지역을 복합적으로 구분한 총 11개
의 센터로 개편되었다. 즉 외교부 장관 아래 두 명의 차관이 남반구
과 북반구를 각각 관장하던 조직이 실질적으로 11명의 차관이 각
기 자신들의 센터를 관장하는 형식으로 재편된 것이다. 2009년 개
편 이후의 조직은 다음과 같다.

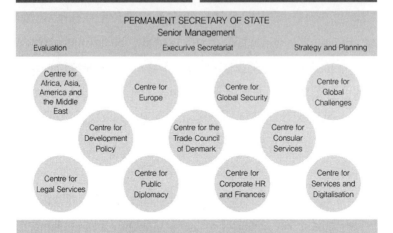

- 아프리카, 아시아, 미주 및 중동 센터Centre for Africa, Asia, America and
  the Middle East
- 유럽 센터Centre for Europe
- 글로벌 안보 센터Centre for Global Security
- 글로벌 난제 센터Centre for Global Challenges
- 개발정책 센터Centre for Development Policy
- 덴마크 통상위원회 센터Centre for the Trade Council of Denmark
- 영사서비스 센터Centre for Consular Services
- 법무서비스 센터Centre for Legal Services
- 공공외교 센터Centre for Public Diplomacy
- 인적 자원 및 재무 센터Centre for Corporate HR and Finances
- 행정서비스 및 디지털화 센터Centre for Services and Digitalisation

한편 세계화에 적극적으로 대응하기 위해 야심적으로 행해진 2009년 조직개편에 대한 평가는 엇갈린다. 한 고위 덴마크 외교관은 2009년에 실시된 개혁은 많은 부작용을 낳고 있다고 평가했다. 이전 외교부의 남북 이원 조직은 비교적 단순한 구조와 책임소재로 인해 각 부서 간 정책조율과 최종결정이 비교적 원활하게 행해졌다는 것이다. 그러나 12명의 각 센터장이 각자의 관할지역과 기능을 혼합적으로 관리하게 됨에 따라 종종 특정한 문제나 결정사안을 놓고 누가 주관부서가 될지 혹은 누가 최종 결정권이나 책임이 있는지에 대한 혼란이 야기된다는 비판이 있었다. 이전의 아주 간결하고 책임규명이 명확한 조직의 효율성이 오히려 새로운 체제 하에서 저하되었다는 평가이다. 실무 차원에서 결재라인이 너무 많아지고 책임의 소재는 폭넓어져서 각자 권리만 주장할 뿐 아무도 책임지지 않는 상태가 벌어지고 있다는 것이다.

(4) 인재 채용 및 훈련

덴마크 역시 싱가포르의 경우처럼 외교관 채용에서 지식측정 위주의 필기시험보다 실질업무능력을 측정하기 위한 다양한 방법이 채택된다. 먼저 채용공고가 나가면 누구든지 외교관이 되기 위한 시험에 도전할 수 있다. 1차에서는 면접을 통해 외교관으로서 기본적 소양과 자질이 있는지를 평가하여 지원자를 선별한다. 2차에서는 필기기험을 통해 분석력과 문제해결능력을 측정한다. 특정한 외교 관련 사안을 주고 이와 관련한 7, 8개의 자료들을 제시한다. 지원자는 주어진 자료들을 분석해서 1시간 안에 장관에게 정책제안 보고서를 작성해야 한다. 간결하면서도 실질적인 정책대안을 제시할 것이 요구되기 때문에 빠르고 명확하게 문제점을 파악하고 창의적인 제안을 할 줄 아는 능력이 중요시된다. 이렇게 선발된 인원은 최종 신원조사를 통해 외교관에 임용된다. 임용된 신임 외교관들은 바로 현장실무에 투입된다. 그것이 가장 빠르고 효율적인 연수방법이라고 생각한다. 따라서 싱가포르와 마찬가지로 별도의 풀타임 연수는 없다.

한편 외교관의 인사평가와 보상 역시 싱가포르처럼 철저하게 능력과 실적 위주로 이루어진다. 특히 2년 전에 정년 제도를 폐지하여 능력과 실력이 인정되는 한 대사를 여러 번, 그리고 오랫동안 할 수 있다. 이는 근본적으로 덴마크의 평균수명이 연장되고 고령화와 인구감소가 진행됨에 따라 이루어진 조치이다. 또한 실질적으로 대사와 같은 고위직의 경우 오랜 연륜과 경험이 직무 수행에 가장 중요한 자질이 될 수 있다는 점도 지적된다. 이와 관련하여 한국의 경우 대사와 같은 고위직은 임기 말년에서야 한두 번의 기회만 있다는 점과 아직은 충분히 활동할 젊은 나이에 은퇴를 해야 한다는 점은 개인적으로나 조직의 차원에서 소중한 자원의 낭비라는 지적이 있었다. 더구나 한국 사회야말로 고령화가 가장 빨리 진행되고 있다는 점에서 시사하는 바가 크다고 하겠다.

또한 외교부 내에 여성 인력의 활용에 관하여 덴마크 역시 한국과 마찬가지로 많은 수의 여성이 외교 업무에 종사하고 있으며, 이들 역시 육아와 가사로 인해 업무 병행에 많은 고충이 있다. 특히 해외 근무 시 결혼한 여성 외교관의 경우 처음에는 남편들이 함께 동행하는 경우가 많지만 두 번째 이후부터는 자신들의 경력을 추구하기 위해 따로 떨어져 사는 경우가 늘어나는 등 곤란을 겪고 있다. 그럼에도 불구하고 덴마크의 경우 여성과 육아에 대한 여러 가지 사회보장이 잘 되어 있고, 외교부의 경우에도 해외근무 조건이나 시기 선택에 더 많은 융통성이 부여된다. 이에 비해 한국의 경우 해외근무 주기가 너무 짧고, 시기 선택에 많은 제약이 있어 여성 외교관의 가정생활이 훨씬 더 어려워 보인다. 실제 능력 있는 많은 한국 여성 외교관이 시간이 지나면서 점차 사라지는 경향을 느낄 수 있으며 이 역시 우수한 인력의 손실과 낭비라는 지적이 있었다.

끝으로 덴마크의 경우 각 직급별로 최대한 스스로 업무에 책임을 지고 주도적인 업무 수행을 장려하는 것에 비해, 한국 외교부의 경우 초급이나 중급 실무자의 경우 책임이나 재량권이 지극히 제한되는 경향이 있다. 이는 결국 모든 업무를 소수의 고위직이나 최종 결정자가 결정해야 하는 구조로 이어지고 업무의 지나친 형식화, 관료화, 경직성 등을 조장하여 효율성이 떨어지는 모습으로 나타난다. 또한 각 업무 담당자가 창의성과 적극적인 자세로 업무에 임하기보다는 형식적인 업무보고에 매달리는 부작용을 초래할 뿐 아니라 정보화와 복잡성의 증가로 업무의 신속한 처리, 유연한 접근의 필요성이 증가하는 21세기 외교 업무 특성에 부합하지 못하는 결과를 초래한다.

(5) 개발원조외교

덴마크는 한국보다 작은 나라이다. 규모가 작은 나라이기 때문에 계속해서 목소리를 내지 않는 한 우리를 기억하지 않는다. 개발원조는 덴마크가 국제사회에 존재감을 드러내고 목소리를 낼 수 있는 외교전략의 버팀목 역할을 해왔다. 예를 들어, 덴마크가 베트남에 개발원조를 많이 해왔기 때문에 지금도 베트남에서도 목소리를 낼 수 있다고 생각한다. 개발원조의 주요 담당은 외교부가 해야 한다. 개발원조는 무엇보다 수혜지역과 대상자들을 잘 알 수 있는 부서와 인력이 주관이 되어야 성공할 수 있다. 그런 점에서 해외에서 오랜 경험과 인적 교류를 쌓은 외교부와 각 지역의 대사가 총괄적인 역할을 하는 것은 지극히 당연한 일이다. 과거 덴마크에서도 개발원조를 놓고 정부의 여러 부처가 경쟁적으로 업무를 추진한 예가 있었다. 그 결과 의견조율이 안 되고 효율성이 떨어지는 결과를 가져왔다. 개발원조는 개발자 단독으로 이뤄지는 것이 아니라, 그 지역에 대해서 잘 알고 외교력이 있을 때 효율적으로 진행된다.

Ⅳ. 한국외교의 역량 강화방안

1. 기본방향

외교부와 외교역량을 강화하기 위한 구체적인 방안에 앞서 몇 가지 기본방향을 설정하고 이를 기준으로 방안을 강구하는 것이 타당하다.

먼저 외교의 내용·형식·절차·수단의 변화가 급속히 진행되고 패러다임의 진화하고 있는 상황이라는 점을 고려하여 21세기에 들어 우리의 대외 환경 변화를 면밀히 분석·평가·전망함과 동시에 외교를 새로운 차원에서 정의·조망하고 접근해야 한다. 현재 외교부가 추구하고 있는 '총력·복합외교total and complex diplomacy'는 외교활동의 내용보다는 수단과 형식에 국한하고 있는 것으로 비추어진다. 문제의 다양한 측면, 연계성과 상호작용, 수단의 다양성 등을 추구한다는 면에서는 평가할 만하나, 우리 외교의 역량을 포괄적으로 강화하는 데에 있어서는 부족함이 있다. 이러한 외교의 목표, 수단, 방식, 역량 등을 종합적으로 평가하고 접근하는 방식의 검토가 타당할 것이다.

따라서 아래와 같은 요건과 발전방향을 지향하는 것이 타당할 것으로 판단된다.

- 기본에 충실한 외교부를 만드는 것을 지향해야 함. 외교부가 무슨 일을 해야 하는지를 먼저 명확히 규정하고 그것에 맞추어 조직, 인원, 예산 등을 검토하고 업무 형태도 정의해야 함.
  · '기본을 잘하는 외교부'를 만드는 것이 목표가 되어 개혁을 추진해야 함.
- 외교 대상 혹은 영역이 포괄적으로 확장되고 다원화되는 경향이 노정됨에 따라 이슈의 사전 식별과 예방적 접근에 중점이 놓이게 되고, 고도의 전문성을 요구하게 될 것으로 전망됨(예측 및 전문성).
- 형식면에서 정부 대 정부라는 공식적 형태에 추가하여 민간 대 민간, 정부 대 민간이라는 접촉면이 확장하고 기회가 증가할 것이며 비정부 행위자들의 영향력이 증가할 것임. 특히 초국가적 안보문제에 관해 정부를 선도하는 성향도 보이게 될 것임(포괄성과 균형).
- 영역 내에서 및 영역 간 동시다발적으로 이슈와 도전이 발생하고 이로 인한 멀티 태스킹multi-tasking의 필요성이 증가할 것으로 전망됨. 또한 반응과 대응의 속도가 관건이 될 것으로 예상됨. 즉 시간과 공간으로부터의 압박이 증가할 것임(적응성).
- 외교 이슈가 다변화됨에 따라 수단의 전문화·다변화가 절실히 요구되는 상황이 전개될 것임. 또한 국가 차원에서 가능한 수단을 확보·개발하고 최적의 조합을 통해 대응과 해결을 모색하게 될 것임. 외교부는 관련 수단을 총결집하여 사용하는

견인차force multiplier, 연계차linker, 혹은 지휘 및 조율자의 역할을 하는 것임(조정과 조율).

- 외교를 적극적·효율적으로 추진하기 위한 공감대 형성과 지지 확보를 위해 주요 행위자들이 참여하는 국내 외교정책 커뮤니티 형성을 적극적으로 추진하는 것이 필요함(포용성).

가. 국가 차원의 외교역량 결집과 활용체제 구축 및 외교부 위상 제고

총력 외교 차원에서 우리가 보유하고 있는 대내외 외교자산과 역량을 결집하고 활용을 통해 시너지를 발휘할 수 있는 체제 구축이 필요하다. 이러한 측면에서 다양한 외교 행위자들이 참여하는 '열린 외교정책 커뮤니티'를 구축하여 관련 부처, 외부 전문가, 여론 주도층, NGOs들의 참여와 기여를 활성화하는 체제를 구축하여 국가 외교자산을 조합하고 조화시켜 역량을 극대화하는 역할을 외교부가 수임할 수 있도록 체제를 구축해야 한다.

관련 부처와의 업무 협조·협력을 강화하기 위한 체제와 방안을 강구해야 한다. 이를 위해서는 이슈를 발굴하고 선점하는 외교부 내 기능을 강화해야 하고, 외교부 위상과 기능을 지금보다는 격상하는 것이 제도적 뒷받침되어야 할 것이다. 따라서 외교부를 부총리급으로 격상하는 것을 고려할 수 있다. 기업을 포함한 민간부분이 필요로 하는 정보와 서비스를 제공하는 노력을 강화하여 정부와 민간이 같이 가는 형식을 취하는 것이 필요하다. 반대로 민간부분이 가지고 있는 장점을 적극 활용하는 방안을 모색해야 하며, 정부와 민간 간 상호 상대적 우위가 무엇인지를 파악하고 이를 활용하는 방안을 강구함으로써, 민간의 참여기회를 확대하는 것이 바람직하다.

나. 정세 분석·전망, 이슈 식별, 대응전략 기획 기능 및 체제 강화

상황에 따라가는 것이 아니라 유리한 상황을 구축하기 위해 외교부 및 국가 차원의 외교정책과 업무를 당면 현안 대응reactive 중심에서 예방적preventive 대처로 전환해야 한다. 이를 위해 정세 분석과 전망기능을 강화하고 이를 기반으로 도전과 이슈를 발굴하며 대응전략을 모색해 가는 중장기 외교전략 기획체제 구축이 요구된다.

현안 업무와는 별도로 '중장기 여건평가와 전망 → 주요 도전 및 이슈 식별 → 대응전략 강구' 과정을 통해 미래지향적이며 일관성 있는 외교정책을 추진하는 방안과 체제를 구축하는 것이 바람직하며, 이러한 차원에서 정책기획관실의 기능 및 위상을 강화하는 것을 고려해야 한다. 또한 명확한 국가외교안보전략 지침 하에서 중장기 외교전략을 수립해 나가는 구조, 과정과 연계성을 구축하는 방안을 고려할 필요가 있다. 미 국무부 QDDRQuadrennial Diplomacy and Development 혹은 국방부 QDRQuadrennial Defense Review과 같이 중기외교전략 수립을 법에 근거하여 수립하는 방안을 고려할 수 있다. 지난 일을 정리하고 평가하는 외교백서와 함께 외교의 미래 목표와 전략을 담은 외교청서를 정기적으로 작성하는 방안이 이에 부합하는 것으로 볼 수 있다.

다. 탄력적 조직·인원 활용을 통한 대처능력 배양 및 역동적 조직 문화 지향

현재와 같은 연통형stovepipe 업무구조 유지 시 실국 간 단절은 물론 관련 부서 간 협조와 협력에도 제약이 있을 것으로 평가되며, 상승효과 창출에도 한계가 있을 것이다. 현재 기능과 지역에 따라 실·국

별로 편성되어 있는 외교부 조직과 인력을 문제와 이슈 중심matrix 형식으로 수시로 재편하여 운영할 수 있는 팀제 혹은 태스크포스 형태로 전환하는 방안을 고려해볼 만하다. 이는 이슈와 문제의 상호 연계성을 파악하고 문제의 복합성을 다양한 차원에서 조망해 접근하도록 하여 누락 혹은 경시되는 부분을 사전에 방지하는 효과가 있을 것으로 예상된다.

조직구조의 변화와 함께 외교부 문화를 개혁하는 것도 필요하다. 배타적이고 개인적인 문화를 지양하고 보다 창의적이며 역동성이 있는 조직문화를 지향해야 한다. 연대감과 책임감을 갖도록 하기 위한 다양한 방안들이 모색되어야 하며, 이를 위해 외교부의 업무에 대한 새로운 정의와 업무형태를 만들어야 할 것이다.

라. 전략형 전문 외교 인력 확보·양성 및 활용

외교관 채용, 교육, 훈련을 개선하여 국가(정부 및 민간)가 필요로 하는 외교 인력을 양성하고 각계각층 그리고 각 분야에서 활용하는 방안을 강구해야 한다. 향후 국가가 필요한 분야별 외교관의 소요를 파악하고(인력소요 판단 시스템의 구축)S.M.A.R.T : strategic, multifunctioning, agile, responsible, and talented, 외교관을 육성할 수 있는 제도를 도입하는 것이 요구된다. 또한 민간 인력을 활용하는 방안도 동시에 모색하여, 중복을 회피하고 상호 보완적 체계로 발전을 모색해야 한다.

민간의 상대적 우위와 장점을 식별하고 선도할 수 있는 분야를 개발하여 민간이 주도할 수 있도록 지원하는 방향에서 접근하여 역량 결집과 활용을 모색해야 할 것이다.

2. 주요 과제

가. 조직 관련 과제

(1) 지역국 중심으로 외교부 조직을 재편

현재 외교부의 조직은 크게 지역과 기능으로 구분되어 있다. 이러한 체제를 지역을 중심으로 재편하고 기능은 다자외교라는 차원에서 통합하는 것을 고려할 수 있다. 지역국 내에서 정무, 통상, 영사, 공공외교라는 4개 부분으로 구분하여 업무를 체제로 구축하여 지역에서 발생하는 문제를 종합하고 처리하는 구조로 전환하는 것이 타당할 것이다.

지역 구분은 동북아(중국, 일본, 대만, 몽골), 서남아 및 대양주(인도, 파키스탄, 동남아 및 대양주 국가군), 북미(미국 및 캐나다), 중남미, 중동(터키 포함), 아프리카, 유럽, 유라시아(러시아 및 중앙아) 등으로 설정할 수 있을 것이다. 현재의 한반도 평화교섭본부는 폐지하고 북미국과 동북아국에서 업무를 지원해 전담대사직을 두는 것으로 대체할 수 있을 것이다. 영사 업무와 공공외교 업무를 지역국으로 이관함에 따라 이러한 업무와 관련된 조직은 폐지할 수 있을 것이다.

다자외교를 담당하는 부서는 국제기구(인권, 군축, 기후 및 환경 포함)를 중심으로 하고, 경제통상(에너지 및 자원 포함), 조약 및 국제법 등을 이에 배치할 수 있을 것이다. 통상교섭본부의 업무를 경제통상국으로 이관하여 통상교섭본부는 폐지하되, 통상교섭관직을 설치하는 방안을 고려할 수 있을 것이다.

(2) Team 혹은 Task Force 제도 활성화

환경, 기후변화, 에너지 및 자원, 개발협력(녹색성장 포함) 등 21세기 글로벌 어젠다는 다수의 인력과 전문성을 요하는 분야이자 향후 우리 외교(글로벌 코리아)가 보다 많은 관심과 노력을 기울여야 할 대상이나 현재는 인력 부족으로 인해 따라가기에 급급함과 어려움이 상존하고 있다.

이러한 문제점을 해결하기 위해 기존 조직체계와 인력 편성을 유지하는 가운데 글로벌 이슈와 어젠다를 중심으로 인력을 탄력적으로 배치·운용하기 위해 팀 혹은 태스크포스 제도를 도입하는 방안을 검토해야 한다. 물론 팀제를 전체 외교부 조직에 적용할 수는 없을 것이다.

팀장은 직급이나 직책과는 무관하게 이슈의 중요도나 성격에 따라 선별하고 필요할 경우 민간 자문관을 위촉해 유관부처 인원을 배속받아 업무를 처리하며, 부족한 전문성을 보완하기 위해 해당분야별 유관기관, 외부 전문가 및 시민사회단체와의 상시 협력 네트워크를 구축·운영하는 것을 보다 활성화해야 한다.

- 제2차관실 하에 '글로벌 어젠다 위원회 혹은 그룹(가칭)'을 설치하여 유관부처 및 민간 전문가·기업·시민사회단체들이 참여하는 방안을 검토
- 이슈를 중심으로 관련 지역국 소속 인원들이 지원하는 업무 체제를 구축
- '국제업무 정보공유망' 설치를 통해 유관부처 간 정보를 공유할 수 있도록 조치

(3) 장관 직속의 정책기획·조정실(선임차관보) 신설

외교부는 복합외교라는 슬로건 하에 정책기획기능 및 소통을 강화한다는 차원에서 2011년 초 정책기획국을 제2차관에서 장관 직속 조직으로 재편하였다. 방향은 타당하나 취지에는 미흡한 조치인 것으로 평가된다.

기획기능을 실질적으로 수행하기 위해서는 기존 조직의 골간을 유지하고 기존 조직은 현안 업무를 수행하도록 하되, 장관 직속의 정책기획·조정실(차관보급)을 신설해 일종의 콘트롤 타워 역할을 수행하며, 정세 분석·평가·전망, 이슈 식별 및 개발, 중장기 외교정책 기획(업무의 70% 수준) 및 현안 업무 조정·조율 임무(30% 수준)를 부여하는 방안을 검토할 필요가 있다.

정책기획조정실 하에 정책기획팀(기획과 조정), 정세분석팀(전망 및 이슈 발굴), 공공외교팀(現 문화외교국을 흡수하되, 기타 공공외교업무를 강화) 등 3개 팀을 설치하고 장관을 보좌토록 조치할 수 있을 것이다.

- 정책기획팀: 중장기 정책기획 및 현안 조율
  * 주요 외교정책 기획문서(외교기본정책서) 작성 및 전문가 네트워크 구축
  * 주요 외교 이슈 식별 및 조율
  * 유관부처와의 협의 및 협조
  * 현 외교안보연구원 혹은 신설 예정인 외교아카데미와 협업 체제 유지
- 정세분석팀: 정세분석·평가·전망, 이슈 식별·개발, 정보 데이터 베이스 구축·운영
  * 중장기 대외외교환경 분석·평가, 민간이 필요로 하는 정보

제공
* 주요 국제·지역 정세 및 국가 동향 분석 보고서 발간
· 공공외교팀: 국내외 외교협력 네트워크 혹은 정책 커뮤니티 구축하고 소프트파워 활용방안을 모색
* 문화·스포츠를 소프트파워 관련 업무에 포함
* 국내에서 대외협력기능을 수행, 민간(특히 NGO)과의 협력을 모색하는 네트워크의 허브 역할 수행
* 지자체와의 협력에 관한 대외창구 역할

정책기획실에는 다수의 민간 전문가 및 유관부처 인력을 영입하여 민관협력 및 유관기관 협조 네트워크를 구축하는 것도 반드시 실행되어야 할 조치이다. 또한 정책기획과 네트워크 업무를 수행을 위한 사업을 개발하고 이를 시행하는 데 필요한 연구 및 개발 예산이 뒷받침되어야 한다.

나. 인력 관련 과제

(1) 새로운 외교관 충원 제도 도입 및 사전직무교육 강화

초임 외교관의 경우 다양한 잠재력을 가진 인력을 선발, 교육을 통해 선진외교에 필요한 공직사명의식, 전문지식 및 실무능력을 두루 갖춘 최정예 외교인력으로 양성하기 위한 국립외교원 제도가 도입 추진 중에 있다. 그 성과를 아직까지 평가하기에는 시기상조이다. 어떠한 외교관을 길러낼 것인가 하는 것, 달리 말해 바람직한 외교관의 정형과 요건에 대해 명확한 그림을 그리고 그러한 인재를 길러내기 위한 교육과정과 과목을 개발하는 것이 관건이라 하겠다. 문제는 이러한 새로운 외교관 선발과 육성에 대한 대대적인 재정적·인적 투자가 있어야 함에도 불구하고 현실은 그렇지 못한 것으로 파악

된다. 따라서 본래의 목적에 부합될 수 있도록 국립외교원의 조직, 인력, 예산 등이 배정되어야 하며, 중장기적으로는 석사 학위과정으로 변환하여 '공부하는 외교관'으로서의 자격을 갖출 수 있도록 해야 할 것이다.

'직급별 맞춤형 평생교육' 시스템 구축 및 권위 있고 공정한 외교역량평가를 통한 외교관의 전문성과 자질의 향상을 도모해야 한다. 이를 위해서는 교육정원을 별도로 배정하는 조치가 있어야 한다. 과장급 및 국장급 교육기간을 늘리고 내실화를 추진(최소 3개월 이상)하며, 공관장 발령자에 대한 현지교육을 강화해 나가야 한다. 최소한 6개월 정도 현지 언어 및 문화에 대한 교육을 심도 있게 실시. 이를 위해 사전보임제도를 도입하는 것이 필요하며, 보직 배정에 앞서 자격심사를 통해 직책과 직무에 대한 적합성 여부를 판정하는 과정이 뒷받침되어야 할 것이다. 물론 현재 역량평가를 통해 이러한 조치가 이행되고 있기는 하나, 충분한 사전교육을 실시하지 못하고 있다는 점에서 형식에 그칠 수 있는 가능성을 내포하고 있다. 따라서 사전교육이라는 과정을 둠으로써 준비할 수 있는 기회를 제공하고 이를 통해 좀 더 세밀하고 객관적이며 공정한 평가와 심사가 이루어지도록 해야 할 것이다.

(2) 외교부 내 일반직 특수공무원 배치, 업무의 연속성 및 일관성 유지

외무직 공무원과는 달리 공관근무를 하지 않고 본부에서 특수 업무(정보 및 정세를 중심)를 담당하는 인력을 확보하는 방안도 검토할 필요가 있다. 미 국무부의 경우에는 일반직 공무원 중 특정 지역이나 정보 업무를 담당하는 인원을 별도로 배치하여 업무의 연속성을 보장하고 전문성을 제고하고 있다. 따라서 각 과에 최소 1~2명을 고정적으로 배치·근무토록 하여 소위 말하는 기업 메모리 institutional memory'를 강화함으로써 업무의 연속성과 안정성을 보장하는 방안을 고려해야 하며, 특히 정보와 기능에 관한 인원을 선발하는 것이 필요할 것이다.

본부 근무를 원칙으로 하는 일반직 공무원을 배치하는 부서는 지역국보다는 다자외교국(조약 및 국제법률 포함)이 되어야 하며, 지역국에는 최소한으로 배정하는 것이 타당할 것이다. 또한 정책기획과 정보 분석을 담당하는 부서에도 일반직 공무원을 배치할 수 있을 것이다.

(3) 적정 외교 인력 소요 판단 및 확보 시스템 구축과 인력구조 개선

증가하는 외교 업무에 비해 외교관의 수가 절대적으로 부족한 것은 사실이나, 현재 외교 인력 소요 판단은 단순히 재외공관의 수 및 규모에 근거하여 이루어지고 있다. 업무의 특성 및 양 변화에 대한 판단과 예측에 따라 어느 시점에서 어떠한 인력이 어느 정도 필요할 것인지를 과학적·체계적으로 판단하는 것이 필요하다. 분야별·지역별·시기별 적정 인원을 판별하고 탄력적으로 운용하는 방안을 우선적으로 도입하고 특정 공관을 3인 공관 혹은 5인 공관으로 규정해 그 수를 유지하기보다는 업무량의 변화에 따라 공관별 인원을 조정하는 것도 검토되어야 한다.

외교부는 지난 수년간 국장급 직위가 증가하였고 OO대사직이 많이 신설되었다. 국장급 인사가 거의 20명에 가깝기 때문에 분절화가 더욱 심하고 통제하기도 어려운 상황이라고 평가된다. 이에 반해 실제로 일을 할 수 있는 인원은 부족한 편임. 각 과에서 실제로 업무를 담당하고 있는 인원은 3~4명에 그치고 있는 실정이다. 중간조직을 슬림화하고 의사결정체계를 단순화하여 즉응태세를 확립하고 업무의 효율성을 도모해야 할 것이다. 또한 소위 말해 인공위성이라고 하는 ○○대사직을 축소하거나 없애는 방안도 고려할 수 있다. 사실 이러한 대사직을 만들었기 때문에 이들의 업무를 지원하기 위한 인력이 필요하게 되고 업무에 지장을 초래하거나 중복되는 현상이 발생하고 있다.

매년 일정 인원을 선발하여 선발된 인원들이 별 문제 없이 지속 근무하여 대사직까지 보임하는 것이 상례가 됨에 따라 정원 대비 간부 혹은 고위직의 수가 많고, 실제적으로 일을 할 수 있는 인원은 매년 같은 수에 머물고 있는 상황이다. 제도적으로 1990년대 말 외교부에서는 승진 제도를 폐지하고 봉급체계만을 가지게 됨에 따라 승진에서 누락되고 퇴출되거나 선별하는 과정이 없는 것도 문제이다. 승진과 직급 정년제를 재도입하여 선별·퇴출을 보완하는 방법도 고려해 볼만하며, 이를 통해 피라미드형 구조로 점진적인 변화를 시도해 나가는 것이 필요할 것이다. 보직을 늘리고, 특히 고위직을 늘리는 것에 관심을 둘 것이 아니라 실제로 일하는 사람의 수를 늘리는 것에 조직 개편의 중점이 두어져야 할 것이다.

외교부의 인력을 대폭 증원하는 것이 필수적이다. 물론 이러한 증원에 대해서는 반대가 있을 것이다. 그러나 폭주하는 외교 업무를 수행하기 위해서는 절대 인원을 증원해야만 한다. 어떠한 업무가 증가하였고 증가할 것인지를 파악하여 이에 부합되는 인원을 증원하기 위한 노력이 경주되어야 하며, 이들을 적재적소에 배치하여 인원 증원의 효과가 실질적으로 발생할 수 있도록 조치되어야 한다. 단순한 양적 증원이 아니라 업무의 질을 보장할 수 있는 임무 중심의 증원을 추진해 나가야 할 것이다.

(4) 특정 대사직·직위의 인사청문회 제도 도입 검토

미국의 경우 차관보급 이상의 보직이나 대사직에 대해서는 의회 청문회를 통해 인준절차를 거치는 바, 이러한 절차를 우리 외교부에도 도입·적용하는 방안을 고려해야 할 것이다.

우리의 현실을 고려할 때 전체 대사직이나 간부급 보직을 대상으로 인사청문회를 실시하는 것은 무리가 있을 것이므로 4강 대사 및 유엔 대사 등에 대해 청문회를 개최하여 인사검증을 실시하고 능력과 도덕성을 검증하는 것이 타당할 것이다. 이는 내부에서 승진되거나 외부에서 영입되는 인력에 대해서 객관적인 검증을 통해 적합성을 판단하는 계기가 되기도 할 것이다. 또한 특임대사의 경우 인사청문회를 적용하는 것도 고려해볼 만한 사항이다.

청문회 의견이 인사결정을 좌우하는 것이 아니라 건의와 의견을 제시하는 수준으로 설정하는 것이 필요하다고 하겠다. 아닐 경우 임용절차가 매우 어렵게 될 가능성이 있다. 또한 인사청문회에서 논의해야 할 혹은 검증해야 할 항목을 구체화하여 불필요한 문제가 제기되거나 정치 쟁점화되는 것을 막는 것이 필요하다. 이와 관련하여 현재 운용되고 있는 외교역량평가제도상의 항목을 활용하는 것도 고려할 수 있을 것으로 판단된다.

다. 업무 관련 과제

(1) 외교기본정책서(가칭)를 포함 주요 외교기획문서 작성

과거의 성과를 종합하는 '외교백서外交白書'보다는 앞으로 무엇을 할 것인가를 제시하는 '외교청서外交靑書'를 작성·발간하는 것이 필요하며, 상위의 '국가안보전략'에 기초하여 이를 구현하기 위한 실천방안을 담은 '외교기본정책서(가칭)'를 정기적으로 작성·발간을 추진해야 한다.

미 국무부의 QDDR과 유사한 성격의 중기 외교기획문서를 발간하고 이를 토대로 일정기간 외교전략을 강구함과 동시에 현안 업무 지침으로 활용하는 형태를 도입해 동 문서에는 중기 외교환경 평가, 주요 도전, 외교 목표·비전·도전, 추진 기본방향 등을 포함하여 구성해야 할 것이다.

'외교기본정책서'에서 제시된 지침에 따라 분야별·영역별로 주요 이슈와 실천방안을 담은 정책문서(분야별 실천전략)를 실·국별로 수립하는 방안이 검토되어야 한다. '중기 외교정책 추진계획(가칭)'이라는 명칭으로 하고 분야별·이슈별·단계별 실천계획을 포함, 매년 검토와 보완·수정을 실시하여 현실성을 제고하고 이행을 강화해 나가야 한다.

이는 기본적으로 현안과 미래 대비를 균형 있게 추진하기 위한 방안이라는 점에서 긍정적으로 평가할 수 있으며, 이러한 기획문서 작성을 통해 이슈의 사전식별과 대비능력을 제고할 수 있을 것으로 기대된다.

(2) 민관民官 협력체제 강화와 외교정책 커뮤니티 형성 노력

외교는 외교부만이 주체가 되어 시행하는 것이 아니라 다양한 행위자들이 개입하여 상호 협조, 견제하며 진행하는 과정이 되었다. 또한 국가 차원에서 국가가 가지고 있는 외교적 잠재력과 역량을 최대한 개발하고 활용하는 접근이 모색되어야 한다. 이러한 차원에서 아래와 같은 조치를 도입하는 것을 적극 검토해야 할 것이다.

- '민간외교단'을 설치하여 부족한 외교 인력을 보충하고 민간의 역량을 활용함과 동시에 민간의 외교역량을 제고
  - 단순한 명예직이 아니라 실질적 임무와 역할을 수행하도록 하는 것이 관건
  - 민간외교단 인원에 대한 교육과 훈련이 필요하며, 저개발국가와 지역을 중심으로 집중 육성(한국 소프트파워의 첨병으로서의 역할을 부여)
  - 전직 관료·외교관들을 활용하여 교육·훈련을 실시함으로써 최적화를 도모함과 동시에 언어와 문화교육을 중점적으로 실시
  - 동 프로그램에 'World Friends Korea' 사업을 포함하는 것이 바람직
  - 기 추진 중인 민간외교재단을 활용하는 방안도 검토
  - 정무·경제 분야를 제외한 교육, 문화, 사회, 예술 등을 중점 영역으로 설정하고 집중 육성
  - 또한 민간외교단을 지원의 수단으로뿐만 아니라 정보·정세 수집의 자산으로도 활용하는 방안을 검토(일종의 humint: human intelligence로 활용)
- 각 대학에 '국제관계자문교수' 제도 도입 검토
  - 대국민(학교 및 학생) 서비스 제고와 퇴임 외교관들을 활용하는 차원에서 동 제도 도입을 적극 검토
  - 대학, 특히 지방대학의 대외활동을 지원함과 동시에 필요시 강의도 실시하여 퇴임 외교관들의 지식과 경험을 활용토록 조성
- '공공외교포럼Public Diplomacy Forum'을 확대·강화

- 旣 발족한 '공공외교포럼'을 확대하여 다양한 외교이슈 논의의 장으로 정착시켜 민·관 간 쌍방향 협의·협력을 강화함으로써 외교정책 커뮤니티로 발전
- 학계 중심의 구성에서 정계, 재계, 언론계 및 학계 인사들이 고루 참여하는 형태로 확대
- 분야별로 분과위(경제, 문화·스포츠·예술, 미디어·여론, 인권, 환경·기후, 에너지·자원 등)를 설치하여 심도 있는 논의를 활성화
- 외교 이슈에 대한 대학생을 포함한 젊은이들의 이해와 참여를 제고하기 위해 '차세대 외교지도자 포럼(가칭)'도 발족시키는 방안을 검토
- 해외 유수기관과 공공외교포럼 설립·운영을 추진(예: 글링겐대일 연구소)

이상의 프로그램에 추가하여 외교부의 문호를 더욱 개방하는 것도 적극 검토하고 추진하는 것이 필요하다. 지금까지 외교부의 문호는 주로 고위직에 집중되어 왔고, 공관장 인사에 반영되어 왔다. 외부 전문가나 인력이 외교 업무에 적응하고 직무를 원활히 수행하기 위해서는 실무경험이 필요하다. 특정 분야에서 외부인사들이 영입되고 경험을 축적할 수 있는 기회를 확대하는 것에 대해서 좀 더 전향적인 입장을 갖는 것이 요구된다. 이러한 외교부에서의 실무경험은 학자나 전문가들의 정책 감각을 개발하고 현실성을 제고하는 데 도움이 될 것이다.

(3) 강화된 개인 성과관리제 도입

여타 부처에 비해 업무의 특성상 외교부는 국내외 보직순환이 매우

빈번하게 이루어지고 있다. 그 결과 개인과 조직의 성과관리에서 문제점이 발생할 가능성이 있고 나아가 업무의 성취도도 감소하는 결과를 초래할 수 있다. 또한 매일매일 발생하는 현안에 대한 대응을 중심으로 업무를 수행함에 따라 명확한 목표 설정도 잘 이루어지지 않고 있다. 나아가 성과관리제도가 있다 할지라도 사실상 형식적인 수준에 머물고 있다는 점에서 이를 개선하는 조치가 필요하다.

조직 차원에서 단·중·장기별로 어떠한 목표를 가지고 무슨 성과를 도출할 것인지를 고민하고 이와 연동하여 개인의 성과를 제고하기 위한 기획과 계획의 업무가 강화되어야 할 것이며, 이러한 결과가 인사에 반드시 반영되어야 할 것이다. 교육·훈련, 업무 그리고 인사가 연동되지 않고 분리되어 운영되는 것은 업무 성과를 제고하는데 가장 큰 장애 요인으로 작용한다고 볼 수 있다. 따라서 성과관리가 반드시 인사에 반영되도록 하는 제도를 도입·정착시켜야 한다.

또한 개인들은 어떠한 업무와 어떠한 역량을 개발하고 강화해 나갈지를 스스로 고민하고 이를 문서로 남겨 추후 평가의 근거로 삼는 방안도 고려해 보아야 할 것이다. 성취도에 따라 교육과 훈련 기회를 제공하고 부족한 사람들에 대해서는 이를 보완할 수 있는 기회를 제공하는 것도 필요하다.

(4) 감사제도의 강화

여타 부처와 마찬가지로 외교부도 감사관실을 가지고 있고 일상적인 감사활동을 실시하고 있다. 그러나 감사의 중요성에도 불구하고 감사관실의 위상이나 기능은 매우 제한적이고 위축되어 있다고 판단된다. 또한 감사도 일상적으로 사후적인 성격에 치우치고 있다는 점에서 사건과 사고를 예방하는 것에는 취약한 면을 가지고 있다.

그 결과 외교부 내에서 발생했던 인사문제, 돈과 관련된 문제, 업무와 관련된 감사 등은 감사의 중요성을 간과한 데서 나타난 현상이라고도 하겠다.

이러한 문제를 예방하거나 최소화하기 위해 사전감사제도를 강화하고 감사의 대상을 면밀히 검토하여 지정하는 것을 검토할 필요가 있다. 특히 인사와 업무에 관련된 감사를 강화하는 방안을 검토하고 감사결과에 따른 사후조치가 반드시 수반되도록 해야 할 것이다. 감사와 상벌이 아무런 연관 없이 진행된다고 하면 감사의 존재 의미 자체를 희석시키는 결과를 초래할 것이라는 점에서 감사결과가 인사에도 반드시 반영되도록 해야 할 것이다.

(5) 외교부-지자체 간 협의기구 발족을 통해 지자체의 대외활동 지원 강화

지자체의 대외활동이 증가하고 있는 바, 자문대사 파견 이외에 외교부-지자체 간 정례적인 협의를 실시하고 협조할 수 있는 기구를 설치하는 것이 요구된다. 이를 위해 공공외교국 하(현 문화외교국)에 외교부-지자체 협의기구를 설치하여 문화행사 혹은 국제회의·행사 유치에 관한 일과성적인 협조를 넘어 보다 장기 프로젝트 중심으로 활동을 전환하는 것이 필요하다.

지자체 직원의 국제적 감각과 외교역량 배양을 위한 프로그램 개발도 필요하며, 지자체와 외교부 간 인사교류를 활성화하여 지자체 인력의 국제화를 지원해야 한다. 현재 지자체 공무원에 대한 교육이 실시되고 있으나, 주로 의전에 집중되고 있고 국제문제에 대해서는 매우 피상적인 수준에 그치고 있다. 상대적으로 대외활동 경험이 미흡한 지자체 직원들이 대외활동을 전담하는 것에는 한계가 있으므로 인사교류를 통해 실질적인 지원 인프라를 구축하는 것이 필요하다. 간부급 인사교류보다는 실무급 인사교류를 활성화하는 것이 바람직할 것이다.

또한 부정기적으로 실시하고 있는 지자체 직원에 대한 단기교육(현재는 약 2주 정도의 교육)도 강화하는 것이 요구된다. 정례적으로 최소 3~4개월간의 교육(초임 외교관 교육에 준한 내용)이 필요한 것으로 판단된다.

(6) 아웃리치 프로그램outreach program을 포함한 공관의 역할·기능 강화

공관의 역할과 기능이 과거에 비해 상대적으로 위축되어 있는 것이 사실이다. 정보화 시대에서 오히려 공관의 활동은 더욱 강조되어야 할 것이다. 특히 정보 분석과 네트워크 활동을 강화하고, 영사 업무도 강화하는 것이 필요하다. 정무 및 경제 중심의 공관 업무를 언어, 문화, 예술 분야 등으로 확대하고 현지에서의 접촉 및 홍보 활동을 강화하는 것이 필요하다.

각 공관마다 현지 유력인사(학계, 재계, 언론에 집중)들을 자문 혹은 홍보위원으로 위촉하고 한국 방문을 적극 추진하는 것도 필요하다. 또한 문정관, 정세분석관 제도를 도입함과 동시에 특정 지역 공관을 지역문제 전문가에게 개방하고 활용하는 것이 필요하다. 문화원 수를 확대하고 문화원을 한국 관련 정보의 허브로 발전시켜 현지인들의 방문을 유도하는 것이 요구된다.

(7) 국가적 차원에서 외교관 적극 활용

퇴직 외교관들이나 본부 발령을 받은 대사를 일반 대학이나 사기업에서 적극 활용하여 민간을 지원하는 기능도 강화하는 것이 필요하다. 일반 대학에 자문교수직을 확충하여 외교관들로 하여금 학생들에 대해 카운슬링을 제공하는 방안도 검토할 수 있을 것이다. 특히 특정 국가나 지역에 관한 경험과 지식은 젊은이들에게 많은 도움이 될 것이라는 점에서 은퇴한 외교관들을 중심으로 학생들에게 카운슬링을 할 수 있는 기구를 설치하는 것도 고려해볼 만하다. KOICA 내에 이러한 기구를 설치하는 것이 타당할 것으로 판단된다.

V. 결론

한국외교의 역량을 강화하기 위해서는 단순히 피상적인 양적 증가에 초점이 두어져서는 안 된다. 현재 우리가 처해진 상황이 어떠한지를 명확히 파악하고 외교를 통해 확보해야 할 이익과 목표가 무엇인지를 명확히 해야 하며, 이를 달성하기 위한 전략이 전제되는 가운데 어떠한 역량과 체제가 요구되는지를 파악하여 제시하는 것이 요구된다. 즉 한국의 외교 패러다임을 새로운 외교환경에 맞게 제시하고 이를 근거로 양적 그리고 질적 변화와 개선을 도모해 나가야 한다. 그냥 단순한 양적 증가와 기계적 접근은 낭비와 도덕적 해이를 불러올 수도 있다.

이러한 차원에서 국가 차원의 외교전략이 우선 설정되고 이를 추진하기 위한 체제와 능력을 확보하는 형식으로 접근해야 한다. 그리고 이러한 접근에는 꾸준한 관심과 투자가 요구된다. 외교의 타성과 관성에 매몰되어 새로운 세계를 인식하지 못한다면 우리의 외교의 미래는 없을 것이다. 이러한 차원에서도 우리는 하드웨어적인 측면보다는 소프트웨어적인 측면에 보다 많은 관심과 노력을 기울여야 할 것으로 판단된다. 물론 외교관의 절대적 수를 늘리는 것은 필수적인 일이나, 어떠한 인력이 어느 정도 소요되는지를 명확히 설정하고 추진해야 하며, 이러한 양적 증가가 질적 변화를 초래할 수 있도록 제도를 개선·변화시키고 조정해 나가야 한다.

특히 외교정책 커뮤니티라는 개념을 도입하여 국가적 외교역량을 결집하고 활용하는 점이 강조되어야 하며, 전략형 전문가를 육성·활용하고, 유연한 조직 운영, 책임감과 창의적인 조직문화, 단기와 장기 이슈의 조화와 조정, 기획과 대비 등을 중점적인 이슈로 설정하고 추진해 나가야 할 것이다.

신 대북정책의

추진

대북정책: 균형 있는 포용정책 추진

김병연

이 연구의 정치와 외교 부분의 집필을 위해
윤덕민 교수의 도움을 받았으며 이에 대해 사의를 표합니다.

문제의 인식: 도전요인

• 3대 세습이 안착될 때까지는 북한정세는 김정은 체제 구축을 위한 권력투쟁이 진행되면서 매우 복잡하고 불안정한 양상을 보일 것이며, 그 과정에서 미사일·핵 실험과 대남 도발이 촉발될 소지가 높음. 대내 체제정비와 남한 정부 길들이기를 위해 박근혜 정부 출범에도 불구하고, 2~3년 이상 남북관계를 극도로 악화시키고 남북대화에 응하지 않을 가능성이 높음.

• 유동적이고 불안정 상황에도 불구 중국이 북한체제 안정을 위해 필수적인 정치경제적 지원을 제공하는 상황에서 급변사태 가능성은 낮다고 보지만, 최근 중동 사례에서 보듯이 예측할 수 없는 급격한 상황 변화 가능성도 있음.

• 두 차례의 핵실험과 현대적인 대규모 우라늄농축공장 보유를 고려할 때, 북한 핵무장은 피할 수 없는 상황이며, 박근혜 정부 집권 중 핵미사일부대가 실전에 배치될 가능성이 높음.

정책목표

• 북한은 우리에게 최대 군사적 위협이자 통합의 대상이라는 이율배반적인 성격을 가짐.

• 향후 20년간 핵무장, 대남 도발 지속, 체제불안정으로 인한 혼란, 급변사태 가능성과 외세 개입 등 예상가능한 북한문제와 관련, 관리에 연연할 경우 엄청난 비용을 지불해야 할 것임.

• 군사 위협과 도발에서 체제 불안정에 이르는 북한문제의 종국적 해결을 모색하기 위해서는 우리 정책 방향을 '분단관리'에서 적극적인 '분단극복' 정책으로 전환해 한반도 통일을 향한 적극적인 구상을 추진해야 할 것임.
  – 전대미문의 3대 세습을 강행한 북한정권이 개혁·개방을 추진하지 않는 한 안정보다는 불안정의 가능성이 높으며 현 체제가 20년 이상 존속되는

것을 예상하기 어려움.

- 통일은 새로운 차원의 국가건설을 도모할 수 있다는 점에서 대한민국의 또 다른 도약을 위한 '뉴프론티어'(new frontier)가 될 수 있음.
  - 통일한국은 인구 8천만의 중견국가로서 독일·프랑스·영국과 같은 G7국 가의 표준적인 규모를 갖게 될 것인바, 통일은 세계화 시대의 글로벌 거버 넌스에 한국이 참가하기 위한 발판이 될 수 있음
  - 통일은 한국의 국가브랜드 가치를 높이고 소위 '코리아 디스카운트' (Korea discount) 현상을 해결하는 길이며, 8천만의 내수시장 형성과 지리 적 분단의 해결은 한국 경제에 있어 매우 긍정적인 환경이 될 것임.
  - 통일과정에서 북한 지역에 대한 대대적인 인프라 개발은 한국기업들의 새 로운 성장활로가 될 수 있음.[1]

과제 및 대북정책 방향

- 박근혜 정부는 대북정책 관련 ① 북한정세의 불확실성 대처, ② 북한 핵무 장 대응, ③ 중국의 부상 등 대외환경 관리, ④ 국민적 컨센서스 확보 등의 과제를 갖고 있음.

- 과거 정부들의 경험에서 박근혜 정부의 대북정책 방향은 다음과 같은 점을 인식한 바탕 위에서 추진되어야 할 것임.
  - 어떤 정책도, 인센티브와 제재도 북한체제의 개혁·개방을 이끌어내기 어려 움. 변화를 거부하는 독재정권을 상대로 기능주의가 작동한 사례 없음.
  - 당장 눈앞의 성과보다 장기적 관점에서의 정책이 필요. 우리의 전략목표 는 남북대화가 아닌 북한체제의 변화(개혁·개방)와 통일환경 조성(남북관

....

[1] 美 골드만삭스 보고서에 따르면, 남북한의 점진적 통합을 전제로 향후 통일한국 의 GDP가 일본, 독일을 능가할 것으로 전망됨. Goohoon Kwon, "A United Korea? Reassessing North Korea Risks (Part1)," *Global Economics Paper* No. 188, September 21, 2009.

계 개선, 비핵화)임.
- 군사도발, 핵무장, 급변사태 등 북한의 위험요소에 대한 관리 및 예방차원의 외교 필요
- 단기적으로 작동 가능하고 장기적으로 지속가능한 정책 추진
- 국내정치와의 연계는 위험

가. 강력한 대북 안보억제력 구축

• 북한이 우리가 보유하지 못하고 있는 비대칭 전략무기(핵 및 장거리 탄도미사일)를 착실히 개발하면서 재래식 군사균형을 무의미하게 하고 있음. 이와 관련 북한은 천안함 공격·연평도 포격 등에서 보듯이 과거와 다르게 남한에 대한 직접 공격도 감행하고 있음.
- 6~70년대 북한의 군사적 우위 시절과 유사한 행동패턴

• 북한의 비대칭전력을 억제하지 못할 경우, 어떠한 대북정책도, 대북협상도 효율적으로 추진할 수 없을 것이며 전향적 접근도 불가능

• 강력한 대북 안보억제력을 확보하는 것이 성공적 대북정책 추진에 있어 절대 필요
- 첫째, 합리적인 대북정책에 관한 국민적 컨센서스를 배경으로,
- 둘째, 미사일 방어력과 초정밀 타격능력에 입각한 포괄적 비핵억제력을 구축하고,
- 셋째, 굳건한 한미동맹을 견지하여 미국의 전략적 자산을 적극 활용하며,
- 넷째, 군개혁을 통한 첨단 통합군을 추진

나. '균형 있는 포용정책'으로의 재정비

• 민주화 이래 한국의 대북정책은 정권교체에도 불구하고 '포용정책'(engagement policy)을 일관적으로 표방하여 왔음. 포용정책은 국민적 컨센서스에 입각하고 있다고 볼 수 있음. 단, 국민들은 포용정책에 있어 일방적 지원이나 강경 일변도가 아닌 균형 있는 접근을 원하고 있음.
- 포용정책은 그 자체가 목적이 아니라 북한체제의 변화(개혁·개방)와 통일환경 조성(남북관계 개선, 비핵화)이라는 전략 목표를 달성하기 위한 수

단임을 인식해야 함.

- 균형 있는 포용정책은 노태우 정부가 추진했던 원형(原型)에 입각, 다음과
  같이 추진
  - 첫째, 남북한 당사자 해결원칙 추진
  - 둘째, 한미공조에 입각한 새로운 북방정책 모색
  - 셋째, 전략목표에 충실
  - 넷째, 일관된 인도적 지원

다. 남북관계의 새로운 패러다임 모색: 분단관리에서 극복으로

- 핵·미사일실험과 천안함·연평도 사건 그리고 북한의 시대착오적인 비인권
  독재체제는 분단관리 정책에서 분단극복 정책으로의 전환 필요성을 제기
  - 과도한 분단비용

- 박근혜 정부는 분단관리가 아닌 분단극복의 전략을 마련해야 함. 남북 간
  의 불신과 적대를 해소하고 분단을 극복하는 새로운 남북관계의 패러다임
  이 필요. 즉 대결이 아닌 공존, 정체가 아닌 발전, 분단관리가 아닌 통일에
  입각한 파라다임을 모색.
  - 핵무기 개발, 심각한 경제식량난, 폭정 등 북한에 대한 부정적 이미지는
    한국 국민들에게 혼란스러운 통일보다는 안정적인 현상유지, 즉 남북분
    단을 선호하는 경향을 심화

- 남북관계의 특수성, 상이한 체제, 정치군사적 신뢰부족, 현격한 경제격차, 남
  남 갈등 등을 고려할 때, 이념의 잣대가 아닌 실용적인 접근을 통해 통일의
  기반을 만드는 것이 필요
  - 통일정책은 장기적 관점에서 남북교류와 협력을 통해 북한경제의 일정한
    재건과정과 남북 경제공동체 형성을 통해 점진적이고 기능주의적으로 통
    합해가는 것을 상정

라. two-track 접근

- '원칙을 따르도록 북한을 변화시키겠다'는 달성하기 어려운 하나의 목표를

세워 거기에 올인하는 정책보다는 정책을 나누어서 복수의 목표를 겨냥하는 다초점 전략 필요. 다초점 전략은 기본적으로 투 트랙 접근임.

• 우선, 정부 트랙과 민간 트랙을 분리시켜 민간트랙을 활용. 특히 경협에 있어서 민간 트랙에 상당한 정도의 자율성을 두고 시장원리에 입각한 접근 추진
 – 일관성 있고 예측 가능한 정책 운영

• 인도적 지원과 비인도적 지원을 나누어 접근. 특히 인도적 지원은 조건없이 북한주민의 생존 및 인권적 측면에서 일관되게 추진

바. 급변상황에 대한 관리능력 강화

• 현재 북한상황은 청사진 없는 3대 세습의 권력재편이 진행중으로 매우 불확실한 상황임. 박근혜 정부는 북한의 불확실성에 대비해 상황을 안정적으로 관리하는 한편 북한의 급변사태에 대한 대비를 철저히 해야 할 것임.

• 급변사태에 대한 대비 방향은,
 – 첫째, 급변사태에 따른 불안정 상황이 대한민국으로 전이 내지는 확산되어 국내 정치·경제·사회에 부정적 영향을 미치는 것을 차단·최소화하는 노력이 필요
 – 둘째, 북한 내의 상황이 외부적 폭발상황으로 비화하지 않도록 하며 특히 군사적 도발로 진화하는 일을 철저히 예방하고 억제하는 조치들을 강구
 – 셋째, 북한 내 폭력 상황 내지는 인권유린 상황을 차단하고 대량 난민 발생을 억제하기 위한 조치들이 준비
 – 넷째, 북한 상황에 대한 조기 경보체제를 구축하기 위한 대북 정보능력을 대폭 강화
 – 다섯째, 급변사태 발생 시 통일의 기회로 적극 활용
 – 여섯째, 철저한 국제공조와 협력에 입각한 접근을 통해 우리의 주도권을 확립

사. 대북정책 인프라 정비

• 이명박 정부는 과거 정부의 NSC 독주에 대한 반작용으로 NSC 기능을 사

실상 폐지함으로써 외교안보 부처 간 정책조정기능이 크게 약화된 바 있음.
결과, 정부 부처 간에도 대북정책과 관련 혼선이 초래

- 대북정책과 관련 기획 기능은 물론 이행에 있어서 정부 부처 간 정책조율기
  능을 대폭 강화하는 방향으로 정책인프라를 정비해야 할 것임.

I. 문제의 제기

남북분단 이후, 한국은 끊임없이 북한의 군사적 위협에 직면하여 왔다. 동족상잔의 한국전쟁과 수많은 군사적 도발은 물론 '남조선 해방론'에 입각한 북한의 남한 체제 전복 기도에 대하여, 한국은 군사적 대응보다는 경제발전을 우선했고 방어적 성격의 대북정책을 취하여 온 바 있다. 80년대 중반 이후 경제성장과 민주화를 달성한 한국은 북한에 비해 월등히 우세한 국력을 갖게 되었으며, 90년대 냉전 종결을 계기로 한국은 북한에 대해 월등한 국력을 바탕으로 공세적 정책이 가능한 위치에 서게 되었다. 그러나 놀랍게도 한국은 북한 체제의 전복을 꾀하기보다는 '화해와 협력'에 입각한 공존정책을 추진한다. 민주화 이후 역대 한국 정부의 대북정책은 압도적 국력을 배경으로 북한을 봉쇄하거나 흡수하려는 것이 아니라 북한을 포용하는 '포용정책'이었다. 노태우 정부 이래 대한민국의 역대 정부는 북한을 압살하지 않고 공존에 입각한 포용정책을 취하여 왔다. 그것은 적극적인 화해협력정책을 통해 북한의 변화를 촉진하여, 즉 개혁·개방을 이루어 남북공존을 통해 통일로 이르는 길을 여는 것을 목적으로 하였다. 북한과의 다양한 교류협력을 통해 도발을 억제하면서 북한 체제의 변화를 유도한다는 것이었다.

2011년 12월 김정일의 사망은 북한의 정치·사회·외교적 측면에서 어떠한 영향을 미칠지 불확실성을 높이고 있다. 북한과 같은 수령체제에서 '최고지도자의 유고는 변화의 중요한 시점'이 될 수밖에 없다.

김정일의 경우, 20년 이상의 후계자 수업을 받았고 김일성 사망 1994년 당시에는 이미 정권을 공동운영하는 입장이었던 반면, 김정은은 아버지의 급작스러운 죽음으로 청사진 없는 정권 출범이 불가피했다. 사망 직후, 김정은은 영도자로 불려지며 인민군 최고사령관으로 추대되었지만, 후계체제를 확립하기 위해서는 상당한 시일이 소요될 것으로 보인다. 김정일은 1994년 사망 이래, 헌법을 개정하고 국방위원장에 취임하여 자신의 선군체제를 확립하는 데 4년 이상 소요된 바 있다.

비민주적 정치문화, 핵심 엘리트층의 운명공동체적 성격, 중국의 절대적 지원 및 국제사회의 안정희구 경향은 단기적으로 김정은 체제의 출범을 가능하게 하는 안정 요인으로 볼 수 있지만, 북한 사회의 인식변화, 경제적 어려움 그리고 김정은 경험 부족은 불안정 요인으로, 특히 김정은의 수완과 능력이 정권의 장기적 안착을 좌우하는 변수가 될 것이다.

2013년 등장한 박근혜 정부의 최대 과제는 경제·복지 문제 이상으로 북한문제가 될 가능성이 높다. 권력의 3대 세습은 결코 쉬운 일이 아니며 권력재편 과정에서 적지 않은 혼란과 불안정이 초래될 개연성이 높을 것이다. 이 과정에서 우리 국민들의 안전과 생명에 악영향을 미치지 않도록 그리고 한반도의 안전과 평화가 확보될 수 있도록 안정적으로 관리하는 일차적 책임이 박근혜 정부에게 있다.

그리고 개혁·개방, 비핵화라는 북한 체제의 변화를 유도하는 역대 정부들의 목표에 충실하면서 통일의 기반을 조성하는 노력도 필요하다.

본 연구는 이명박 정부의 대북정책을 평가하여 교훈을 도출하고 북한 체제의 전환 가능성을 평가하는 가운데 바람직한 대북정책 방향을 제시하는 데 그 목적이 있다.

II. 이명박 정부의 대북정책 평가

2008년 2월 출범한 이명박 정부는 대북정책의 패러다임 전환을 추진하였다. 이명박 정부는 과거 대북정책이 북한의 변화를 촉진하는 데 효과적이지 못했다는 판단을 갖고 있었다. 대북정책에 있어 과거 정부와는 다른 철학적 배경을 갖는다.

지난 김대중, 노무현 정부는 대북정책의 철학적 배경으로 한반도의 냉전구조 해체를 표방하였다. 김대중·노무현 정부의 햇볕정책은 북한이 핵무기를 개발하고 개혁·개방을 주저하는 이유를 한반도의 냉전구조에서 찾았다. 미국, 일본 및 한국의 대북 적대정책이 냉전구조의 핵심으로 대북 적대정책을 해소하면, 북한 스스로 핵문제를 풀고 개혁·개방으로 나선다는 발상이었다. 그런데 이명박 정부는 한반도와 그 주변에는 냉전구조가 더 이상 존재하지 않으며, 중국, 러시아를 포함한 모든 국가들이 공히 세계화의 흐름에 참여한 상황에서, 북한만이 실패국가failed state로서 존재한다고 보았다. 결국 본질은, 존재하지 않는 '냉전구조의 해체'가 아니라 북한문제의 해결이라는 것이었다.

김대중·노무현 정부는 북한이 변화를 추진하지 않는 이유를 '외부 탓(냉전구조)'으로 보아 냉전구조 해체에 주력하였다. 더욱이 국내에 '퍼주기' 논란까지 감수하고 북한에 대한 상당한 지원(연 10억 달러 상당)을 제공한 바 있다. 이명박 정부는 이러한 대북정책이 결국 북한의 변화를 촉진했다기보다는 북한의 변화를 방해해 왔다고 생각했다. 북한문제를 '외부탓'으로 돌림으로써 북한 스스로의 변화를 촉구하지 못했다는 것이다. 변화란 적당한 어려움에서 초래되는 것이지만 한국의 일방적 지원은 북한 정권에게 변화의 필요성을 느끼지 못하게 하는 효과를 초래하였다고 보았다.

　　반면 이명박 정부는 외부 환경의 개선도 필요하지만 본질적으로 북한 내부의 문제점도 개선해야 한다는 입장을 가졌다. 북한이 핵무기를 개발하고 개혁·개방을 하지 않은 이유가 외부 위협이 아니라 내부적 요인에 따른 것이며 북한 스스로 내부문제를 개선하기 위한 개혁·개방에 나서야 된다는 것이다.

　　또한 이명박 정부는 일방적 지원이 아니라 북한의 변화를 촉진하는 실용적이고 전략적인 접근의 필요성을 강조하였다. 특히 북한에 대한 계획적이지 못한 일방적 지원보다 '물고기를 잡는 방법'에 입각한 접근을 추진하려 하였다. 이명박 정부는 '원칙 있는 포용정책'을 주장하면서 비핵화를 철저히 추구하고, 원칙에 충실하면서 북한 경제를 획기적으로 발전시키는 포괄적인 패키지 지원을 마련하였다. 원칙있는 포용정책은 비핵화, 북한의 개혁·개방, 인권이라는 우리의 대북정책 원칙을 '철저'히 지켜야 하며 이러한 원칙을 이끌어내기 위해서는 매우 '유연'하게 대응한다는 것이었다.

　　이명박 대통령은 후보시절 북한 핵문제 해결과 남북한 상생·공영의 비전으로 '비핵·개방·3000 구상'을 제시한 바 있다. 비핵·개방·3000구상은 북한의 핵폐기 결단을 촉진하는 환경을 조성하는 동시에 남북한 공동번영의 길을 모색하고자 하는 일대 프로젝트로 북한이 핵폐기의 길로 들어선다면 한국은 국제사회와 더불어 10년 내 북한 1인당 국민소득 3,000달러 수준의 경제로 도약하도록 적극 지원한다는 것이었다. 이를 위해, 수출주도형 산업전환 지원, 30만 산업전문인력 양성, 400억 달러 상당의 국제협력자금 조성, 에너지·교통·통신의 산업 인프라 구축 지원 그리고 삶의 질을 향상시키기 위한 복지 지원 등 5대 분야의 포괄적 패키지 지원을 제공하는 것을 골자로 하는 북한 경제 재건을 위한 대규모 패키지 지원 프로그램을 준비한 바 있다.

이명박 정부가 일관되게 원칙 있는 포용정책을 지켜간 것은 '남한으로부터의 일방적 지원'에 익숙한 북한의 행동을 변화시키는 데 일정부분 긍정적 측면이 있었다. 북한도 남한으로부터의 지원이 자동적으로 얻을 수 있는 '갑'의 논리가 아니라, 상응하는 행동을 보여야 얻을 수 있는 '을'의 입장에 대해 학습을 했다고 판단된다.

금강산 관광객 피살, 전면대결태세 선포, 핵미사일 실험 등에도 불구 일관된 정책 입장을 견지, 북한은 2009년 말 특사를 보내 남북정상회담을 제의함으로써 일관된 정책의 성과를 일정 부분 보았다고 볼 수 있다. 그러나 2008년 8월 이후 북한의 정치상황이 평시가 아닌 3대 세습을 둘러싼 권력 내부의 불안과 갈등이 있는 비상시국이라는 점을 감안한 유연한 정책 접근이 필요했지만, '원칙'을 강조한 것은 정책적 측면에서 문제가 있다고 볼 수 있다. 더욱이 천안함·연평도 사건이 발생하면서 남북관계는 더욱 경색되어 왔다. 특히 권력세습 과정이 초래하는 불확실성을 안정적으로 관리하는 측면에서의 접근이 부족했다.

원칙을 지키면서도 남북대화와 남북정상회담을 위한 움직임이 있었지만, 북한 측의 의도적 행동으로 파행을 거듭하였다. 북한의 정치상황이 평시가 아닌 권력세습기간임을 고려, 우선적으로 상황관리를 위한 보다 포괄적이고 유연한 접근이 필요했지만, 원칙론적 입장만이 공식화됨으로써 정책 유연성이 아쉬웠다고 볼 수 있다.

이명박 정부는 과거 정부의 NSC 독주에 대한 반작용으로 NSC 기능을 사실상 폐지함으로써 외교안보부처 간 정책조정기능이 크게 약화되었다. 결과, 정부 부처 간에도 대북정책과 관련 혼선이 초래되었고, 언론과 전문가들은 물론 정부 내에서 조차 정책방향에 대한 확신이 없는 상황이 초래되었다. 대북정책을 둘러싸고 정부 내 협상파와 원칙파가 갈등하고 있다는 내용이 여과 없이 보도되고 이를 뒷받침하는 듯이 상호모순되는 각 부처별 입장이 개진되었다. 이는 북한에게도 잘못된 시그널을 주었을 개연성이 높다.

2009년 5월 북한의 2차 핵실험 직후 국제공조를 통해 대북제재를 위한 유엔 안보리 결의안 1714호가 채택했지만, 북핵문제 해결노력은 제재결의를 통한 압박 외에는 공전되었다. 특히 북한은 두 차례의 핵실험을 거치고 2010년 11월 영변 우라늄 농축시설을 공개함으로써 북한의 핵무기 개발은 상당한 수준에 도달한 것이 판명되었다. 사실상 북한 핵무장의 '판도라의 상자'가 열린 것으로 평가되었다. 그러나 이명박 정부는 사실상 천안함·연평도 사건 사과문제와 6자회담을 상당기간 연계함으로써 북핵문제 해결의 장을 활용하지 못했다. 북핵문제의 심각성에 비추어, 천안함·연평도 사건 사과와 분리하여 접근하는 것이 필요했다고 판단된다.

더욱이 북한 경제를 획기적으로 재건시킬 수 있는 포괄적 패키지 지원 프로그램을 준비하면서, 이를 가동하지 못했다. 물론 핵문제 해결을 전제로 하는 것이었지만, 마치 핵문제 해결 없이는 어떠한 지원도 할 수 없다는 제로섬적인 정책으로 비추어지면서 북한은 물론 국내에서도 비판에 직면했다. 이를 정책으로 적극화하는 노력도 부족했고, 적극적인 홍보노력도 기울이지 않았다. 북한에 대한 설명 기회도 얻지 못한 가운데, 대규모의 포괄적 지원 프로그램은 사장 될 수밖에 없었다.

III. 한반도 전략환경 평가

1. 북한 정세: 김정일 사망과 불확실성 증가

가. 김정은 체제 확립노력

2011년 12월 김정일의 사망은 북한의 정치·사회·외교적 측면에서 어떠한 영향을 미칠지 불확실성을 높이고 있다. 북한과 같은 수령체제에서 '최고지도자의 유고는 변화의 중요한 시점'이 될 수밖에 없다.

얼마 전 뇌졸중으로 쓰러진 이래, 김정일은 3남 김정은으로의 3대 권력세습을 통한 후계 틀을 급속하게 구축하려 하였다. 군, 당, 정보·공안의 핵심인사를 정리하고 '가족(장성택, 김경희)과 신군부(이영호, 김영철)'의 후견그룹을 정비했으며, 당조직을 강화하여 군에 대한 과도한 의존을 줄이는 한편 현지지도에 김정은과 동행하여 후계자 교육을 실시했다. 특히 지난 1~2년 사이 중국을 3번이나 방문하여 중국과의 관계를 강화한 바 있다. 급속한 과정임에도 불구, 김정일이 만든 후계 틀은 김정은 체제의 출범을 가능하게 하였다. 더욱이 북한 지배층의 운명공동체적 성격은 3대 세습체제 출범을 수용하는 환경이 되고 있다.

김정일의 경우, 20년 이상의 후계자 수업을 받았고 김일성 사망 1994년 당시에는 이미 정권을 공동운영하는 입장이었던 반면, 김정은은 아버지의 급작스러운 죽음으로 청사진 없는 정권 출범이 불가피했다. 사망 직후, 김정은은 영도자로 불려지며 인민군 최고사령관으로 추대되었지만, 후계체제를 확립하기 위해서는 상당한 시일이 소요될 것으로 보인다. 김정일은 1994년 김일성 사망 이래, 헌법을 개정하고 국방위원장에 취임하여 자신의 선군체제를 확립하는 데 4년 이상 소요된 바 있다.

경험과 카리스마의 부족을 보완하기 위해 김정은 2012년 4월 당대표자회와 최고인민회의에서 당 제1비서와 국방위원회 제1위원장이라는 사실상 최고직에 올랐으며, '영원한 당총비서와 국방위원장'으로 사망한 아버지를 추대하는 정치적 이벤트도 보여주었다. 김정은은 김일성 사후 거의 3년 가까이 모습을 거의 드러내지 않았던 아버지 김정일과는 달리 아버지의 장례식 직후 군부대 방문, 음악회 관람 등 대중 앞에 적극적으로 모습을 드러내고 있고 2012년 7월 부인인 리설주도 같이 대중 앞에 서고 있다.

북한 정국은 3대 세습 후계체제 구축을 둘러싸고 표면적으로 일사불란한 모습을 보이지만, 내면적으로는 매우 복잡한 전개과정을 보이고 있다. 김정은 체제 확립과정에서 핵심권력층 내부갈등도 있다고 판단된다.

김정일 장례식 이후 수개월 사이에 북한 권력에 있어, 특히 후견 그룹에 있어 적지 않은 변화가 초래됐다. 장례차를 호송했던 장군들 4명 중 3명이 해임되거나 좌천되었다. 군경력이 없던 당 인사 최룡해를 군 총정치국장으로 임명, 군에 대한 당의 통제를 강화하는 한편 군이 관장하고 있던 외화사업들을 내각으로 이전시키고 군부 실세들을 차례로 제거함으로써 김정은은 군을 장악하는 수순을 밟고 있다.

김정은은 자신의 체제를 확립할 때까지 후견그룹들에게 의존할 수밖에 없지만 집단지도체제를 택하지 않을 것이며 자신의 유일지도 체제를 구축하려 할 것이다. 김정은으로의 3대 세습과정은 3단계에 걸쳐 진행되고 있다.

1단계는 김정일 건강이상 이후 김정일에 의해 추진된 일련의 조치들, 즉 김정은을 후계자로 정하고 권력을 재편하며 장성택 등 후견그룹을 구축한 단계이다.

2단계는 김정일 사망 이후 후견그룹 내 권력 재편과정으로 현재 진행 중으로 판단된다. 즉 김정일이 구축한 후견그룹 내 권력 재편이 일어나고 있으며, 그것은 장성택(로열 패밀리)과 최룡해(혁명열사 후손) 그룹이 신군부 세력(리영호)을 제거하는 과정으로 볼 수 있다.

3단계는 최종단계로서 김정은의 유일지배체제가 확립하는 단계이다. 궁극적으로 김정은은 김경희·장성택 등의 후견그룹에서 독립하여 유일지배체제를 확립하고자 할 것이다.

김정은은 다른 나라의 최고지도자들과 마찬가지로 주민들의 불만을 고려, 민생을 챙기고 경제 살리기에 주력해야 할 입장이다. 김정은은 2012년 4월 15일 군사퍼레이드 연설에서 "우리 인민이 다시는 허리띠를 조이지 않게" 하겠다는 민생 살리기의 의지를 보였지만 구체적인 정책은 아직 보이지 않고 있다.

6·28 방침, 새 세기 산업혁명, 세계적 추세, 민생행보 등 외형적으로 개혁지향적 모습을 보이고 있지만, 김정은이 개혁·개방을 추진하고 있다는 확실한 근거는 찾기 어렵다. 현재 시도되고 있는 조치들

은 김정일 시대에 이미 진행 중이었던 일이었거나 내부의 불안정한 상황들을 정리하는 차원이다. 체제가 취약한 상태에서 적극적인 개혁·개방을 추진하기 어려울 것이다.

김정은은 상당기간 아버지의 유훈 틀에서 벗어나지 못할 것이다. 김정일이 남긴 후견그룹들도 내부의 경쟁이 심화될수록 김정일의 유훈에서 벗어나는 모험을 하려 하지 않을 것이다. 특히 김정은은 아버지 김정일보다 경제적으로 풍족했던 할아버지 김일성 시절의 회귀를 모색하고 있다고 판단된다. 과거 상대적으로 풍족하고 발전하던 1960~70년대의 김일성 시대를 모델로 김정은은 정치경제노선을 모색하고 있다고 판단된다.

향후 북한 정국은 김정은 체제의 확립과정에서 표면적으로 일사불란한 모습을 보이지만 내면적으로는 매우 복잡한 전개과정을 보일 것이다. 정치의 소용돌이 속에 경제, 사회적 문제점이 분출되는 양상을 보일 수 있다. 그러나 북한은 국내정치의 중요한 국면마다 군사도발을 통해 남북 군사적 긴장 국면을 조성하여 정치적 돌파구로 삼는 경향이 있다. 김정은 체제를 확립하는 과정에서 국내적 필요에 의해 연평도 포격 같은 군사적 도발을 언제든 재연할 가능성이 있다고 볼 수 있다.

김정은은 김정일보다 훨씬 불리한 상태에서 권력을 이양받았다. 만성적인 경제난, 북한 주민의 낮은 지지도, 시장과 뇌물의 확대, 시장에 의존하여 생계를 유지하는 관료는 김정은의 정권 유지에 큰 부담이 될 것이다. 만약 김정은이 정책적 실패를 거듭하면 그의 권력 유지기간은 단축될 수 있다.

체제전환을 추진하지 않고 현 체제를 고집한다면, 경제난이 더욱 심각해지고 외부로부터 들어오는 경화 수입이 감소하며 시장의 지배력이 가속화되면 민심은 더욱 이반되고 관료들의 충성심은 약화될 것이다. 현재 북한상황은 매우 일사불란해 보이지만 청사진 없는 3대 세습의 권력 재편이 진행 중으로 매우 불확실한 상황이다.

비민주적 정치문화, 핵심 엘리트층의 운명공동체적 성격, 중국의 절대적 지원 및 국제사회의 안정희구 경향은 단기적으로 김정은 체제의 출범을 가능하게 하는 안정 요인으로 볼 수 있지만, 북한 사회의 인식 변화, 경제적 어려움 그리고 김정은 경험 부족은 불안정 요인으로, 특히 김정은의 수완과 능력이 정권의 장기적 안착을 좌우하는 변수가 될 것이다. 그러나 중국이 북한 체제의 안전을 핵심적 이익으로 간주하고 지원을 하는 상황에서 북한 체제의 불안정 가능성에도 불구 붕괴되는 상황은 상정하기 어려울 것이다.

한편, 북한은 국내정치의 중요한 국면마다 군사도발을 통해 남북 군사적 긴장 국면을 조성하여 정치적 돌파구로 삼는 경향이 있다. 대내 체제정비 필요성에서 남북관계를 악화시킬 가능성이 높으며 특히 국내적 필요에 의해 천안함 폭침 및 연평도 포격 사건과 같은 군사적 도발을 언제든지 재연할 가능성이 있다. 또한, 군 내부의 알력과 불안이 충성경쟁이나 돌출행동으로 인한 대남 군사도발 가능성도 상존한다. 특히 중국의 대 북한 편들기가 노골화되는 상황에서 북한의 대남 도발 가능성이 높아질 수 있다.

나. '先정치·後경제' 노선과 대외 경제의존 심화

선군체제 하의 북한은 제한적 물자조차 일반 경제부문이 아닌 핵무기 개발 등 군사부문에 우선적으로 배당하는 경향이 두드러짐으로써 경제적 어려움이 더욱 심화되는 악순환downward spiral을 보이고 있다. 경제 운용의 개혁과 선군체제의 개선이 이루어지지 않을 경우, 악순환은 계속되며 체제는 오히려 더욱 불안정해질 가능성이 있다. 북한의 경제는 여전히 파산상황으로 '빈곤의 늪'에 빠져 있으며, 산업구조는 공업 기반의 붕괴로 전형적인 후진국형으로 뒷걸음치고 있다. 대외 지원 증대로 외견상 플러스 성장을 보였지만, 지속가능한 성장동력을 만들어 내지 못하고 있는 것으로 평가된다. 북한은 90년대 위기 이후 이렇다 할 경제개혁조치를 취하지 못했으며, 자연발생적인 암시장과 계획경제가 혼합된 혼합경제의 양상을 보이고 있다.

북한은 화폐개혁이 초래했던 경제적 혼란을 수습하는 과정에서 화폐개혁 이전의 노선으로 환원하고 시장기능을 묵인하고 있다. 2012년 중 북한당국은 시장기능을 통제하기 위한 노력을 기울이겠지만, 주민 사이에서의 시장 의존은 더욱 심화되어 갈 것이다. 현재 국제적 제재 하에서 '장마당(농민시장)' 시장기능으로 주민의 생활을 유지하고 있는 실정이다. 북한 내 소비식량 중 최소 50% 이상이 정부 배급이 아닌 시장에서 구입하고 있는 것으로 알려진다.

김정은은 다른 나라의 최고지도자들과 마찬가지로 주민들의 불만을 고려, 민생을 챙기고 경제 살리기에 주력해야 할 입장이다. 김정은은 인민생활 향상을 최우선 과제로 제시하면서 '경공업 및 농업부문의 생산성 제고'를 내각에 지시했으며, 특히 2012년 4월 15월 군사퍼레이드 연설에서 "만난시련을 이겨내며 당을 충직하게 받들어 온 우리 인민이 다시는 허리띠를 조이지 않게 하며 사회주의 부귀영화를 마음껏 누리게 하자는 것이 우리 당의 확고한 결심"이라고 하여 민생 살리기의 의지를 보인 바 있다.

한편, 북한 경제의 대외의존도가 크게 증가되었다. 특히 중국에 대한 북한 경제의존은 심화되고 있다. 한국의 보수정부 등장, 국제사회의 대북 지원에 대한 피로감 등으로 국제사회의 대북 지원은 크게 줄어들고 있는 형편이다. 경제적 측면에서 중국에 대한 의존은 심화될 것으로 보이며, 미국, 일본 등으로부터의 경제 지원을 얻기 위한 움직임을 보일 것이다. 결국, 북한 경제를 재건시키기 위해서는 대규모의 대외 지원이 필요하지만, 중국을 비롯한 주변국들 모두 핵문제 해결 없이 북한에 대한 대규모 지원을 제공하지 않을 것이다.

다. 통미봉남 추진과 대중 의존 심화

김정은은 취약한 대내 기반을 보완하기 위해 대미협상에 임할 가능성이 높다. 김정일이 1994년 김일성 사망 직후 1개월 내 대미협상을 재개하여 미북 제네바합의에 이르렀듯이, 김정은의 북한도 빠른 시일 내 대미협상을 재개하고 6자회담에 나설 것으로 판단된다. 미국과의 협상과 6자회담은 김정은의 대내적 정통성을 강화하는 데 도움이 될 것이라는 판단을 가질 것이다. 반면, 대남관계는 악화시킬 가능성이 높다. 김정일도 1994년 대미관계를 진전시키는 가운데 조문을 핑계로 철저히 남북관계를 악화시킨 바 있다. 그리고 대내 체제정비에 활용하였다. 김정은도 대내 체제정비와 사회단속이 필요한 시점에서 남북관계를 악화시킬 것으로 판단된다. 특히 김일성이 사망했던 18년 전에 비하여 북한 사회 변화가 크고 한류의 침투와 2만 명이 넘는 남한 내 탈북자들의 존재를 감안할 때, 자신의 체제를 확립할 때까지 남북관계를 악화시키는 것이 필요하다고 본다. 결국 김정은의 북한은 체제정비기간 '통미봉남'의 노선을 취할 가능성이 높다.

한편 국내적으로 취약한 상황에서 북한은 정치경제적으로 대중

의존을 심화시킬 수밖에 없을 것이다. 김정일 사망 직후, 중국은 사실상 북한 체제의 안정을 자신의 전략적 이익으로 주장하고 국제사회에 대해 자극하지 말 것을 요구한 바 있다. 중국은 김정은 체제의 안정을 위한 정치경제적 지원을 적극화할 것이다. 북한은 중국 중시 정책을 취하면서도 지나친 종속은 경계할 것이다. 이는 북한이 김정은 체제의 안착에 절실한 대외 지원을 얻을 수 있는 통로로서 중국밖에 없는 상황이기 때문이다. 일례로 북한은 나선특구에 대한 중국의 출항권을 강화시켜 주는 대신에, 황금평 등 신의주 주변 개발 등 경협 프로젝트를 추진하고 있다. 하지만 북한은 전통적으로 지나친 대중 종속을 경계하여 왔다. 따라서 대미관계 개선과 함께 대일관계 개선을 통해 대규모 지원선을 확보하여 중국의 영향력을 견제하는 균형적 조치를 취해 갈 것으로 보인다.

대일정책과 관련하여, 북한은 대중 의존을 어느 정도 벗으려는 방편으로 일본과 관계 개선을 통해 경제적 지원을 확보하는 방안을 모색할 것이다. 특히, 북일 국교정상화회담의 재개를 위해 6자회담 복귀와 함께 일본인 납치문제에 대한 전향적 조치를 통해 일본 민주당 정권과의 대화를 모색할 것이다.

2012년 한·미·중·러에서 정권교체가 예정되어 있는 가운데, 북한은 이를 활용하기 위한 정책을 적극화할 것이다. 그리고 미 대선 등을 겨냥한 미사일 및 핵실험 등 '극한 전략' 가동의 가능성도 있다.

라. 핵무장의 추진

2012년 상반기 중에 6자회담이 개최될 가능성이 있었으나, 이른 시일 내에 가시화된 성과 및 진전을 거두기는 어려울 것으로 전망된다. 북한은 6자회담에서 '선 평화협정'을 주장하고, 보유 중인 핵무기와 우라늄 농축문제는 6자회담 틀과 분리하여 각각 핵보유국 간 군축 협상과 북미대화를 통해서 해결될 수 있다는 기존의 입장을 유지할 것이다.

북한은 6자회담 참가를 통해 식량 및 경제 지원을 확보하는 한편, 국내정치적 상황과 한미의 선거 국면에 유의하면서 '극한 전략'을 재가동할 가능성이 있다. 북한은 2012년 하반기와 2013년 상반기에 미사일 실험과 3차 핵실험을 통해 긴장상황을 조성하였으며 향후에도 대미 직접협상만이 문제를 타개할 수 있다는 신호를 미국 측에 지속적으로 전달할 것이다. 남북관계 개선을 요구하고 비핵화 조건을 다는 한, 핵문제 상황은 지속적으로 악화될 수밖에 없다는 강력한 인상을 미국 및 국제사회에 주기 위해 추가 핵실험 등 모험적 군사행동을 취할 가능성이 우려된다. 특히 자신의 체제 확립을 위해 실적과 리더십을 보일 필요가 있는 김정은으로서는 모험적 행동을 취할 가능성이 있다. 김정은은 앞으로 특히 대외적 효과를 극대화하고 새로운 실적을 과시하기 위해 우라늄탄 실험을 실시할 수도 있을 것이다.

마. 소결론

현재 북한 정국은 김정일의 급사와 김정은으로의 권력 이양이 표면적으로 일사불란한 모습을 보이지만 내면적으로는 매우 복잡한 권력 내부의 갈등과 불안이 존재한다. 현재 북한은 대남·대외 관계보다 3남 김정은으로의 권력세습을 위한 환경조성을 최우선적으로 고려한다고 판단된다. 그중에서도 가장 핵심적 일은 군 장악으로 볼 수 있다. 군을 장악하는 과정에서 남북관계나 대미·대중 관계에 관계없이 천안함·연평도 사건이 일어난 바 있다. 최근 북한 권력 내부에서 적지 않은 갈등과 숙청이 목격되고 있다.[1] 김정은이 후견그룹에 대한 의존을 줄이고 자신의 체제를 확립하려 할 것이며, 이 과정에서 대대적인 숙청이 진행될 것이다.

군부에 있어서도 최고위층 내부의 권력순위 변동과 실각 등으로 적지 않은 혼란이 존재한다고 판단된다. 과거 북한 군부는 조명록 총정치부장, 김영춘 인민무력부장, 김일철 인민무력부 제1부부장의 트로이카에 오극렬 국방위 부위원장 등 4인이 핵심 최고위층을 구성하고 있었지만, 이미 김정일이 사망하기 직전까지 모두 해임시키거나 좌천시켜 힘을 약화시켰다. 더욱이 당 관료인 최룡해를 총정치국장으로 임명하여 신군부를 견제하는 한편, 2012년 7월에는 전격적으로 신군부의 실세인 이영호 총참모장을 해임시킴으로써 군권력의 재편을 추진하고 있다. 3대 세습과정에서 군 내부의 알력과 불안이 충성경쟁이나 돌출행동로 인한 대남 군사도발로 이어질 가능성이 높다.

2. 주변 정세

가. 중국 부상과 한반도의 친중화 모색

인류역사는 새로운 대국의 등장이 불안정, 불확실성과 폭력을 수

....

[1] - 박남기 노동당 재정부장과 김태영 부부장이 화폐개혁 실패 책임을 물어 처형.
  - 2010년 4월과 6월, 권력실세인 이제강, 이용철 당조직지도부 제1부부장이 두 달 사이에 교통사고와 심장마비로 각각 사망.
  - 2011년 초 김정일의 최측근 중 하나인 류경 국가안전보위부 제1부부장이 총살되고 주상성 인민보안부장이 해임.

반하여 왔음을 말해준다. 한국의 역사도 새로운 대국의 등장이 국가 존망의 문제였다는 점을 일깨워준다. 고조선의 멸망은 대륙에 한나라라는 강력한 통일국가의 등장으로 초래됐다. 당나라의 부상은 고구려와 백제의 멸망으로 이어진다. 원나라의 부상은 30년간의 전쟁을, 명나라의 등장은 고려 멸망을 가져왔다. 청나라는 병자호란을, 명치일본의 등장은 조선의 멸망을 초래한 바 있다. 이제 대륙에 다시 대국이 등장하고 있다. '중국의 부상'이 초래하는 지역 역학관계의 변화와 각축이 한국에게 미칠 영향에 대해 철저히 고민해야 할 시점이다.

최근 금융경제위기 이후 중국의 경제력이 상대적으로 급부상하면서 중국의 대외 군사외교상의 변화가 목격되고 있다. G2라는 용어를 꺼려 하면서도, 중국 스스로가 G2의 역할을 모색하고 있는 형국이다. 중국은 군사력 증강에 박차를 가하면서 특히 '힘의 투사 능력power projection capability'를 비약적으로 강화하고 있다. 핵잠수함, 미사일구축함 등 신형함들의 건조를 통해 중국 해군은 하루가 다르게 강화되고 있으며, 항공모함도 건조 중인 것으로 알려진다. 중국 해군의 활동영역은 점점 연안에서 대양으로 확대되고 있다. 미국 방성이 2010년 미 의회에 제출한 「중국에 관한 군사력과 안전보장 발전」 보고서는 인민해방군의 급속한 전력확장과 이에 따른 해양 활동의 증대를 골자로 해군이 국산 항공모함 취득을 위해 움직이기 시작했고 오가사와라 제도와 괌을 연결하는 제2열도선을 넘어 서태평양에 전개할 수 있는 능력을 빠르게 구축하고 있음을 지적했다.[2]

....

[2] Office of the Secretary of Defense, "Military and Security Developments

남중국해를 자신의 핵심이익으로 주장하는가 하면, 한국 해군 초계함 천안함의 폭침사건으로 야기 한미 합동훈련과정에서 중국은 서해(황해)를 자신의 내해인 것처럼 주장하고 있다. 주변국들 모두가 중국의 변화된 모습을 주목하고 있다. 과거 소련의 팽창을 우려하던 시기가 다시 도래한 느낌이 든다. 21세기 세계화 시대에 다시금 19~20세기의 '힘의 정치power politics'가 중국에서 부활하고 있다.

중국의 부상은 한반도 통일에 있어서의 전략환경에 있어서 중대한 변화를 의미한다. 중국의 한반도정책은 세계금융위기와 베이징 올림픽을 계기로 2009년 5월 북한 2차 핵실험에 즈음하여 중대한 변화가 있었다고 판단된다. 우선, 중국의 대외정책에 있어서 '힘의 정치'와 현실주의적 경향이 강화되는 가운데 한반도, 특히 북한 지역에 대한 지정학적 이해를 더욱 중시하는 정책방향을 보이고 있다. 2010년 미중 정상회담을 계기로 중국도 자신의 민족주의적 대외정책방향을 수정했지만 한반도는, 특히 북한은 '유소작위(할 말을 하는)'의 영역으로 자신의 이익과 이해를 분명히 하는 경향을 보인다.

우선 천안함·연평도 사건에도 불구, 중국은 북한을 적극 감싸는 모습을 보인다. 김정일의 건강악화와 화폐개혁 실패 직후, 중국은 북한 정세가 매우 다급하고 복잡하다는 판단 하에 북한 체제의 안정을 적극적으로 모색하는 정책을 취하고 있다. 천안함 사건 이후 2011년 6월까지 후진타오 주석이 직접 나서 김정일 위원장과의 정상회담을 세 차례나 개최할 정도로 중국의 북한 감싸기는 적극화하는 모습을 보였다.

둘째로 한반도의 비핵화에 대한 원칙적 입장을 개진하고 있지

....

Involving the Peoples's Republic of China," *Annual Report to Congress*, 2010.

만, 사실상 북한의 핵무장을 묵인하고 있을 가능성이 높다. 북한 체제안정을 최우선 고려하여 북한의 우라늄 농축시설 공개 등에도 불구 중국의 실질적 조치는 없이 북한에 대한 지원을 강화하고 있다. 중국이 북한 핵문제를 미국이나 한국에 대한 카드로서 활용하려는 경향이 점점 증대되고 있다고 판단된다. 특히 미국의 대만카드에 대항하여 일정부분 북한카드를 활용하려는 경향이 증대될 것으로 우려된다.

셋째로 황금평 개발 등 중국의 대 북한 경협이 일정부분의 한계에도 불구하고 확대되고 있다. 남북관계 경색에 따른 북한 경제의 부족부분을 중국의 지원을 충족시켜 주고 있다고 볼 수 있다.

결국 중국은 북한 체제의 안전을 최우선 목표로 한국과 미국에 대해 자신의 이해를 적극적으로 주장하는 정책전환을 했다고 판단된다.

나. 미국의 아시아 귀환

미국의 오바마 정부는 과거 아시아태평양 전략이 부재했던 부시 정부와는 다르게 명확한 아시아태평양 전략에 입각한 외교를 적극화하였다. 부시 정권이 아시아에 대한 관리를 소홀히 한 결과, 미국의 영향력이 쇠퇴하고 대조적으로 중국의 영향력이 비약적으로 확대되는 현실을 보면서 오바마 정권은 아시아로의 복귀를 추진한다. 테러와의 전쟁을 마무리하면서 외교의 초점을 아시아태평양 쪽으로 전환시키고 있다. 일단 소원했던 한국과의 동맹관계를 '21세기 전략동맹관계'로 강화했으며, 이는 흔들리는 미일동맹을 보완하는 의미도 있었다. 2012년까지 전환하기로 한 전시작전통제권도 2015년으로 연기하여 한미동맹의 기능을 견지하였다.

2009년 11월 오바마 대통령은 도쿄에서 포괄적인 아시아태평양 외교를 제시했다. 미국은 아시아태평양국가로서 아시아에 있어서의 리더십 회복을 꾀하며, 연설을 통해 다자주의로서 미국의 적극 관여를 강조했다. 사실상 오바마 연설의 핵심은 아시아에서의 미 리더십 회복도 있지만 중국의 책임 있는 역할을 겨냥한 것이었다. 이것은 부시 정부가 추진했던 '책임 있는 이해상관자responsible stakeholder'라는 중국의 바람직한 역할을 계승하는 것이기도 했다. 오바마 대통령은 우선 후진타오 주석을 향한 메시지로서 중국을 봉쇄하지 않는다는 점을 명확히 했다. 대만해협도 언급하면서 절대 해협을 둘러싸고 중국과 충돌하지 않는다는 점을 분명히 했다. 클린턴 국무장관도 같은 배에 탄 사람들은 서로 돕는다는 '동주공제同舟共濟'란 손자의 말을 인용, 미중협력의 틀을 만드려 했다. 물론 미국의 메시지가 협력적 요소만이 있는 것은 아니다.

오바마 정부는 부시 정부 시절 시작된 '미중전략경제대화' 채널을 '전략외교대화'와 '경제대화'로 2원화하여 본격적으로 중국의 경제문제를 다루려는 의지를 드러냈다. 목표는 중국의 위안화 절상을 본격화하기 위한 포석이었다. 마치 냉전 직후 소련의 핵전력을 대신해 엔화 절상을 통한 일본 경제 통제를 추진했던 것과 동일하게, 미국은 중국을 대상으로 하는 통상 및 환율 정책을 본격화하려 하였다. 물론 중국은 과거 일본의 전철을 밟지 않는다는 점을 분명히 하고 있지만, 중국에 대한 미국의 관여는 점점 강화되고 있다고 볼 수 있다.

2009년 11월 오바마 대통령의 방중을 전기로 미중관계는 갈등 국면에 처하게 된다. 위안화 절상문제, 구글사 해킹문제, 대만 무기 수출문제, 달라이 라마의 방미, 이란 핵문제에 관한 인식 차이를 둘러싸고 양국의 이해가 충돌하는 양상을 보인다. 중국은 2010년 5월 미중전략경제대화에서 남중국해가 중국의 배타적인 주권이 미치는 지역이라면서 대만, 티벳, 신장 등과 함께 자신의 핵심이익으로 주장한다. 미국은 자유로운 항해의 권리를 주장하며 남중국해문제에 관여하기 시작한다. 동남아국가들의 우려를 반영하여 클린턴 미 국무장관은 2010년 7월 ARF회의에서 "남중국해문제는 미국의 이익과 직결된다"고 밝혔으며, 오바마 대통령도 2010년 9월 아세안 정상들과의 회담에서 "미국은 태평양국가로서 아시아에 중요한 이해관계를 갖고 있다. 아세안국가들과 강력한 유대를 가질 것"이고, 남중국해 등 영토분쟁지역에서의 자유로운 항해보장과 평화적 해결을 모색할 것임을 언급했다.

한편 미국의 클린턴 장관은 베트남에서 열린 '동아시아정상회의 EAS'에 참석함으로써 미국의 EAS 참여가 기정사실화되고 있다. 강대국 미국은 자국이 설립을 주도하지 않은 다자기구에 참가한 예가 거의 없다는 점을 볼 때, 동아시아에서 강력한 이해가 있음을 알리는 조치로 볼 수 있다. 미국은 한미동맹의 강화와 함께 EAS에 대한 참가 추진, ASEAN+1 정상회의 정례화, 인도와의 원자력협정 체결 등의 행보로 태평양국가로서의 의지를 강화하는 동시에 중국의 영향력 견제에 나서게 된다.

Ⅳ. 북한 경제의 체제전환 가능성

1. 체제전환의 중요성

사회주의 경제의 가장 중요한 특징 중 하나는 경제성장이 지속가능하지 않다는 점이다. 대부분의 사회주의 경제는 사회주의 도입 초기에는 높은 성장률을 실현하지만 시간이 지나면서 성장률은 점차 하락하는 경향을 보인다. 그러다 어느 시점이 지나면 경제는 성장을 멈추고 급기야는 음의 성장률을 기록하기도 한다. 미국 CIA에서 추정한 소련 경제의 연평균 성장률은 1950년대에 6.0%를 기록하였으나 1970년대에는 3.7%로 감소하였으며 1980년대 초에는 2.0%. 1980년대 말에는 음의 성장률을 보이는 등 성장률이 지속적으로 하락하는 추세를 보였다. 그리고 이러한 경향은 사회주의 동유럽 경제에서도 예외 없이 발견되는 현상이다.

　사회주의 경제의 성장률이 계속 하락하는 이유는 물량 투입 위주의 외연적 성장의 한계 때문이다. 경제발전 초기에는 정부의 강압과 주도로 투자를 늘리고 교육을 강화하여 성장을 촉진할 수 있다. 그러나 시간이 지날수록 물량 투입 위주의 경제발전정책은 성장률의 정체라는 한계에 빠진다. 한계수확체감의 법칙으로 물량의 증가가 성장에 기여하는 정도는 감소하는 반면 이를 상쇄할 수 있는 생산성 증가는 일어나지 않기 때문이다. 중앙계획자와 기업 사이의 정보 비대칭성이라는 중앙계획의 구조적 문제에 더해 경제가 복잡해질수록 중앙계획의 정합성이 떨어지는 것이 생산성 정체 혹은 하락의 중요한 이유이다. 거기에 더해 늘어나는 비공식부문 경제활동과 부패 등도 성장에 부정적인 영향을 미친다. 사회주의 경제체제를 가장 오랫동안 유지한 국가는 소련이지만 소련도 1918년 사회주의 혁명 이후 1991년까지 73년 동안 사회주의를 실험했으나 결국 실패로 끝나고 말았다.

자본주의 경제체제를 채택한 국가들 중에서 지속적인 경제성장을 보인 나라를 찾기는 어렵지 않다. 자본주의는 사회주의보다 150년가량 이전부터 시작되었으나 현재까지 지속되고 있다. 그리고 많은 수의 국가들이 자본주의 체제 하에서 경제수준의 급격한 향상을 이루었다. 세계 최강대국 미국, 산업혁명이 시작된 영국, 동아시아에서 가장 먼저 자본주의화를 시작한 일본, 가장 단시간 내에 후진국에서 선진국으로 발전한 한국에 이르기까지 이른바 '성공한 경제'는 모두 자본주의 체제 하에서 발전한 국가들이다. 중국의 괄목할 만한 성장세도 1978년 이후 중국의 자본주의화의 성과이다.

자본주의와 사회주의 경제의 대조적인 성과는 어디에서 비롯되는 것일까? 가장 중요한 이유 중 하나는 자본주의와 달리 사회주의는 경제구조와 개인적 인센티브가 불일치하도록 구성된 체제이기 때문이다. 즉 사회주의의 효율성은 개인과 기업이 계획경제의 통제대로 행동한다는 가정에 기초해 있다. 그러나 개인과 기업이 자발적으로 자신들의 개인적 이익을 희생하고 중앙계획의 명령을 따른다는 것은 현실적으로 기대하기 어렵다. 따라서 중앙계획자는 상당한 감시, 감독 비용을 지불하여 이들을 통제할 필요가 있다. 그러나 경제구조가 복잡해지고 그 결과 경제주체와 중앙계획자 사이에 정보의 비대칭성이 증가할수록 감시, 감독 비용은 상승한다. 중앙계획자는 한편으로는 감시, 감독 비용의 증가에서 오는 경제적 부담과 다른 한편으로는 이를 부분적으로 포기할 경우 중앙계획이 작동하지 않음에 따르는 문제 사이에서 딜레마에 빠진다. 이 중 어떤 대안을 선택하더라도 경제성장은 저해된다. 이뿐만 아니라 생산성 향상의 핵심이 되는 혁신은 개인적 이익에 대한 기대에서 출발한다. 그리고 혁신은 다원화된, 자율적인 경제사회구조에서 왕성히 일어난다. 따라서 사회주의는 경제발전 초기단계, 즉 생산물의 투입요소인 자본과 노동력을 증가시켜 경제발전을 도모하는 외연적 성장단계가 지나면 생산성의 정체, 혹은 하락을 경험한다. 그러나 자본과 노동력이 지속적으로 증가하기 어렵기 때문에 경제는 침체에 빠지게 된다.

자본주의는 개인의 이익 추구가 보이지 않는 손에 의해 경제성장으로 이어지는 구조이다. 즉 개인의 인센티브가 경제성장으로 귀결되도록 시장이 그 과정을 인도하는 체제가 바로 자본주의이다. 이런 면에서 자본주의가 '실제 일어나는 현실에 기초를 둔 체제'라고 한다면 사회주의는 '이렇게 되어야 한다는 당위에 기초를 둔 체제'이다. 시장은 수요와 공급에 담긴 수많은 지역 정보를 이용하여 자원을 효율적으로 배분한다. 그리고 혁신도 개인의 기대이익에 의해 추동된다. 외생적인 충격은 시장을 거쳐 충격이 흡수되거나 분산, 조율된다. 이 모든 과정이 이익과 자율, 분권과 시장이라는 자본주의의 핵심 기제에 의해 조성된다.

자본주의의 세 가지 제도적 축은 사유재산권, 교환의 자유, 생산활동 혹은 창업의 자유이다. 즉 자본주의가 작동하려면 사유재산이 인정, 보호되어야 하고 시장이 허용되어 거기서 교환이 자유롭게 일어나야 한다. 또한 기업활동의 자유가 인정되어 원하는 자들은 기업을 세울 수 있고 거기서 번 이익을 향유할 수 있으며 손실을 보는 기업들은 퇴출될 수 있어야 한다. 즉 사유화와 자유화의 핵심이 확립되어야 자본주의로의 체제이행이 되는 것이다. 물론 중국의 경우처럼 사유화와 자유화가 단계적, 점진적으로 이루어질 수 있다. 사유화와 자유화는 상호 상승작용을 일으키는 것으로 이들은 비슷한 시기에 도입되는 것이 필요하나 이 모든 조건들이 초기부터 법적 성문화를 포함한 완벽한 형태로 도입될 필요는 없다. 예를 들어 사유재산권은 헌법, 상법, 민법 등에서 보장하는 법적 재산권de jure property rights 확립 이전에　실제적인 재산권de facto property rights을 보장할 수 있다. 예를 들어 가계나 기업의 생산책임제와 같이 일정부분을 세금처럼 납부하고 나면 나머지는 가계나 기업이 자의적으로 처분 가능하도록 하는 것이다. 그리고 점진적으로 거래 가능한 생산품의 목록을 확장하면 시장이 형성, 확대된다. 여기에 향진기업처럼 비국유기업과 소규모 자영업의 설립을 허용하면 창업의 자유가 부분적으로 인정된 것이다. 이러한 제도가 확립되면 경제는 자생적으로 성장할 수 있다.

　　아무리 부분적인 자유화, 사유화라고 하더라도 이들은 사회주의 권력자에게는 커다란 위협이 된다. 새로운 기업이 등장하고 여기서 부를 누린 자들이 생겨 나며 재산권이 보호되어 그들이 자신의 재산을 국가가 마음대로 수탈하지 않을 것이라는 믿음이 생기거나 혹은 그들이 축적한 부로 정치권력에 영향을 행사할 수 있다면 독재자의 권력에는 큰 도전이 되는 셈이다. 기업활동의 자유가 주어지면 실업자가 생길 수도 있다. 빈부격차가 벌어져 국민들의 불만이 증가할 수도 있다. 따라서 독재자는 이렇게 위험한 체제이행을 선택하는 대신 사회주의 경제를 변형 혹은 '개혁'함으로써 경제성장을 도모하려 한다.

그러나 사회주의 역사를 살펴보면 사회주의 경제를 '개혁'함으로써 자생적 성장을 이루고 붕괴를 피한 경우는 존재하지 않는다. 한 경제체제가 생산수단의 국유와 중앙계획에 의존하는 사회주의 체제를 유지하는 한, 어떠한 경제발전 시도도 실패한다는 의미이다. 이는 그동안 사회주의 경제체제를 영위한 어떤 국가에서도 사회주의 내 개혁으로써 지속적인 경제성장을 이룬 경우가 없다는 사실에서도 확인된다. 예를 들어 소련은 1965년의 경제개혁을 통해 인센티브를 도입하고 기업에 대해 부분적 자율권을 부여하였으나 오히려 소련 경제 성장률은 1970년대에 이르러 더욱 하락하였으며 소비재 부족쇼티지 현상도 계속 심화되었다. 헝가리도 신경제메커니즘New Economic Mechanism이라는 시장사회주의를 도입하여 가격을 부분적으로 자유화하고 기업에게 투자 및 임금 결정에서의 자율권을 부여했지만 헝가리의 경제성과가 다른 동유럽국가에 비해 우월하지도 않았으며 사회주의의 붕괴를 피한 것도 아니었다. 사실 북한의 2002년 7·1 경제관리개선조치도 기본적으로 소련의 1965년 경제개혁, 헝가리의 신경제메커니즘의 조치들과 그 내용면에서 유사하다. 이는 그 효과도 이들 사회주의 개혁 결과와 크게 다르지 않을 것임을 시사한다.

2. 김정은 정권의 체제이행 가능성

과거 김정일 정권의 자발적인 체제이행에 대한 기대는 국민의 정부와 참여정부에서 종종 피력되었다. 햇볕정책도 남북한의 경제협력이 북한의 체제이행으로 귀결되리라는 믿음에 기초해 있었다. 즉 남북한의 경제협력에 대한 기대는 북한의 권력자가 자본주의로 체제를 이행하려는 인센티브를 증가시킬 뿐 아니라 실제의 남북 경제협력으로 말미암아 남한과 북한 경제의 상호 의존성이 증가하면 체제이행에 대한 압력이 구조적으로 생기게 된다는 것이다. 따라서 그 당시의 정책결정자들은 햇볕정책은 바로 체제이행으로 가는 문이라는 생각을 갖고 있었다.

그러나 이러한 기대는 현실화되지 못했다. 1998년부터 시작된 햇볕정책이 노무현 정부 말까지 약 10년 동안 시행되었지만 북한 정권이 체제이행을 시도한다거나 그 유사한 방향으로의 개혁노력은 나타나지 않았다. 혹자는 2002년 7·1 경제관리개선조치가 체제이행의 첫걸음이라고 주장하나 이는 북한의 7·1 조치가 소련이나 헝가리 등 다른 사회주의 경제에서의 개혁조치와 별 차이가 없음을 잘 알지 못하는 까닭이다. 더욱이 2005년 이후 북한의 시장억압정책을 보면 북한 정권의 진정한 의도를 충분히 엿볼 수 있다. 즉 북한 정권이 자본주의로 체제이행을 시도할 가능성은 없으며 가능하다면 오히려 사회주의 체제를 공고화하려고 한다는 것이다. 2009년 12월의 화폐개혁은 이러한 북한 정권의 선호를 여실히 보여주는 결정판이다.

앞서 언급한 대로 체제이행은 독재자의 권력 유지에 심각한 위협이 된다. 체제이행이란 중앙계획의 포기뿐만 아니라 사유화, 자유화까지 포함하는 것이다. 이는 국가 혹은 독재자의 권력 이외의 새로운 권력, 즉 부유한 자본가와 상인의 출현을 의미한다. 또 재산권 보호에 기초하는 자유화, 사유화는 독재자의 결정과 행동에 제약이 된다. 저임금을 받는 노동자도 생기며 실업으로 고통을 겪는 자도 부지기수로 나타날 수 있다. 독재자의 힘은 약화되고 독재자의 권력이 미치는 않는 새로운 영역이 출현되며 이들은 독재자의 권력 기반을 현저히 약화시킬 수 있다. 그동안 무소불위의 권력을 휘둘러 왔던 독재자의 입장에서 이는 양보할 수 없는 기득권의 상실을 의미한다.

사회주의는 일종의 종교이다. 중앙계획과 국유에 기초하여 자본주의와 근본적으로 대립되는 체제를 건설한다는 마르크스의 사상에 기초해 있는, 인간이 만든 종교이다. 이 종교는 인센티브 정도로 바뀌기 매우 어렵다. 그리고 독재자 개인이 바꾸고 싶더라도 이 종교화된 이념을 신봉하고 거기에 기득권을 가진 세력의 저항에 부딪힌다. 특히 이미 안정적인 권력을 가지고 있는 독재자는 이러한 저항을 무릅쓰고 "종교를 바꿀" 모험을 할 이유를 찾기 어렵다. 따라서 북한 정권 하에서 자본주의로의 체제이행은 그동안의 경험에서나 독재자의 권력 유지라는 이론적 관점에서도 기대하기 어렵다.

보다 논의가 필요한 주제는 권력을 이어받은 김정은이 과연 자본주의로 체제이행을 시도할 것인가 하는 점이다. 이는 舊사회주의 경제가 주요 경제개혁이나 체제이행을 시도했을 때의 상황, 특히 정치적 상황을 살펴봄으로써 부분적으로 추측 가능하다. 김병연2006은 舊소련과 동유럽, 중국이 시도한 주요 경제개혁의 결정 요인으로서 최고권력자의 변화, 핵심 권력층의 개혁에 대한 지지, 일반 대중의 항거 혹은 지지, 외적 압력, 경제적 위기가 미친 영향을 다음의 표와 같이 분석하고 있다.

〈표 1〉 경제 개혁/이행과 정치적 조건

경제개혁/이행	개혁의 강도	최고 권력자의 변화	핵심 권력층의 개혁에 대한 지지	일반 대중의 항거, 지지 여부	외적 압력의 여부	경제적 위기*	가설의 지지**
소련 신경제정책	강함	없었음	다수의 지지	구체제에 대한 항거	없었음	매우 큰 위기	H2, H3
소련 1965 경제개혁	약함	있었음	다수의 지지	없었음	없었음	경제 침체 위기는 아니었음	H1
소련 페레스트로이카	중간 정도– 강함	있었음	다수의 반대	개혁 지지	없었음	경제 침체 위기는 아니었음	H1
헝가리 신경제메카니즘	강함	있었음	절대 다수의 지지	구체제(소련)에 대한 항거	없었음	아니었음	H1, H3
유고슬라비아 자주관리경제	강함	없었음	절대 다수의 지지	없었음	소련의 압력 강했음	아니었음	H2
중국 경제 이행	매우 강 (이행)	있었음	절대 다수의 지지	개혁 지지	없었음	경제 침체 위기는 아니었음	H1, H4

* 경제 침체는 낮은 수준의 양 혹은 음의 성장을 기록한 경우를 말하며 경제 위기는 대규모의
기아사태나 생산량이 대폭 감소된 경우를 일컬음.

** 가설은 다음과 같음.

H1 경제개혁 혹은 체제이행으로 자신의 권력이 더욱 공고해질 것이라고 믿는 자가 최고권력자가 될 때
개혁과 이행의 가능성은 증가한다.

H2 기존의 권력자가 경제개혁이나 체제이행을 시도할 확률은 어떤 중요한 사건의 발생으로 인하여
권력의 유지가 어려워지거나, 혹은 그 사건이 핵심권력층이나 일반 대중의 동요를 야기시켜 권력의
유지를 어렵게 할수록 증가한다.

H3 일반 대중들의 동요와 항거를 유발할 정도의 심각한 정치적 혹은 경제적 위기는 권력자의
권력유지가 보장되는 범위 내에서의 경제개혁의 가능성을 증가시킨다.

H4 개혁 혹은 이행을 원하는 최고권력자의 등장과 일반 대중과 핵심권력층의 변화에 대한 지지가
높을수록 개혁의 가능성과 강도, 체제이행의 확률이 증가한다.

출처: 김병연(2006)

이러한 분석을 통하여 김병연2006은 舊사회주의 경제에서의 주
요 경제개혁을 결정하는 가장 중요한 요인은 최고권력자의 변화라
고 주장한다. 즉 새롭게 등장한 최고권력자가 이전의 권력자와 달

리 개혁이나 체제이행을 지향할수록 그 가능성은 커진다는 것이다. 반면 심각한 경제위기 자체가 경제개혁이나 체제이행으로 이어지지 않는다. 이러한 소련의 신경제정책처럼 경제위기가 군인 등 핵심 계층의 동요로 이어지지 않으면 최고권력자의 권력 유지가 가능하기 때문이다. 그리고 경제개혁의 강도는 최고권력자의 선호체계가 이전의 권력자의 그것과 멀어질수록, 그리고 핵심 계층의 개혁에 대한 지지가 높으면 높을수록 강해지는 경향을 보인다.

이러한 틀에서 중국의 경우를 살펴보면 왜 중국이 다른 사회주의 국가와 달리 1970년대 말부터 실질적인 체제이행정책을 시도했는지 이해할 수 있다. 가장 중요한 요인은 덩샤오핑의 집권이다. 그는 사회주의 이념 지향적인 마오쩌둥의 경제 운용과 달리 경제적 성과를 통해 그의 권력을 유지, 강화하는 쪽을 택하였다. 이는 그의 개인적 선호와 경험뿐만 아니라 그의 권력을 공고화하기 위해서는 마오쩌둥을 극복하고 경제를 살려야 한다는 것을 알았던 것이다. 그뿐만 아니라 대약진운동, 문화대혁명 등을 거치면서 덩샤오핑뿐만 아니라 핵심 계층 다수도 마오쩌둥의 노선에 대한 불만이 쌓여 있었다. 이는 경제적 궁핍함에 시달린 일반 대중도 마찬가지였다. 중국은 이와 같이 최고권력자의 인센티브와 다수의 핵 심계층, 일반 대중의 지지가 합쳐졌기 때문에 정권의 붕괴 없이 이전과는 질적으로 다른 경제개혁, 즉 체제이행을 시도할 수 있었다는 의미이다. 그럼에도 불구하고 사회주의 경제노선을 완전히 버릴 경우의 이념적, 정치적 위험이 컸기 때문에 덩샤오핑은 점진적인 체제이행을 선택하였다. 즉 쌍궤제라고 불리는 점진적 가격자유화, 시장거래의 점진적 자유화, 비국유 향진기업의 허용, 농가책임생산제, 기업책임생산제, 경제특구 등 실질적으로는 시장경제화를 위한 정책을 단계적으로 시행했던 것이다.

　중국의 체제이행과 비교해 볼 수 있는 사례는 舊소련의 신경제정책New Economic Policy으로의 이행이다. 1918년부터 1921년까지 전시공산주의War Communism 하에서 산업생산량은 1913년 대비 30%로 감소하는 등 경제적 대공황이 발생하였다. 더욱이 전쟁을 끝낸 군인들이 그들에게 제공되는 대우에 불만을 갖고 이미 항거 중인 농민들과 합류하여 정부와 무력으로 대항하는 사태가 발생하자 레닌 정부는 새로운 경제정책을 구상하기에 이르렀다. 이렇게 하여 신경제정책이 시작되었지만 이는 레닌 정부로 볼 때 "이보 전진을 위한 일보 후퇴"에 불과하였다. 즉 일반 대중이 개혁을 원했고 핵심 계층들도 개혁을 지지하는 자들이 상대적으로 다수였음에도 불구하고 권력을 잡고 있던 레닌은 사회주의 건설이라는 이념적 정향을 결코 포기할 수 없었던 것이다. 이와 같이 이전과는 다른 태도와 인센티브를 가진 최고권력자의 변화 없이 기존의 권력자가 사회주의 체제를 포기하고 자본주의 체제로 이행을 결단하는 것은 그만큼 어려운 것이다.

　김정은 개인의 이념적 지향에 대해서는 알려진 바가 많지 않다. 그러나 그가 김정일의 후계자로서 거론된 2009년 이후 북한의 여러 정책을 보면 그의 이념적 지향을 추측해 볼 수 있다. 즉 김정은은 적어도 경제를 중시하는 실용적 인물은 아니라는 것이다. 그리고 무엇보다 중요한 객관적 사실은 그가 김정일의 아들이라는 것이다. 김정일의 아들로서 아버지의 이념을 거슬러 경제개혁으로 나가는 것은 동양적 가치관으로서는 행하기 어렵다. 설혹 그 자신이 이념보다는 실용을 중시한다고 하더라도 그의 권력은 김정일의 아들로서 잡은 것이기 때문에 김정일의 정책과 질적으로 다른 정책을 펴는 것은 위험스럽다. 이런 정책의 변화는 그를 둘러싼 권력 계층의 반발 내지 분열을 초래할 가능성이 높기 때문이다.

권력자의 선호체계가 이전의 권력자와 다를수록 보다 급격한 경제개혁을 감행할 가능성이 높아진다는 발견은 김정일에서 김정은으로의 권력 이양으로 말미암아 북한이 체제이행을 시도할 확률은 매우 낮음을 의미한다. 자신의 아들에게 권력을 이양한다는 사실은 김정일이 자신의 뜻을 변함 없이 수행할 수 있는 아들로 김정은을 선택했다는 것이며 김정은도 이 점을 알기 때문에 그의 뜻을 벗어나기 어려울 것이다. 따라서 권력자는 바뀌지만 사회주의를 유지, 강화하려는 권력자의 선호체계는 이전과 동일할 것이다.

김정은 정권이 자본주의로 체제이행을 하지 않는다면 과연 그 정권은 유지될 수 있을 것인가? 독재 정권 혹은 사회주의 정권의 붕괴를 연구한 Wintrobe1990, 1998, Harrison2002, 그리고 Spagat2001의 연구에 따르면 독재 정권의 존속은 다음의 네 가지 요인에 의해 영향을 받는다. 첫째, 억압repression의 정도이다. 그러나 억압에는 비용이 따른다. 경찰기구나 감시감독기구의 유지 비용 등이 그것이다. 따라서 억압의 강도를 증가시키기 위해서 독재자는 더 많은 비용을 지불할 수 있어야 한다. 둘째, 핵심 계층과 일반 대중의 충성도loyalty의 정도이다. 충성도가 높아지려면 독재자에 대한 존경심이 증가하거나 경제성과가 개선, 혹은 충성심을 제고하기 위한 독재자의 투자선물 등가 증가하여야 한다. 셋째, 공포fear의 정도이다. 공포감을 조성하면 독재자에게 도전하기보다 회피하는 성향을 만들어 낸다. 공포감의 조성에는 성격의 잔혹성cruelty과 다음에 언급하는 독재자 행동의 예측 불가능성이 중요하다. 넷째, 임의성randomness이다. 즉 독재자가 자기의 마음대로 행동하는 것이다. 그리고 억압을 하더라도 지속적으로 억압하는 것보다 억압과 완화를 반복하여 임의성을 높이는 것이 공포심을 더욱 조장할 수 있다. 그리고 사람에 따라서 잔인함과 관대함을 동시에 보여주면서 이를 예측할 수 없게 만드는 것이 독재자에 대한 도전 가능성을 줄인다.

이상의 네 가지 결정 요인은 독재자의 성격뿐만 아니라 경제력의 함수이다. 만약 국가의 경제적 성과가 좋으면 독재 정권 하에서도 충성도가 증가할 수 있다. 국가의 경제력이 동일하다고 하더라도 독재자가 사용하는 자원의 비중이 커지면 독재자의 통제력이 증가될 수 있다. 그러나 이 때문에 다른 용도, 예를 들면 기업이나 인프라 투자 등 경제의 생산력을 증가시킬 수 있는 지출의 비중이 줄기 때문에 일반 대중의 충성도는 감소할 것이다.

김정은 하에서 정권의 안정성은 김정일 정권에 비해 현저히 저하될 것으로 판단된다. 그 주된 이유는 김정일과 김정은에 대한 충성심 정도의 차이이다. 즉 김정일에 비해 김정은의 지지도는 현저히 낮은 것으로 판단된다. 2010년 이후 북한을 탈출한 탈북자 134명을 대상으로 김병연2011이 설문한 결과에 따르면 김정일의 평균지지도는 45%인데 비해 김정은은 36%에 머물렀다. 특히 78%의 응답자들이 북한 내에서 김정은의 지지도는 50% 이하라고 답하였으며 30% 이하라고 답한 응답자의 비중도 55%에 달한다. 이들이 탈북자이며 아직도 김정은의 우상화가 본격적으로 시작되지 않았다는 점에서 이 응답결과를 그대로 받아들이기는 어렵다. 그럼에도 불구하고 김정은의 나이, 그의 우상화에 소요될 기간, 북한 경제상황, 북한 주민들의 외부세계에 대한 정보의 측면에서 김정은이 정권을 물려받을 때 그의 지지도가 현재 김정일의 지지도보다 높거나 유사할 것으로 믿기는 어렵다.

비공식 경제활동과 뇌물수수행위의 현격한 증가로 인해 중간 관료의 충성심이 저하된 것도 김정은 정권에게는 큰 부담으로 작용한다. 현재 북한의 중간관료는 정치적으로는 독재자에게 충성해야 하지만 경제적으로는 시장 참여자들로부터 수취하는 뇌물로 생계를 연명하는 경우가 태반이다. 혹은 자신의 가족이나 친척, 친구가 시장활동을 하고 권력을 갖고 있는 관료가 그 뒤를 봐주는 협업을 통해 생계를 유지하는 경우도 많다. 이러한 사실은 시장의 확대에 대해 불안감을 느끼는 독재자가 시장을 없애거나 축소하려는 시도가 시장에 의존하여 살아가는 중간관료의 반발이나 사보타주 sabotage 때문에 성공하기 어려움을 시사한다.

　　시장의 확대는 사회주의 이념을 근저에서부터 와해시킬 수 있다. 그 와해는 점진적으로 진행될 가능성이 높지만 시간은 사회주의 정권보다는 시장의 손을 들어줄 것이다. 舊소련 사회주의에서도 비공식 경제활동은 오랫동안 존재하였지만 현재 북한의 경우와는 그 규모가 질적으로 다르다. 舊소련에서는 1965~1989년 동안 가계 소득과 지출에서 비공식 소득과 지출이 차지하는 비중이 평균적으로 각각 20%와 30%에 달했지만 북한의 경우는 70%와 80%를 상회한다. 비공식 경제활동은 기본적으로 자본주의에서와 유사한 경제활동으로 이 활동에 노출될수록 사회주의 이념을 그대로 믿고 따르기는 어렵게 된다. 그리고 시장의 규모가 커지면 빈부격차가 확대되는 경향이 있다. 그뿐만 아니라 Kim and Song2009과 김병연2010, Kim and Koh2011의 연구에 따르면 비공식 경제활동에 참여하는 시간이 증가할수록 공식 경제활동에 투여하는 시간은 감소하며 비공식 경제활동과 뇌물수수와는 양의 관계가 있다는 것이다. 즉 비공식 시장이 확대되면 사회주의 공식 경제부문은 축소되며 뇌물수수행위도 더 빈발해진다는 것이다. 이러한 추세는 시화가 사회주의 이념과 더불어 그 구조에도 심각한 영향을 미칠 가능성을 시사한다.

김정은 정권 하에서 북한 경제가 개선될 가능성은 거의 없다. 김정은 정권이 체제이행을 하지 않을 것이라는 전망은 그의 통치 하에서 경제적 성과도 기대하기 어려움을 의미한다. 그리고 대북정책을 통해 한국과 주변국들의 학습효과는 북한이 핵포기나 체제이행 없이 '현금 보너스'를 받을 가능성을 크게 줄였다. 북한은 한편에서는 대외 긴장을 조성하고 이를 포기하는 대가로 대외 지원을 받으려고 하거나 다른 한편에서는 지하자원이나 개발권 등을 해외에 판매함으로써 현금을 확보하려 할 것이다. 그러나 이런 식으로 들어온 재원은 기업활동의 자유화 없이는 경제에 일시적인 효과만 가질 뿐이다.

김정은 정권이 체제이행을 하지 않은 상태에서 얼마나 유지될 수 있을 것인가? 만약 김정은이 정책적 실패를 거듭하면 그의 권력 유지 기간은 보다 단축될 것이다. 그의 정책 실패로 경제난이 더욱 심각해지고 외부로부터 들어오는 경화 수입이 감소하며 시장의 지배력이 가속화되면 민심은 더욱 이반되고 관료들의 충성심은 약화될 것이다. 그러나 가장 중요한 것은 독재자로서의 그의 태도와 정책이다. 만약 그가 부분적 민주화를 통해 정치적 통제를 약화시키고 기업에 자율성을 부여하는 경제개혁을 시도한다면 그의 정권은 보다 조기에 붕괴될 것이다. 독재 정권을 유지하는 가장 중요한 요인은 억압, 공포, 임의성 등인데 이를 약화시키는 정치적 민주화나 경제개혁은 그의 독재 권력의 기반을 심각히 잠식할 것이기 때문이다. 비유하자면 김정은이 고르바초프가 되는 길이다. 반면 김정은이 김정일이나 루마니아의 차우세스쿠와 같이 공포정치와 폭압적 지배를 계속한다면 그의 정권은 상대적으로 보다 오래 유지될 수 있을 것이다. 그러나 경제난이 지속되고 뇌물이 횡행하며 확대되는 시장이 체제를 지탱하는 관료들까지 계속 포섭할 것이기 때문에 그의 정권의 붕괴 가능성은 그렇지 않을 가능성보다 현저히 높을 것이다.

결론적으로 김정은 정권이 스스로 체제이행을 시도할 가능성은 거의 없다. 이는 과거 권력을 이양받은 김정일이 보여준 행동이나 시행한 정책에서 분명히 나타나 있다. 김정은의 이념과 인센티브도 김정일의 그것과 거의 유사할 것이다. 따라서 그 역시 자본주의로 체제이행을 결단하지 않을 것으로 보인다. 그러나 그는 김정일보다 훨씬 불리한 상태에서 권력을 이양받았다고 본다. 오랫동안 지속되는 경제난, 북한 주민의 낮은 지지도, 시장과 뇌물의 확대, 시장에 의존하여 생계를 유지하는 관료는 김정은의 정권 유지에 큰 부담이 될 것이다. 따라서 그의 체제이행을 거부하는 정권의 붕괴는 시간문제일 가능성이 높다. 독재자로서의 그의 정치적 기술과 정책은 붕괴의 시점을 결정하는 데 중요한 역할을 할 것이다.

V. 바람직한 대북정책 방향

1. 바람직한 대북정책 방향

90년대 이후 북한은 주체경제체제의 구조적 모순과 사회주의권 붕괴에 따른 심각한 자원부족상황이 초래되었고 그 결과 통제·계획경제에 입각한 당과 정부의 기능이 기능부전機能不全에 처하게 됨으로써 심각한 위기상황에 처하게 되었다. 지난 20년 가까이 개혁·개방 없이 외부 안보위협을 이유로 핵무기를 개발하고 정권의 생존을 최우선적 과제로 하여 왔다. 또한 전국적 네트워크와 물리적 폭력을 갖는 군을 정치사회의 전면에 내세우며 비상관리체제를 제도화한 선군정치를 추진하였다.

가. 박근혜 정부의 대북정책 과제

민주화 이래, 노태우 정부 이래 한국 정부들은 일관되게 대북 포용정책을 취하여 왔다. 냉전 종결 이후, 한국 정부는 '화해·협력'에 입각한 공존정책을 취하였다. 특히 지난 10년간 진보정부에 의한 햇볕정책과 지난 5년간 보수정부에 의한 원칙 있는 포용정책은 각각의 합리성을 갖고 있었지만 결과적으로 보아 실패했다고 볼 수 있다. 외형적 측면에서 남북관계는 크게 발전한 바 있다. 남북 간 교역과 인적 교류도 증대되었으며, 개성공단사업, 금강산관광사업 등 남북 협력사업들도 시행되었다. 그러나 남북협력사업은 여전히 남북의 공동이익에 입각해 제도화된 사업으로 자리 잡지 못하고 정치상황에 따라 파행을 보이고 있다. 우리 관광객 사살사건으로 금강산관광은 중단되었으며, 개성공단사업도 북한의 중단 위협 등으로 파행적으로 운영된 바 있다. 외형적인 남북교류 증가에도 불구하고, 북한은 두 차례의 핵실험을 거쳐 사실상 핵무장의 길로 접어들었으며, 우리가 원하는 방향에서의 변화(개혁·개방)는 일어나지 않았고 주기적으로 북방한계선을 중심으로 남한에 대한 무력도발을 행하고 있다. 더욱이 2010년 3월 천안함 사건 이후, 북한의 군사적 도발은 한국 영토에 대한 무차별 포격에 이를 정도로 도를 넘고 있다.

박근혜 정부는 과연 어떠한 대북정책을 모색해야 하는가? 박근혜 정부의 대북정책에 있어 다음과 같은 중대한 과제를 안고 있다.

첫째, 대북정책에 있어서 여하히 국민적 합의를 획득할 수 있을 것인가? 민주화 이후 노태우 정부를 제외하고 역대 정부에 있어 대북정책은 국민적 컨센서스를 얻지 못한 가운데 강력한 국내적 추진력을 얻는 데 어려움을 겪었다. 북한을 어떻게 볼 것인지에 관한 시각은 우리 사회에서 보수와 진보를 나누는 가장 중요한 지표이며 첨예한 남남 갈등의 요인이다. 우리 사회는 1945년 해방과 분담을 동시에 겪으면서 첨예한 이념 갈등을 보여 왔다. 1950년에는 세계 전사상 유례를 찾아볼 수 없는 잔인한 민족상잔의 비극인 6·25전쟁을 겪었으며 한반도는 동서냉전의 대결장화되었다. 심각한 남북대립이 지속되고 있는 상황에서, 우리 사회는 휘발성 강한 이념 갈등의 토대를 안고 있었다. 민주화 이후 정치세력 간 제로섬적인 경쟁은 이념 갈등을 촉발하였다. 특히 사회적으로 폭발력이 강한 북한 이슈를 국내정치적으로 활용하려는 경향이 심각한 남남 갈등을 초래하였다. 선거철마다 소위 '북풍' 논쟁이 있었으며, 두 차례의 남북정상회담도 모두 총선과 대선 직전에 열린 바 있다. 그러나 국민들은 대북정책을 정치에 활용하려는 정치권의 기도에 대해 철저히 외면하여 선거 결과에 영향을 미치지 못했다.

결국 대북정책에 있어 국내정치적 요인을 배제하는 접근이 필요하며, 그것이 국민적 컨센서스를 만드는 중요한 기반이 될 것이다. 국내적으로 남남 갈등을 해소하기 위해서도 대북정책에 있어 정치과잉, 이념과잉, 민족과잉에서 벗어나 사회통합를 위한 국민적 합의가 절실하다. 대북정책은 이념 대립과 남남 갈등으로부터 벗어나 국민적 합의를 기반으로 하고 있을 때 성공할 수 있다.

국민의 대다수는 북한에 대한 정부의 저자세와 일방적 지원에 대해 반대하지만 남북관계가 악화되는 것은 바라지 않는 이율배반적인 입장을 갖는다. 국민의 입장을 무조건 반영한 정책으로는 현실성 있는 정책이 될 수 없다. 결국 이념을 떠나 합리적이고 정교한 정책으로 국민들의 지지와 이해를 구하는 노력이 중요하며, 이를 통해 국민적 컨센서스를 형성해 가는 과정이 필요할 것이다.

둘째, 김정일의 급작스러운 사망으로 청사진 없이 출범한 김정은 정권의 불확실성을 어떻게 안정적으로 관리하고 대처할 수 있는가? 궁극적으로 한국이 원하는 방향으로의 변화를 촉진할 수 있는가? 김정일의 경우, 20년 이상의 후계자 수업을 받았고 김일성 사망1994년 당시에는 이미 정권을 공동운영하는 입장이었던 반면, 김정은은 아버지의 급작스러운 죽음으로 청사진 없는 정권 출범이 불가피했다. 김정일의 급사로 한반도는 한 치 앞을 가늠할 수 없는 불확실성의 영역으로 진입했다고 본다.

비민주적 정치문화, 핵심 엘리트층의 운명공동체적 성격, 중국의 절대적 지원 및 국제사회의 안정 희구 경향은 단기적으로 김정은 체제의 출범을 가능하게 하는 안정 요인으로 볼 수 있지만, 북한 사회의 인식 변화, 경제적 어려움 그리고 김정은 경험 부족은 불안정 요인으로, 특히 김정은의 수완과 능력이 정권의 장기적 안착을 좌우하는 변수가 될 것이다. 향후 북한 정국은 3대 세습 후계체제 구축을 둘러싸고 표면적으로 일사불란한 모습을 보이지만, 내면적으로는 매우 복잡한 전개과정을 보일 것이다. 김정은 체제 확립과정에서 핵심 권력층 내부 갈등도 있을 것이다.

박근혜 정부의 최대 과제는 3대 세습 정권의 출범과 둘러싼 불확실성을 여하히 관리하고 대처하여 한국의 안전과 번영에의 악영향을 차단하고 북한의 변화를 촉진하여 남북통합의 길을 모색할 수 있는가라고 볼 수 있다. 특히, 김정은 체제의 구축과정에서 초래할 수 있는 극도의 불안정 사태에 대해 어떻게 대처할 수 있는가도 중요한 과제가 될 것이다.

셋째, 북한 정세의 유동적이고 불안정 상황에도 불구 중국이 북한 체제 안정을 위해 필수적인 정치경제적 지원을 제공하는 상황에서 급변사태 가능성은 낮다고 보지만, 최근 중동 사례에서 보듯이 예측할 수 없는 급격한 상황 변화 가능성에 대한 철저한 대비도 필요할 것이다.

넷째, 북한의 핵무장을 어떻게 해결할 것인가? 북한의 핵무장을 어떻게 대처할 것인지는 차기 가장 어려운 과제가 될 것이다. 북한은 이미 두차례의 핵실험을 통해 사실상의 핵보유국으로 볼 수 있다. 플루토늄 프로그램에 이어서 우라늄 농축 프로그램까지 가동하고 있는 상황에서 핵무기 보유수를 획기적으로 증강시킬 수 있는 능력을 이미 갖췄다고 볼 수 있다. 더욱이 북한은 한반도 전역은 물론 서태평양상의 미군기지를 공격할 수 있는 탄도미사일을 이미 배치하고 있으며 미 본토를 겨냥한 대륙 간 탄도미사일도 개발하고 있다. 북한은 현재 탄도의 소형화와 탄도미사일의 정교화를 통해 핵미사일의 실전 배치를 일관되게 추진하고 있다.

다섯째, 한반도 주변 전략환경의 변화에 여하히 대처할 수 있는 가이다. 특히, 중국의 부상과 함께 중국의 대북정책 변화는 우리에게 중대한 과제를 던지고 있다. 김정일 사망 직후, 중국은 한반도의 안정과 평화, 사실상 북한 체제의 안정을 자신의 핵심적 이익으로 주장하고 국제사회에 대해 자극을 하지 말 것을 요구한 바 있다. 최근 한반도는 동중국해, 남중국해와 같이 중국의 전략적 이익으로 표명되는 지역으로 되고 있다. 지금까지 중국의 대 북한 이익이 전략적 완충buffer으로 표현되던 것에 비하며 중대한 변화가 아닐 수 없다. 본토의 안전을 위해 희생할 수 있는 것이 완충지역이라면 핵심 이익은 절대 포기할 수 없는 존재로 해석된다. 즉 중국은 북한 체제의 붕괴나 혼란을 절대 수용하지 않겠다는 의미로 해석할 수 있는 것이다. 중국은 김정은 체제의 안정을 위한 정치경제적 지원을 적극화할 것이다. 중국의 노골적인 한반도 현상유지 내지는 북한 안정 우선정책은 우리의 대북정책에 있어 중대한 도전이 될 것이다.

박근혜 정부는 대북정책 관련 평화통일과 북한 체제의 변화(개혁·개방 그리고 비핵화)라는 전략목표와 함께 ① 북한 정세의 불확실성 대처, ② 북한 핵무장 대응, ③ 중국의 부상 등 대외환경 관리, ④ 국민적 컨센서스 확보 등의 과제를 갖고 있다고 볼 수 있다.

나. 정책방향

과거 정부들의 경험에서 박근혜 정부의 대북정책 방향은 다음과 같은 점을 인식한 바탕 위에서 추진되어야 할 것이다.

① 어떤 정책도, 인센티브와 제재도 북한 체제의 개혁·개방을 이끌어 내기 쉽지 않다. 변화를 거부하는 독재 정권을 상대로 기능주의가 작동한 사례는 없다.

② 당장 눈앞의 성과보다 장기적 관점에서의 정책이 필요하다. 우리의 전략목표는 남북대화가 아닌 북한 체제의 변화(개혁·개방)와 통일환경 조성(남북관계개선, 비핵화)이다.

③ 군사도발, 핵무장, 급변사태 등 북한의 위험요소에 대한 관리 및 예방 차원의 외교가 필요하다.

④ 단기적으로 작동 가능하고 장기적으로 지속가능한 정책을 추진한다.

⑤ 국내정치와의 연계는 위험하다.

(1) 강력한 대북 억제력 구축

북한은 우리가 보유하지 못하고 있는 비대칭 전략무기(핵 및 장거리 탄도미사일)를 착실히 개발하면서 재래식 군사균형을 무의미하게 하고 있다. 이와 관련 북한은 천안함 공격·연평도 포격 등에서 보듯이 과거와 다르게 남한에 대한 직접 공격도 감행하고 있다. 과거 1960~70년대 북한의 군사적 우위 시절과 유사한 행동패턴으로 볼 수 있다. 북한 지도부는 자신의 핵자산으로 어떠한 도발을 가하더라도 한국이나 미국은 대응을 자제할 것이라는 인식을 갖고 있으며, 천안함·연평도 사건을 계기로 그러한 인식을 굳혀가고 있다고 우려된다.

북한의 비대칭전력을 억제하지 못할 경우, 어떠한 대북정책이나 대북협상도 효율적으로 추진할 수 없을 것이며 전향적 접근도 불가능하다는 점을 인식해야 한다. 강력한 대북 안보억제력을 확보하는 것이 성공적 대북정책 추진에 있어 절대 필요하다. 이 점은 진보·보수를 막론하고 공유할 수 있는 정책인식으로 과거 햇볕정책의 첫 모토가 튼튼한 안보였던 점을 본다면, 현재의 상황에서 튼튼한 안보를 구축하는 노력이 무엇보다도 선행되어야 할 것이다.

강력한 대북 억제력은
- 첫째, 합리적인 대북정책에 관한 국민적 컨센서스를 배경으로,
- 둘째, 미사일 방어력과 초정밀 타격능력에 입각한 포괄적 비핵 억제력을 구축하고,
- 셋째, 굳건한 한미동맹을 견지하여 미국의 전략적 자산을 적극 활용하며,
- 넷째, 군 개혁을 통한 첨단 통합군을 추진

(2) '균형 있는 포용정책'으로의 재정비

민주화 이래 한국의 대북정책은 수차례의 정권교체에도 불구하고 '포용정책engagement policy'을 일관적으로 표방하여 왔다. 포용정책은 국민적 컨센서스에 입각하고 있다고 볼 수 있다. 단, 국민들은 포용정책에 있어 일방적 지원이나 강경 일변도가 아닌 균형 있는 접근을 원하고 있다. 포용정책은 그 자체가 목적이 아니라 북한 체제의 변화(개혁·개방)와 통일환경 조성(남북관계 개선, 비핵화)이라는 전략목표를 달성하기 위한 수단임을 인식해야 한다.

우리의 대북정책은 노태우 정부가 추진했던 원형原型을 재평가하고 전략환경 변화를 반영하여 재정비할 필요성이 있다. 노태우 정부는 냉전 붕괴라는 역사적 흐름을 활용하여 굳건한 한미동맹을 바탕으로 모스크바, 북경과의 관계를 정상화하는 가운데 평양의 변화를 촉진하는 북방외교를 적극 추진했다. 그리고 북한에 대한 직접적인 개입engagement을 통해 북한 변화를 모색하고자 했다.

노태우 정부의 포용정책 원형에서 다음과 같은 점들을 반영한 '균형 있는 포용정책'을 모색할 필요가 있다.

우선, 평화체제 등 한반도문제에 있어 '남북한 당사자 해결 원칙'을 재설정해야 한다. 북한은 한반도 정치문제는 미국과 논의한다는 입장을 견지하고 사실상 남북대화를 경제적 이익을 얻는 채널로 제한하여 왔다. 한반도문제에 있어 한국의 주도성이 확립되지 않고서는 사실상 문제를 해결할 수 없음을 인식해야 한다. 남북한의 '당사자 해결원칙'에 입각한 1992년 기본합의서를 복원하고, 이에 따른 남북대화 채널을 재가동해야 할 것이다. 남북한 합의사항들은 준수하는 남북대화 문화를 다소 진통이 있더라도 관철해야한다. 6·15, 10·4뿐만 아니라 남북기본합의서와 비핵화 공동선언도 준수되어야 한다. 사실상 기본합의서와 비핵화 공동선언은 포괄적으로 한반도문제 해결방안을 담고 있음을 인식해야 한다.

둘째로 북한을 국제사회의 책임 있는 일원으로 이끌기 위한 환경 조성을 위해 새롭게 북방정책을 모색한다. 즉 중국과 러시아가 북한의 변화를 촉진하는 전향적 역할을 하도록 유도하는 한편, 미국과 일본이 북한의 정상국가화를 위한 관계개선을 추진하는 새로운 틀의 북방정책을 적극화할 필요가 있다. 새로운 북방외교는 북한의 개방·개혁 그리고 비핵화를 이룰 수 있도록 미·중·일·러와의 관계를 적극 활용하는 것이다. 성공적인 북방정책은 무엇보다도 견고한 한미공조가 뒷받침되어야 할 것이다.

셋째, 북한의 개혁·개방 그리고 비핵화라는 전략적 목표에 충실해야 할 것이다. 종종 우리는 햇볕정책이나 남북대화가 마치 대북정책의 목표로 모색되는 경향이 있었다.

넷째, 인도적 지원은 조건 없이 북한 주민의 생존 및 인권적 측면에서 일관되게 추진한다.

(3) 남북관계의 새로운 패러다임 모색: 분단관리에서 극복으로

두 차례의 핵실험에서 천안함·연평도 사건에 이르는 과정은, 우리는 물론이고 국제사회에 분단비용이 얼마나 큰지 인식시키는 계기가 되었다. 우리는 냉전 이후 분단관리에 치중해 왔다. 통일 논의도 북한을 자극한다는 이유에서 사실상 사라졌다. 핵무기 개발, 심각한 경제식량난, 폭정 등 북한에 대한 부정적 이미지는 한국 국민들에게 혼란스러운 통일보다는 안정적인 현상유지, 즉 남북분단을 선호하는 경향을 심화시키고 있다. 박근혜 정부는 분단관리가 아닌 분단극복의 전략을 마련해야 한다. 국제사회가 치르고 있는 과도한 분단비용을 말하고 분단극복이 필요하다는 점을 설득해야 한다. 적극적으로 통일을 말하고 준비하는 일이 필요하다. 특히 남북 간의 불신과 적대를 해소하고 분단을 극복하는 새로운 남북관계의 패러다임이 요구된다. 그것은 대결이 아닌 공존, 정체가 아닌 발전, 분단관리가 아닌 통일에 입각한 패러다임이다.

우리 국민들은 통일의 중요성은 인식하고 있으나, 통일비용 부담에 대해서는 매우 소극적이다. 그러나 남북분단이 한반도 미래 발전에 있어 가장 큰 제약 요인이며, 선진국 대열에 진입하기 위해 통일이 필요하다는 인식은 대다수의 국민들이 공유하고 있다. 결국 국민들에게 통일의 역사적 당위성만 가지고 통일에 대한 관심을 고조시키는 일은 더 이상 유효하지 않다. 국민들에게 통일이 가져오는 혜택, 편익을 구체적으로 제시하는 것이 중요하다. 이는 비단 남한 국민들뿐만 아니라 북한 주민들에게도 구체적으로 제시되어야 한다. 독일 통일은 서독의 노력도 중요했지만, 결국 동독 주민들이 서독을 선택한 결과이다. 남이든 북이든 한반도에 사는 국민들에게 통일이 가져오는 혜택을 구체적으로 제시할 수 있을 때, 통일에 대한 관심이 높아질 것이다. 이는 또한 국제사회에 대해서도 마찬가지라고 본다. 한반도 통일이 자신의 안전에 위협되지 않고 이익이 있다고 판단될 때, 국제사회는 한반도 통일을 지지할 것이다.

남북관계의 특수성, 상이한 체제, 정치군사적 신뢰 부족, 현격한 경제 격차, 남남 갈등 등을 고려할 때, 이념의 잣대가 아닌 실용적인 접근을 통해 통일의 기반을 만드는 것이 필요하다. '북한을 어떻게 보느냐'는 우리 사회에서 보수와 진보를 나누는 가장 중요한 지표이며 첨예한 남남 갈등의 대표적 요인이다.

이념을 떠나 국가의 미래비전으로서 그리고 정치경제에 있어 새로운 활로로 평화통일의 비전을 적극 마련하는 것이 필요하다. 경제성장과 민주화를 이룬 대한민국은 국민의 에너지를 하나로 모으는 새로운 국가비전과 성장동력이 필요한 시점이다. 평화통일은 새로운 도약을 위한 대한민국에게 '뉴프론티어new frontier'가 될 수 있다.

통일한국은 인구 8천만을 갖는 중견국가로서 독일·프랑스·영국과 같은 규모의 국가로 부상할 수 있다. 이들 국가들은 G8 국가의 표준적인 규모라고 볼 수 있다. 이미 한국은 G20의 참가국으로 국제사회에 있어 중요한 역할을 수행하는 위치에 서게 되었지만, 통일된 한국은 G8의 표준적인 규모로서 글로벌 거버넌스에 참여할 수 있는 기반을 확보할 수 있다. 즉 통일은 세계화 시대의 글로벌 거버넌스에 한국이 참가하기 위한 발판이 될 수 있다.

더욱이 통일은 한국의 국가브랜드 가치를 높이고 소위 코리아 디스카운트Korea discount 현상을 해결하는 길이기도 하다. 또한 8천만의 시장형성과 지리적 분단의 해결은 한국 경제에 있어 매우 긍정적인 환경이 될 것이며, 통일과정에서 북한 지역에 대한 대대적인 인프라 개발은 한국기업의 새로운 성장활로가 될 수 있다.

물론 통일이 한국 경제에 상당한 부담이며, 북한 지역의 균등발전을 위해 집중적인 투자를 필요로 하여 소위 '통일비용'이 천문학적으로 들 것이라는 예측도 있다. 통일비용을 통일의 충격을 흡수하는 능력과 준비를 위한 비용으로 본다면, 일반적으로 보는 통일비용보다는 한국이 충당할 수 있을 정도의 낮은 수준이 될 수 있다. 물론 그러한 비용이라 할지라도 한국의 경제규모, 외채, 외환보유고 등을 감안할 때, 여전히 관련 재원을 자체조달하는 것에는 한계가 있을 것이다.

세계적인 저출산과 급속한 고령화 진입으로 한국 사회는 활력을 잃고 있다. 해외투자자의 눈에는 한국이 일본 모델을 따라가고 있는 것으로 보일 것이다. 한반도가 하나의 시장으로 통합되어 가는 과정은 탄력을 잃고 있는 한국 경제에 새로운 활력을 불러일으키는 기재가 될 것으로 기대된다. 또 그것은 해외투자자들의 관심을 고조시키는 방편이 될 것이다. 골드만삭스의 보고서에 따르면, 남북한의 점진적 통합을 전제로 통일한국의 GDP가 일본, 독일을

능가할 것으로 전망한다.[3]

우리는 '분단된 한반도' 경제라는 시각에서 벗어나 한반도를 하나의 단위로 하는 경제권으로 접근하는 것이 필요하다. 한반도 경제의 종합적이고 균형 있는 발전을 통해 남북이 WIN-WIN할 수 있는 경제정책을 추진해야 할 것이다. 통일은 한반도 사람들의 삶의 질을 균등하게 발전시킬 수 있는 계기가 될 것이다. 실질적 의미에서 남북한의 소득격차는 30~40배에 달하며, 영양상태, 평균수명, 복지 등 기본적인 삶의 질에 있어서의 격차도 크게 벌어져 있는 상황이다. 무엇보다도 통일은 북한 주민의 삶의 질을 획기적으로 향상시킬 것이다.

기본적으로 한국의 통일정책은 장기적 관점에서 남북 교류와 협력을 통해 북한 경제의 일정한 재건과정과 남북 경제공동체 형성을 통해 점진적이고 기능주의적으로 통합해 가는 것을 상정해야 한다. 독일의 경험에서 보듯이, 통일은 남북한의 균등한 발전을 장기적 과제로 하여 인프라는 물론 인적 자원 등 북한 지역의 집중적 개발을 가져올 것이다.

통일이 인위적인 정치통합을 목적으로 추진되지 않고 남북 간의 교류를 심화시켜 자유로운 인적 물적 왕래가 가능한 사실상의 경제통일이 이루어진다면, 미래 통일한국의 방향은 자연스럽게 결정될 것으로 판단된다.

북한의 핵무기 개발, 남북관계의 특수성, 상이한 정치경제체제와 정치군사적 신뢰 부족 그리고 현격한 경제 격차 등을 고려, 한반도 통일은 정치적 요소를 배제한 단계적, 점진적, 그리고 기능주의

....

[3] Goohoon Kwon, "A United Korea? Reassessing North Korea Risks (Part1)," *Global Economics Paper* No. 188, September 21, 2009.

적 접근을 통해 장기간(20년 이상)에 걸쳐 추진하는 것이 필요하다. 우리에게는 국민들과 남북한을 하나로 하는 평화통일의 새로운 비전이 필요하다. 특히 이 과정에서 국제사회의 협력이 매우 중요하다. 한반도의 통일은 지역의 불안정을 초래하여 주변국이나 지역의 안전을 위협하는 것이 아니라 지역의 안전과 번영을 촉진할 수 있다는 인식을 국제사회에 확산하는 노력이 수반되어야 할 것이다.

새로운 통일비전은 이념의 틀에 갇혀 있는 좁은 시각이 아닌 포괄적이고 열린 시각에 입각하여야 할 것이다. 공동체 통일은 인위적인 정치적 통합을 지양하고 남북 간의 다양한 교류·협력을 통해 공동의 관심사와 목표·이해를 증진시키는 가운데 공동체를 형성하여 한반도 구성원과 지역사회의 삶의 질을 높이고 공동번영을 추진하여 궁극적으로 제도적인 정치통일로 가자는 것이다.

남북 간의 자유로운 인적·물적 교류로 사실상 통합된 경제공동체로 진전된다면, 남북 주민의 자유의사에 따른 결정은 한반도 구성원 모두에게 자유, 복지, 인간존엄성이 보장되는 선진민주국가로 귀결될 것이다.

(4) 대북정책 추진체제의 정비

이명박 정부는 과거 정부의 NSC 독주에 대한 반작용으로 NSC 기능을 사실상 폐지함으로써 외교안보부처 간 정책조정기능이 크게 약화된 바 있다. 결과, 정부 부처 간에도 대북정책과 관련 혼선이 초래되었다.

대북정책과 관련 기획기능은 물론 이행에 있어서 정부 부처 간 정책조율기능을 대폭 강화하는 방향으로 정책인프라를 정비해야 할 필요가 있다.

2. 바람직한 대북 경제정책 방향

가. 기존 대북 경제정책의 평가와 교훈

국민의 정부와 참여 정부 시기 햇볕정책의 중요한 가정 중 하나가 "先 (남한의) 지원과 (남북)교류, 後 (북한의) 변화"라고 한다면 이명박 정부의 정책은 "先 (북한의) 변화, 後 (남한의) 지원" 혹은 "북한의 변화와 남한 지원의 동시 진행"으로 구체화되었다. 이와 같이 한국은 지난 15년 동안 대비되는 대북 경제정책을 집행하였다. 이 정책의 장기적 효과를 평가하기에는 아직 시간이 충분히 지나지 않았지만 현 시점에서 이 정책의 단기적, 중기적 효과를 분석하고 보다 바람직한 대북 경제정책의 방향을 모색하는 것은 그 의미가 매우 크다.

햇볕정책은 북한의 변화와 남북통합을 위해 기능주의적 접근방식에 기초를 두고 있다. 기능주의functionalism에 따르면 사회는 상호의존적인 각 분야로 구성되어 있는 일종의 유기체로서 이러한 분야 간 상호의존성 때문에 한 분야에서의 변화는 다른 분야로 파급된다. 이에 의거하여 햇볕정책의 주창자들은 지속적인 교류협력을 통해 남북 상호의 신뢰를 증진시키고 남한에 대한 북한의 경제적, 문화적 의존성을 증가시키는 것이 중요하다고 강조한다. 이를 통하여 궁극적으로 북한의 시장경제화와 민주화, 그리고 남북한 통합이 유도될 수 있을 것으로 믿었던 것이다. 특히 경제분야에서의 교류, 협력의 증진은 남북 간 상호의존성을 확대시키고 그것을 파기하는 비용을 증가시킴으로써 적대적 관계보다는 평화관계를 추구하도록 만들 것으로 판단하였다. 그리고 경제분야에서의 축적된 성과는 다른 분야로 파급, 확산되어 정치적 통합까지 가능해질 것을 희망하였다.

햇볕정책은 남북한 긴장 완화와 평화 분위기 조성에는 효과가 있었던 것으로 평가된다. 그러나 북한의 변화를 유도한다는 측면에서 햇볕정책은 과대광고된 측면이 분명히 있다. 햇볕정책은 기능주의가 작동할 수 있는 전제조건을 무시했다. 유럽 통합의 예처럼 기능주의가 상정한 대로 한 분야에서 다른 분야로 파급효과가 일어나려면 자본주의 경제체제는 아니더라도, 적어도 부분적으로는 자유로운 정치체제가 필수적이다. 그러나 변화를 거부하는 독재 정권을 상대로 기능주의가 작동한 예는 존재하지 않는다. 햇볕정책이 시도되었던 1998~2007년 동안 북한의 시장경제화가 진전되었다는 증거는 존재하지 않는다. 그리고 남북 경제교류가 북한 권력자의 마음을 움직여 시장경제화를 받아들였거나 그렇게 의도한다는 증거도 없다.

이명박 정부의 대북정책은 남북관계를 글로벌 스탠다드로 변화시킬 것을 의도했다. 즉 북한이 남한과 국제사회에 책임 있고 신뢰할 만한 주체가 되고 경제발전에 전제조건이 되는 시장경제화를 의도할 때 남북교류와 대북 지원을 본격화하겠다는 것이다. 이러한 의도는 비핵·개방·3000이라는 이름으로 정책화되었다. 즉 국제사회의 신뢰를 받으려면 핵을 포기해야 하고 경제를 발전시키려면 개방, 개혁이 필수적이라는 판단을 담은 것이다. 그리고 기존의 햇볕정책이 원칙 없는 지원으로 일관해 북한의 변화를 유도하기보다 오히려 북한의 현상유지를 지속시켰다는 평가 하에 만약 북한이 원칙을 지키지 않는다면 대북 지원의 의사가 없음을 비핵·개방·3000은 표방한 것이다.

이명박 정부의 대북정책을 평가하기에는 아직 충분한 시간이 흐르지 않았다. 또한 금강산 피격사건, 천안함 폭침과 연평도 포격 사건 등 의외의 변수들이 많았기 때문에 남한 정부의 대북 경제정책의 공과만을 다른 요인들과 분리시켜 분석하기가 어렵다. 이러한 점을 고려하지 않고 단지 결과만을 본다면 성공적이라고 보기 어렵다. 북한과는 대화가 단절되었으며 원칙을 강조한 결과 북한이 바뀐 것도 아니기 때문이다. 그리고 남북 사이의 군사적 긴장도 이전 정부에 비해 더 고조된 것으로 평가된다.

우리는 햇볕정책과 이명박 정부의 대북 경제정책과 그 효과를 통해 다음과 같은 중요한 교훈을 얻을 수 있을 것이다.

첫째, 한국의 대북 경제정책으로 어떤 인센티브를 주고 어떤 제재를 가하더라고 북한의 김정일 정권으로 하여금 북한 경제체제를 바꾸는 결정을 유도하기는 어렵다는 사실이다. 앞절에서 살펴보았듯이 독재 정권이 절대적인 권력을 유지하고자 하는 목적은 다른 나라에서 제공하는 어떤 인센티브나 제재로 변화시키기 어렵다. 정책은 실현가능한 목표를 설정하여 수립하여야 함에도 불구하고 그 동안의 대북 경제정책은 북한의 근본적 변화라는 실현 가능성이 매우 낮은 목표를 제시하여 정책의 실효성을 상실하였다. 이는 그동안의 대북 경제정책이 과학적 근거를 통해 수립되기보다 국내정치적 환경과 정권의 성격에 따라 지나치게 많은 영향을 받아왔다는 점과 관련이 있을 수 있다.

둘째, 당장 눈앞의 효과보다는 장기적 관점에서 대북 경제정책을 수립해야 한다는 것이다. 단기 효과만을 강조하다 보면 장기적으로 보다 중요한 정책을 집행하지 못할 수 있기 때문이다. 그러나 문제는 한국 정부나 국민들이 북한과 관련하여 한국의 장기적인 목표가 무엇인지 분명하게 판단하지 못하고 있다는 사실이다. 장기적 목표가 남북한의 평화로운 공존인지, 유럽연합 수준의 경제통합인지, 아니면 단일국가로의 통일인지가 분명하지 않다는 점이다. 이런 측면에서 이명박 정부의 통일 공론화사업은 중요한 의미가 있다.

셋째, 북한 팩터의 위험관리를 해야 한다는 점이다. 특히 북한의 군사적 도발이 가져올 수 있는 남한 사회의 충격을 고려하여 군사적 준비도 필요하지만 북한의 도발 가능성을 감소시킬 수 있는 정책도 필요하다. 그런 면에서 남북대화의 유지는 남한의 대북정책의 필수 요건이며 인도적 지원은 북한 위험 요인의 감소 측면에서도 고려될 수 있다.

넷째, "단기적으로 작동가능하고 장기적으로 지속가능한short-term workable and long-term sustainable"대북 경제정책을 펼쳐야 한다는 점이다. 햇볕정책의 문제점은 북한의 변화가 없는 상태에서 계속적인 지원은 장기적으로 지속가능하지 않다는 점이다. 반면 이명박 정부의 대북 경제정책, 특히 비핵·개방·3000정책의 문제점은 북한에서 이를 받아들일 가능성이 낮기 때문에 처음부터 작동하기 어렵다는 문제가 있다.

따라서 새로운 대북 경제정책은 "① 우리의 장기적인 목표에 부합되는가, ② 실현 가능한가, ③ 북한 팩터의 위험을 관리할 수 있는가, ④ 단기적으로 작동할 수 있고 장기적으로 지속가능한가"라는 네 가지 질문에 긍정적으로 답할 수 있어야 할 것이다.

나. 바람직한 대북 경제정책

(1) 투 트랙 접근법

통일은 현재까지도 한국의 공식적인 정책목표이다. 그리고 현 체제하에서는 북한 경제의 지속 가능성이 낮고 오히려 붕괴의 확률이 더 높기 때문에 붕괴 이후 북한의 미래를 구상하지 않을 수 없다. 무엇보다 북한문제는 남북이 한 나라가 됨으로써 근원적으로 해결될 수 있을 뿐더러 남북 모두에 있어서 통일은 장기적으로 순편익을 가져다 준다.

이제까지의 대북 경제정책의 문제점은 정부가 모든 것을 통제하고 모든 정책을 하나의 목표에 맞추는 경향이 있었다는 것이다. 정치분야의 주도권과 통제력은 정부가 갖는 것이 정책의 실효성을 위해서 필요하겠지만 대북 인도적 지원이나 민간 차원의 남북 경제교류까지 정부가 모두 통제하려는 것은 한국의 장기적인 목표인 통일을 위해서도 바람직하지 않다. 특히 이명박 정부는 북한에게 원칙을 따르도록 압박한다는 목표 하에 민간부문의 인도적 지원이나 경제협력을 막아 왔다. 이러한 정책은 금강산 피격사건이나 천안함 폭침으로 인해 불가피하게 강화된 측면이 있으나 새롭게 등장한 정부는 이러한 한계를 극복할 필요가 있다. 즉 원칙을 따르도록 북한을 변화시키겠다는, 달성하기 어려운 하나의 목표를 세워 거기에 올인하는 정책보다는 정책을 쪼개고 나누어서 복수의 목표를 겨냥하는 다초점 전략을 펼쳐야 할 것이다.

다초점 전략은 기본적으로 투 트랙 접근법이다. 먼저 정부 트랙과 민간 트랙을 분리시키며 민간 트랙의 자율성을 상당한 정도 부여한다. 여기서 상당한 정도라고 함은 비상상황에서 정부의 개입을 허용한다는 의미이다. 또한 국내법에 어긋나거나 국민의 인명과 재산의 보호가 더욱 중요하다고 판단할 때는 정부가 민간 트랙에 개입할 수 있도록 한다. 그러나 정부의 정책이 바뀌면서 임의적으로 정부가 민간활동에 개입하는 것은 금지한다. 대북 인도적 지원에 관여한 민간단체는 자발적으로 모금과 대북 지원활동을 하고 정부는 이 활동을 모니터링하되 방문 허가제를 폐지하고 신고제로 전환하는 것이다. 이때 정부는 몇 가지 가이드라인을 만들어 단체들의 사업을 지도, 규율하고 그 준수 여부를 정부가 민간단체에 지원하는 보조금 결정에 반영할 수 있을 것이다. 그리고 북한 기업이나 단체와 상업적 거래를 하는 기업과 개인들의 활동도 정부에 등록을 하고 그 활동을 보고하도록 하되 원칙적으로 정부가 관여하지 않는 것이다. 그리고 이러한 정책을 바꾸지 않음으로써 민간부문이 장기적으로 대북사업을 벌여 나갈 수 있도록 해야 한다. 사업의 효율성을 위해서는 무엇보다 정책이 예측가능해야 하기 때문이다.

민간부문을 활용함으로써 얻는 이점은 많다. 첫째, 북한의 변화를 위해 정부보다 민간의 활동이 보다 효과적일 수 있다.박명규 외 (2013) 북한 정권의 변화에 대한 남한의 역할이 지극히 제한되어 있을 때, 민간활동은 북한 내부에서 변화의 힘을 만들고 축적하는 데 보다 효과적일 수 있다. 즉 북한 정권을 거치지 않고 바로 북한 단체나 개인을 남한의 기업, 단체들이 접촉함으로써 그들을 점진적으로 변화시킬 수 있는 가능성이 존재한다. 특히 민간 접촉의 빈도는 정부 사이의 접촉보다 더 빈번하고 더 구체적으로 이루어질 수 있기 때문에 북한의 변화에 미치는 영향도 클 수 있다. 이제까지는 남한 정부가 북한의 정권을 변화시키려 했다면 앞으로는 북한의 사람들과 북한기업, 북한기관을 변화시키는 데 정책의 초점을 맞추어야 한다. 그리고 이 역할은 정부보다는 민간이 더 효율적으로 감당할 수 있다. 정부 간 사업은 정권의 이해관계의 영향을 피할 수 없고 북한 정권의 감시감독도 보다 심하기 때문이다.

둘째, 북한 정권의 행동을 제약하기 위해서 민간의 역할이 필요하다. 북한 정부가 주도하는 사업의 경우 이로부터 발생하는 상당한 정도의 수익금이 북한 정부의 수입이 될 것이며 이는 북한 정권의 역량을 강화시키는 데 사용된다. 반면 남한의 민간부문으로부터 지원받거나 사업관계를 갖고 있는 북한의 기업과 단체의 수입금은 상당부분 거기에 남을 것이므로 북한 정권의 역량 강화에 기여하는 정도는 상대적으로 낮다. 만약 북한 정권이 이들 기업이나 단체로부터 세금이나 준조세, 수탈을 증가시킨다면 이는 정권과 이들 기업 및 단체 사이의 긴장과 대립관계를 조성되게 될 것이다. 즉 남북 민간 지원이나 교류는 북한의 기업과 단체의 이익을 남한과의 관계 개선에 두게 만듦으로써 북한 정권의 정책결정에 제약조건으로 작용할 수 있다.

혹자는 북한 정권의 절대적인 권력으로 볼 때 그 외 다른 부문에서의 변화가 북한 정권에 주는 영향은 제한적일 것으로 전망할 것이다. 이 전망은 상당부분 타당하지만 반드시 그렇지 않을 수도 있다. 하나의 증거로서 개성공단의 예를 들 수 있다. 2013년 4월 북한은 개성공단에 근무하는 근로자를 철수시켰다. 이후 개성공단에 근무하는 남한 직원이 철수함에 따라 개성공단 가동이 중단되었다. 그럼에도 불구하고 북한은 개성공단의 재가동을 위해 남한에 대화 제의를 해 오고 있다. 이러한 제의를 하는 가장 중요한 이유는 개성공단이 영구 폐쇄될 때 개성공단에서 일하는 5만 명 이상의 근로자의 실직과 그 가족의 생계유지문제일 것으로 판단된다. 특히 이들은 북한 정권에 대한 충성도가 높은 핵심 계층일 가능성이 높다. 만약 북한에 의해 개성공단이 폐쇄되면 이들의 충성도는 급격히 약화될 것이고 이는 북한 정권의 체제안정을 위협하는 중요한 요인이 될 수 있다는 점을 북한 정권은 우려하지 않을 수 없다.

개성공단은 남북 경제교류사업 중 하나의 중요한 사례를 제공하고 있다. 개성공단은 중국의 경제특구와 달리 자본주의의 실험을 위해 만들어진 공단이 아니다. 오히려 북한은 개성공단을 통해 거둬들인 수입을 북한 정권의 연명을 위해 사용한다는 비난을 받을 수 있다. 그럼에도 불구하고 개성공단이 남북관계의 완전한 파국을 막는 안전장치가 되고 있다는 긍정적 평가도 가능하다. 그뿐만 아니라 앞에서 논의하였듯이 개성공단이 북한 정권의 자의적 권력행사의 제약조건이 되고 있다는 점도 북한의 미래를 위한 기여이다. 만약 개성공단이 남북관계의 개선과 북한의 변화를 위한 하나의 큰 통로라면 다양한 민간 접촉과 교류는 많은 수의 조그마한 통로이다. 이 다수의 작은 통로가 북한 기업과 단체, 개인의 역량 강화를 위해서도 정부 주도의 정책보다 더 효과적일 수 있다.

또 하나의 투 트랙 정책은 인도적 지원과 비인도적 지원 및 교류의 상이한 트랙이다. 박명규 외2013에서 밝힌 바와 같이 인도적 지원은 북한의 조건과 정책, 남북관계와 관계없이 지원되는 무조건적 unconditional 지원이다. 반면 대북경협은 북한의 체제전환 의지와 단계에 따른 조건적conditional, 남북한의 상호 이익을 추구하는 호혜적 mutually beneficial 그리고 북한의 개혁과 개방을 도울 수 있는 전략적 strategic 원칙에서 추구되어야 한다. 다음의 표는 이상의 투 트랙 접근법을 요약하고 있다.

〈표 2〉 투 트랙 남북경제협력

주도의 주체/ 협력의 내용	인도적 지원	대북경협
정부	남한 정부의 인도적 지원 (A)	남한 정부/민간과 북한 정부의 경협 (C)
민간	남한 민간의 인도적 지원 (B)	남한 민간과 북한 민간의 경협 (D)

출처: 박명규 (2013)

이 중 정부의 인도적 지원A과 민간의 인도적 지원B는 북한의 정치상황이나 남북관계와 관계없이 지속될 필요가 있다. 물론 북한의 심각한 군사적 도발이나 남한의 국익이 북한에 의해 크게 침해받는 상황에서 정부가 인도적 지원을 계속하는 것은 정치적으로 어려운 일이다. 그럴 경우 정부의 인도적 지원은 그런 상황에 맞추어 보다 유연하게 접근할 수 있을 것이다. 그러나 정부가 재정을 지원하는 경우를 제외한 민간의 인도적 지원은 정부의 통제 없이 진행되도록 민간에게 자율성을 부여할 필요가 있다. 북한 개발이나 상업적 목적으로 진행되는 남한 민간과 북한 민간의 경협D도 정부가 통제할 필요가 없이 자율에 맡겨 두는 것이 바람직하다.

남한 정부 혹은 민간과 북한 정부의 경협C은 위에서 언급한 세 가지 기준에 따라 진행할 필요가 있다. 여기서 북한 정부는 넓은 의미로 사용된다. 즉 북한의 기업 그리고 정부 조직과 직접적 관련이 없는 단체이다. 예를 들면 현대아산의 금강산사업의 북한 측 파트너인 북한의 조선아시아태평양평화위원회(아태위)는 조선노동당의 통일전선부 소속이므로 정부 조직으로 분류해야 할 것이다. 즉 북한 정권과의 거리가 정부 조직인지 판단 여부의 중요한 기준이며 이에 대해서는 전문가들의 견해를 반영하여 결정해야 할 것이다.

이상에서 제시한 대북 경제협력방안은 햇볕정책과 분명한 차이점이 존재한다. 햇볕정책은 남한 정부의 인도적 지원A을 포함하여 남한 정부와 민간의 북한 정부와의 경협C도 조건적, 호혜적이라기보다 무조건적, 시혜적 경협에 가까웠다. 그리고 북한 체제의 특수성을 애써 무시한 채 북한을 지원하고 인프라를 구축해주면 북한은 발전할 수 있을 것으로 믿었다. 그러나 경제체제의 자본주의화 없이 외부의 지원과 경제협력만으로 지속적인 경제발전을 이룬 국가는 존재하지 않는다. 사회주의 체제를 유지한 채 경제 지원만 받게 되면 그것은 밑 빠진 독에 물붓기와 같다.

투 트랙 방안은 비핵·개방·3000정책과도 차별화된다. 비핵·개방·3000정책은 북한이 받아들일 가능성이 매우 제한적일 뿐 아니라 북한의 중국의존성을 심화시킬 수도 있다. 그리고 중국은 소위 북한카드를 한중관계나 국제무대에서 충분히 활용하려는 속셈을 가질 수 있다. 또한 5년제 단임과 대북정책에 관한 남한 내의 양분된 여론을 감안할 때 비핵·개방·3000의 이념을 충분한 기간 지속적으로 구현하기 어렵다.

이러한 점에서 투 트랙 방안은 단기적으로 시작가능하고 장기적으로 지속가능하다. 민간의 대북 지원과 경협을 자율화하고 정부의 대북 인도적 지원을 재개한다는 점에서 북한 정부는 이에 대해 관심을 표할 것이다. 그리고 이를 기반으로 해서 정기적인 남북대화도 가능할 것이다. 반면 북한 정권의 체제이행 의지가 확인되지 않으면 정부 차원의 대규모 경협이나 남한의 민간과 북한 정부 사이의 신규 경협도 추진하지 않는다. 그리고 신규 경협의 추진 시 북한의 체제이행 의지뿐 아니라 북한의 개혁 및 개방에 미치는 효과와 남한 경제에 미치는 효과도 고려하여 결정한다. 이런 방안은 대북정책과 관련하여 극단적인 진보와 보수 입장을 취하지 않는 많은 국민의 지지를 받을 것으로 기대된다.

북한에 대해 조건 없는 인도적 지원은 우리 대북정책의 장기 목표와도 부합된다. 우리의 장기 목표가 남북통일이라고 가정하면 통일비용의 문제가 가장 중요한 문제로 대두된다. 만약 북한 주민들의 상당수가 영양실조 등으로 노동시장에 참여할 수 없다면 이는 통일한국의 경제에 큰 부담이 될 것이다. 따라서 대북 인도적 지원은 북한 주민, 특히 북한의 영유아, 아동들과 청년의 신체를 건강하게 보존함으로써 장기적으로 통일비용을 절감할 수 있는 정책이다. 민간의 대북경협도 북한 체제의 변화를 정권과 거리가 먼 부분에서부터 일으킴으로써 북한 정권에 압박을 가하고 장기적으로는 이들을 자본주의 경제에 미리 적응시킴으로써 통일비용의 절감에 기여할 것이다.

북한 팩터의 위험관리 측면에서도 투 트랙 접근법은 유용하다. 현 정부의 정책 스탠스에 비해 북한에 주는 이익이 상당히 클 것이기 때문이다. 그리고 정부의 경협에 있어서도 우리 정부는 항상 그 가능성을 열어 놓으면서 북한이 관심을 보이도록 유도할 필요가 있다. 북한 내에서도 남한과 대화하고 경협하자는 그룹의 영향력이 더 커지려면 현재에 지원받는 것뿐만 아니라 미래에 지원받을 것에 대한 기대이익을 키워 놓아야 한다.

대북 인도적 지원의 경우에도 정부는 인도적 지원을 위한 가이드라인을 만들고 이를 준수하도록 요구할 필요가 있다. 이 가이드라인은 인도적 지원의 품목을 적시할 필요가 있다. 특히 분배에 관한 충분하고 적절한 모니터링을 할 수 없을 경우, 장기 저장이 가능하고 다른 용도로의 유용이 가능한 농산물과 음식물의 지원을 지양하도록 요구할 필요가 있다. 예를 들어 쌀의 경우 분배에 대한 충분한 모니터링이 없을 경우 군 등으로의 유입이 가능하므로 쌀의 지원은 모니터링과 함께 이루어지도록 규제할 필요가 있다. 반면 영유아를 위한 음식과 장기적으로 저장할 수 없는 음식물, 주요 의약품 등은 규제 없이 인도적 지원이 가능하도록 해야 할 것이다.

(2) 북한 정부를 대상으로 한 경협사업의 우선순위

남한 정부 혹은 남한 민간과 북한 정부 사이의 경협에 관해서도 대상 경협에 대한 우선순위가 정해져야 할 것이다. 이 우선순위는 앞에서 언급한 상호 호혜성과 체제의 개혁과 개방 촉진 가능성이라는 두 가지 기준과 더불어 북한 주민의 복지증진효과로 정해져야 할 것이다. 그리고 상호 호혜성을 평가하기 위해 각각 남한의 후생과 북한 경제에 미치는 효과를 구분하였다. 남한의 경우 후생이 평가의 기준이 되는 것은, 관광사업처럼 남한 경제 수준에 미치는 효과는 별로 없지만 관광을 통하여 관광객들의 효용이 증가되는 경우가 있기 때문에 대북경협이 후생에 미치는 효과를 측정하는 것이 모든 범주를 포괄하는 기준이 될 수 있기 때문이다. 이러한 기준에서 가능한 경협의 종류를 평가하면 아래와 같다.[4]

〈표 3〉 남북 경제협력 사업의 평가

	상호 호혜성		북한의 개혁 개방 촉진(C)	북한 주민의 복지 증진(D)	총점[(A)+(B) +2*(C)+(D)]
	남한의 후생에 미치는 효과(A)	북한 경제에 미치는 효과(B)			
기초 소비재 지원	0	+	+	+++	6
관광사업	++	+	──	0	−1
에너지 지원	−	+++	−	+	1
가스관 건설	+++	++	──	0	1
인프라 건설	−	++	0	+	1
공단 확장, 신설	++	++	+	+++	9
교육 사업	0	+++	++	++	9

....
[4] 이하의 부분은 박명규 외(2013)의 48-50쪽의 내용을 부분적으로 인용, 수정 기술하고 있음.

	상호 호혜성		북한의 개혁 개방 촉진(C)	북한 주민의 복지 증진(D)	총점[(A)+(B) +2*(C)+(D)]
	남한의 후생에 미치는 효과(A)	북한 경제에 미치는 효과(B)			
남한 내 취업, 교육	+	++	+++	++	11

+++: 대단히 긍정적임, ++: 긍정적임, +: 약간 긍정적임, 0: 영향이 없음
–: 약간 부정적임, ––: 부정적임, –––: 상당히 부정적임
출처: 박명규 외 (2013, 48 쪽)을 일부 수정하였음.

　　이상의 평가에 기초할 때 상호 호혜성의 기준에서 가장 효과가 큰 사업은 가스관 건설사업과 교육사업에 이어 공단의 확장 혹은 신설, 관광 사업과 남한 내 취업 및 교육 사업의 순이다. 가스관 건설사업은 러시아의 가스를 남한으로 수송할 가스관을 북한에 건설하여 이를 통하여 러시아산 가스를 남한에 공급하는 것을 말하는 것으로 남한 경제는 저렴한 에너지원의 도입이라는 이익을, 북한 경제에는 가스관 통과료 수입을 가져다 준다. 교육사업은 북한의 학생이나 교육기관을 지원하거나 새로운 교육기관을 신설하는 것을 말한다. 이는 학교 출석률과 교육의 질을 제고시킴으로써 북한의 인적 자본 수준을 증진, 경제성장에 기여한다. 반면 대북 에너지 지원사업이나 인프라 건설사업은 남한이 부담해야 하는 비용의 측면에서 약간 부정적인 것으로 평가된다.

　　북한의 개혁개방 촉진의 측면에서는 가장 바람직한 사업은 교육사업과 남한 내 취업 및 교육 사업이다. 남한 내 취업 및 교육 사업은 북한 주민을 남한의 기업 등에서 고용하거나 북한 학생을 남한의 교육기관에서 교육시키는 것을 의미한다. 현재로서 그 실현 가능성은 매우 제한적이지만 이 두 사업은 북한의 인적 자본을 개발하거나 시장경제에 북한 주민을 노출시켜, 특히 장기적인 관점에서 북한 경제에 매우 긍정적인 영향을 미칠 것으로 기대된다.

북한 주민의 복지 차원에서 가장 큰 영향을 미치는 대북경협은 의류, 신발, 기본적 생필품 등 기초 소비재 지원이다. 이는 직접적으로 북한 소비자들의 효용을 증가시킬 수 있다. 공단의 확장과 신설 등도 북한 근로자에게 일자리와 소득을 제공하기 때문에 북한 주민의 후생에 대단히 긍정적으로 작용한다.

이상에서 제시한 모든 측면에서 긍정적으로 평가받을 수 있는 대북사업은 공단의 확장과 신설이다. 즉 개성공단 2차 사업을 진행하고 다른 지역에서 이와 유사한 사업을 시행, 남한기업이 북한 근로자를 고용하여 수익을 창출하는 모델은 다른 사업과 비교하여 여러 측면에서 긍정적인 효과를 기대할 수 있다. 그러나 북한의 개혁과 개방을 촉진하는 측면에서는 그 효과가 약하다. 북한 근로자들이 남한기업에서 일함으로써 간접적으로 시장경제 환경에 노출되도록 하는 점에서는 긍정적이나 개성공단에서 나오는 수입금 중 일부가 김정일 정권의 현금 유입 채널이 될 수 있다는 점에서는 부정적이다.

북한의 개혁개방 유도의 측면에서 가장 효과적인 사업은 교육사업이다. 예를 들어 평양과학기술대학을 설립하여 북한 학생들을 교육, 이들이 간접적으로라도 북한 현실의 문제점을 이해하고 외국 정보에 노출되게 되면 이는 북한의 개혁과 개방에 장기적으로 중요한 기여를 하게 될 것이다. 혹은 북한의 전문가나 정책결정자들을 대상으로 하는 교육 프로그램을 개발, 제공함으로써 이들의 시장경제, 민주주의에 대한 이해도를 증진시키는 것은 북한 경제의 체제이행에 대단히 중요하다.

본 연구는 이상에서 나열한 대북경협정책들의 우선순위를 다음과 같이 평가한다. 이상의 기준에서 현재 북한 정권의 특성을 고려했을 때 북한의 개혁과 개방에 주는 영향이 가장 중요한 기준이 되어야 한다. 따라서 이 기준의 점수에 2를 곱하고 다른 기준의 점수와 합침으로써 그 총점을 계산한다. 이 총점의 결과 우선순위가 높은 사업, 우선순위가 중간인 사업, 우선순위가 낮은 사업 등 세 그룹으로 사업을 평가할 수 있다. 이 기준에 따르면 우선순위가 높은 사업은 남한 내에서의 취업 및 교육, 공단의 확장과 신설, 그리고 교육사업이다. 그리고 중간 우선순위 사업으로서 기초 소비재 지원, 그리고 에너지 지원, 가스관사업, 인프라 건설이다. 마지막으로 우선순위가 낮은 사업으로서 관광사업을 들 수 있다.

이러한 우선순위 평가와 아울러 그동안 진행해 온 사업에 대한 고려도 필요하다. 개성공단사업은 사업의 인프라가 잘 갖추어져 있고 전술한 바와 같이 남북관계의 최종 보루 역할을 하였을 뿐 아니라 우선순위의 평가에서도 높은 점수를 받았다. 따라서 기존의 개성공단을 재가동하고 북한 정권이 남북관계에 전향적인 모습을 보일 때 2차 개성공단의 추진은 가장 먼저 고려할 수 있는 사업이다. 또한 금강산과 개성 관광도 기존에 진행해 온 대북사업이며 우리 국민들에게 북한이나 통일 관련 여론을 형성하는 좋은 기회를 준다는 의미에서 북한의 태도와 정책을 봐가면서 원상태로의 복귀를 고려해볼 만하다. 그러나 다른 관광사업은 추진하지 않는 것이 바람직하다.

기초 소비재 지원도 북한의 태도와 정책을 고려하여 우선적으로 제시할 수 있는 사업이다. 반면 교육과 관계된 두 가지 사업은 현 시점의 남북관계에서는 북한이 받아들이기 어려울 것이다. 그러나 남북관계가 현재보다 훨씬 더 진전되는 단계에서는 반드시 고려해야 할 사업이다. 북한의 전문가와 정책결정자들이 중국 등 제3국에서 교육받는 것을 우리 정부나 민간이 간접적으로 지원하는 방안도 고려할 수 있을 것이다.

가스관 건설, 항만, 도로, 철도 등의 인프라 건설, 에너지 지원은 보다 엄격하게 북한의 체제이행단계에 조응되어야 한다. 현 단계에서 이런 정책을 쓸 경우 북한의 대남 레버리지를 증가시키거나 재원의 낭비를 초래할 따름이다. 북한이 경제성장에 실패하는 것은 인프라나 에너지가 없어서가 아니라 그것을 건설하거나 살 수 있는 생산능력이 없기 때문이며 생산능력이 없는 이유는 사유권, 교환의 자유, 기업활동의 자유가 없기 때문이다. 따라서 체제이행과정에 접어들지 않은 상태에서의 이러한 지원은 기껏해야 효과 없는 자원 낭비에 불과하다. 그러나 협상 시 이에 대해 완전히 문을 닫기보다 이 사업의 효과를 강화하기 위해 북한 정권이 취할 수 있는 정책을 제시함으로써 북한 정부가 이들을 함께 고려하도록 유도할 필요가 있다.

3. 급변상황에 대한 관리능력 강화

김정은은 김정일보다 훨씬 불리한 상태에서 권력을 이양받았다. 만성적인 경제난, 북한 주민의 낮은 지지도, 시장과 뇌물의 확대, 시장에 의존하여 생계를 유지하는 관료는 김정은의 정권 유지에 큰 부담이 될 것이다. 만약 김정은이 정책적 실패를 거듭하면 그의 권력 유지기간은 단축될 수 있다. 체제전환을 추진하지 않고 현 체제를 고집한다면, 경제난이 더욱 심각해지고 외부로부터 들어오는 경화수입이 감소하며 시장의 지배력이 가속화되면 민심은 더욱 이반되고 관료들의 충성심은 약화될 것이다. 향후 개혁보다는 억압, 공포와 통제를 통해 철저히 체제단속을 취할 가능성이 높다.

현재 북한 상황은 매우 일사불란해 보이지만 청사진 없는 3대 세습의 권력 재편이 진행 중으므로 매우 불확실한 상황이다. 박근혜 정부는 북한의 불확실성에 대비해 상황을 안정적으로 관리하는 한편 북한의 급변사태에 대한 대비를 철저히 해야 할 것이다.

북한 급변사태란, 북한 스스로 해결할 수 없고 주변의 안정과 평화에 중대한 악영향을 미칠 수 있는 긴급한 상황으로 민중봉기, 내란, 유혈쿠데타 등에 의해 정권, 체제, 국가의 붕괴와 같은 급격한 변화를 초래할 수 있는 사태라고 볼 수 있다. 즉 국가기능을 상실하여 통제능력을 잃고 내부적으로 극도의 혼란이 야기되어 한국 및 국제사회의 급박한 개입이 필요하게 된 비상사태를 급변사태로 정의할 수 있을 것이다.

북한의 급변사태는 우리에게 양면성을 갖는다. 기본적으로 북한 급변사태는 중앙정부가 부재하거나 기능이 정지된 혼란한 상황이며 폭력이 동반하고 무력 사용 가능성이 내재되어 있는 우리의 안보에 중대한 위협을 주는 상황이라는 점에서 위기적 측면이 강한 것이 사실이지만, 통일이라는 궁극적인 목표를 고려할 경우에는 기회로도 평가될 수 있다. 따라서 우리 입장에서는 북한 급변사태는 단기적으로는 위기일 수 있지만, 장기적으로는 기회로 수용될 수 있을 것이며, 결과적으로 우리의 대응방향은 독일 통일 경험에 유의하면서 북한 급변사태를 위기로 관리하되 기회로 전환시키면서 통일로 가는 중대한 기재로 활용해야 할 것이다.

북한 급변사태에 즈음한 우리의 대응방향은 다음과 같은 네 가지 관점에서 추진되어야 할 것이다.

첫째, 무엇보다도 국민들의 안전과 경제적 번영에 있어 부정적 영향을 가능한 한 차단하는 일을 고려해야 한다. 북한 급변사태에 따른 불안정 상황이 대한민국으로 전이 내지는 확산되어 국내 정치 경제사회에 부정적 영향을 미치는 것을 차단·최소화하는 노력이 필요하다. 개성공단 등 북한에 체류하고 있는 국민들의 안정을 우선적으로 보호하는 조치를 강구해야 한다. 국민경제에 악영향을 미치지 않도록 에너지·생필품 수급, 자본 이탈, 환율하락과 주가폭락 등 경제 리스크 관리체제를 가동하여야 할 것이다.

둘째, 전쟁을 억제하는 일이다. 북한 내의 상황이 외부적 폭발상황으로 비화하지 않도록 하며 특히 군사적 도발로 진화하는 일을 철저히 예방하고 억제하는 조치들을 강구해야 할 것이다. 전쟁을 억제하기 위한 강력한 군사태세를 구축하고 우발적 도발에 대한 철저한 대비방안을 준비해야 한다. WMD의 사용 내지는 유출도 방지하기 위한 조치들이 마련되어야 한다.

셋째, 북한 상황의 안정화이다. 폭력 상황 내지는 인권유린 상황을 차단하고 대량 난민 발생을 억제하기 위한 조치들이 준비되어야 한다. 특히 북한군 또는 무장세력의 해체와 함께 북한 지역을 안정화하는 치안활동도 마련해야 한다. 북한 상황에 대한 조기경보체제를 구축하기 위한 대북 정보능력을 대폭 강화해야 할 것이다. 특히 북한 주민들의 동향을 파악하기 위한 '인간정보HUMINT' 능력을 강화하는 것이 필요하다. 또한 북한 안정화를 위한 물자 비축, 대규모 난민수용대책 등을 사전에 준비하고 이를 위한 법적인 정비도 추진되어야 할 것이다.

한편 유사시 북한 지역의 안정화를 위해서는 상당히 숙련된 치안행정인력이 소요될 것이다. 식량 지원, 치안 유지 등 인도적 측면에서의 북한 지역 안정화를 위해서도 30~40만 단위의 인력이 소요된다. 특히 전투상황에서의 작업은 더 많은 인력이 소요될 것으로 보인다.[5] 이러한 인력을 준비하는 것이 필요하며, 한국군 내 5천 명 수준의 PKO 상비군을 운용, 이러한 임무에 대한 사전 준비 및 경험을 갖추도록 해야 할 것이다.

넷째, 통일의 기회로 활용하는 일이다. 급변사태 발생 시 이를 한반도문제의 궁극적 해결로서 분단을 극복하는 통일 기회로 적극 활용하는 기회로 삼아야 한다. 북한 급변사태 시 주변국들은 기본적으로 한반도의 안정을 최우선 과제로서 분단극복보다는 북한 지역의 안정 내지는 현상유지 회복을 목표로 할 가능성이 있으며, 이에 따른 외세 개입이 우려된다. 북한 급변사태를 통일과 민족자결의 원칙에 입각하여 기회로 만드는 능동적이고 적극적인 정책이 추진되어야 한다. 급변사태 시 한국군의 적극적 활용도 반드시 고려되어야 한다.

다섯째, 철저한 국제공조와 협력에 입각한 접근을 통해 우리의 주도권을 확립해야 한다. 한미동맹은 국제협력의 근간이다. 중국의 일방적 행동을 비롯한 주변국들의 부정적인 개입과 영향을 최소화하려면 우리의 입장을 지지하고 지원하는 국제 여론이 절실히 요구된다. 또한, 대량 난민, 인질사태, 인도적 구호와 같은 임무 수행을 위해서도 국제적 협력과 지지가 요구된다. 특히 대량 난민과 인도적 구호와 같은 임무는 우리의 역량을 초과할 것으로 예상됨에 따라 유엔 등 국제기구를 비롯한 다양한 국가들의 지원을 확보해야 한

....

[5] Bruce W. Bennett and Jennifer Lind, "The Collapse of North Korea: Military Missions and Requirements," *International Security* Vol. 36, No 2 (Fall 2011), pp.84-119.

다. 북한 지역 안정화문제도 유엔 평화유지활동 등을 활용하는 것을 고려해야 할 것이다. 사실상 미국과의 공조에 버금가는 중요한 자산은 국제사회의 지지와 협력이므로 이를 위해 우리의 외교력을 최대한 발휘하여야 할 것이다.

참고문헌

Bennett, Bruce W. and Jennifer Lind, "The Collapse of North Korea: Military Missions and Requirements," *International Security*, Vol.36, No.2 (Fall 2011),

Kwon, Goohoon. "A United Korea? Reassessing North Korea Risks (Part1)," *Global Economics Paper*, No.188, September 21, 2009.

Office of the Secretary of Defense, "Military and Security Developments Involving the Peoples's Republic of China," *Annual Report to Congress*, 2010.

박명규, 전재성, 김병연, 장용석, 송영훈, 북한 국제화 2017, 서울대학교 통일평화연구원 통일학 연구 13, 서울대학교 통일평화연구원, 2013.